Beate Hoecker

Frauen in der Politik

Eine soziologische Studie

Leske + Budrich Opladen 1987

CIP-Kurztitelaufnahme der Deutschen Bibliothek

Hoecker, Beate:
Frauen in der Politik: e. soziolog. Studie / Beate Hoecker. — Opladen: Leske und Budrich, 1987.
ISBN: 3-8100-0634-3

Gesamtherstellung: Druckhaus Beltz, Hemsbach.
Printed in Germany.

Inhalt

Vorwort

Die vorliegende Studie wurde von der Fakultät für Soziologie der Universität Bielefeld im Wintersemester 1985/86 als Dissertation mit dem ursprünglichen Titel „Frauen in der Parteiendemokratie. Eine soziologische Studie über die Ursachen der Unterrepräsentation von weiblichen Parteimitgliedern in der politischen Elite" angenommen.

Mein besonderer Dank gilt Professor Dr. Claus Offe, der diese Arbeit von Anfang an betreut hat und dessen Geduld und Motivierung in schwierigen Phasen mir den Spielraum gaben, die einmal festgelegte Problemstellung zu einem Ende zu führen.
Das empirische Material über Frauen in den Bremer Parteien basiert auf einer 1982 durchgeführten Befragung von Parteimitgliedern, die im Rahmen des von den Professoren Dr. Heino Kaack und Dr. Reinhold Roth geleiteten und von der Deutschen Forschungsgemeinschaft geförderten Forschungsprojekts "Parteiensystem und Legitimation des politischen Systems" stattfand. Hier habe ich insbesondere den Projektleitern für den Zugang zu den Daten zu danken. Zudem bin ich Professor Dr. Klaus G. Troitzsch und Dr. Andreas Engel für ihre Hilfestellung und Unterstützung bei allen datenanalytischen Fragen zu Dank verpflichtet.
Für die kritische Durchsicht des Manuskriptes und ihre Anregungen habe ich auch Professor Dr. Reinhold Roth und Dr. Elmar Wiesendahl zu danken. Und schließlich schulde ich meinen Dank der Friedrich-Ebert-Stiftung, die im Rahmen eines Promotionsstipendiums diese Arbeit förderte.
Für die Veröffentlichung erfuhr das Manuskript lediglich einige geringfügige Korrekturen und eine Aktualisierung der Daten zur politischen Repräsentanz von Frauen.

Bremen, im März 1987 Beate Hoecker

1. Einleitung

Frauen haben im Kampf um ihre politische Gleichberechtigung einen langen Weg zurücklegen müssen; bis 1908 war ihnen in Deutschland per Gesetz die Mitgliedschaft in einer Partei untersagt, und erst mit der Weimarer Verfassung von 1918 erhielten sie das aktive und passive Wahlrecht. Die Separierung der Frauen von ihren politischen Rechten war Ausdruck der tiefverwurzelten Vorstellung von der Unvereinbarkeit von Weiblichkeit und Politik. Daß diese Überzeugung auch nach 1918 noch weiterlebte, hat die Geschichte bewiesen. Im Nationalsozialismus konnten Frauen zwar Parteimitglied werden, waren aber ohne besondere gesetzgeberische Maßnahme „auf kaltem Wege" von der parlamentarischen politischen Arbeit ausgeschlossen. (vgl. Gabriele Bremme 1956:128) Aus dieser historischen Erfahrung zogen die Verfasser/-innen des Grundgesetzes der Bundesrepublik Deutschland ihre Lehre und erhoben die Gleichberechtigung von Mann und Frau zum Verfassungsgrundsatz. (siehe: Marielouise Janssen-Jurreit 1976:305ff)
Die jahrhundertealte Ideologie von der vorrangigen Zuständigkeit der Frau für familiäre und kirchliche Belange (Kinder, Küche, Kirche) und von der Politik als Domäne des Mannes wirkte aber trotz formaler Gleichberechtigung noch lange nach. Der „political lag" der Frauen offenbarte sich an ihrem im Vergleich zu den Männern deutlich geringerem politischen Interesse (vgl. Elisabeth Noelle-Neumann 1976: 62), an ihrer bis 1972 geringeren Wahlbeteiligung an Bundestagswahlen (vgl. Werner Linke 1977) und an dem geringen Frauenanteil in den Parteien (vgl. Klaus G. Troitzsch 1980:81ff).
Eine steigende Politisierung der Frauen zeichnete sich dann aber in den 70er Jahren ab; das Zusammenspiel mehrerer Faktoren wie Bildungsexpansion, verändertes Erwerbsverhalten und zunehmende Urbanisierung brachte einen grundlegenden Wandel des Verständnisses der weiblichen Rolle und veränderte zugleich den weiblichen Lebenszusammenhang. (vgl. Elisabeth Beck-Gernsheim 1983:307ff) Frauen akzeptierten nicht länger ihre Beschränkung auf den „privaten" Bereich, sondern drängten verstärkt in die öffentliche Sphäre.
In den Parteien läßt sich diese Entwicklung an dem rasanten Anstieg der weiblichen Mitgliederzahlen ablesen; von 1971 bis 1981 hat sich die Zahl der weiblichen Parteimitglieder fast verdoppelt. Über 440.000 Frauen sind heute Mitglied in einer Partei; differenziert man nach den Parteien, so betrug Ende 1985 der bundesweite Frauen-

anteil in der SPD 25,3%, CDU 22%, CSU 13,7% und FDP 23,6%. Bei den GRÜNEN wird der Anteil der weiblichen Mitglieder auf ca. 33% geschätzt. Frauen sind damit in den politischen Parteien zwar noch immer in der Minderheit, haben aber ein Potential erreicht, das "Berücksichtigung" fordert. Dennoch hat die zunehmende politische Organisierung der Frauen bislang zu keiner Entsprechung bei der Besetzung innerparteilicher wie öffentlicher Ämter geführt. So blieb z.B. der Frauenanteil im Deutschen Bundestag bis zur 10. Wahlperiode immer unter 10% (vgl. Peter Schindler 1983:188); in den Länderparlamenten lag der durchschnittliche Frauenanteil 1984 bei 10,6%. Politische Spitzenpositionen wie das Amt des Bundeskanzlers, des Bundespräsidenten oder eines Ministerpräsidenten wurden noch nie von einer Frau bekleidet. Und nur neun Frauen sind bis heute in die Geschichte der Bundesrepublik Deutschland als weibliche Bundesminister eingegangen.
Wie diese Beispiele zeigen, spielen Frauen auf der politischen Bühne noch immer lediglich Außenseiter- und Statistenrollen, sind sie noch immer „second-class-citizen" (Susan Moller Okin 1979), während die Machtpositionen mit Männern besetzt werden. Die Unterrepräsentation von Frauen insbesondere in höheren politischen Positionen, wie auch in den Bereichen Wissenschaft und Wirtschaft, macht deutlich,

„daß bestimmte Güter oder Statuspositionen in der Gesellschaft nach der Geschlechtszugehörigkeit unterschiedlich verteilt sind, also nach einem zugeschriebenen, vom Individuum nicht veränderbaren Merkmal." (Thomas Held/René Levy 1974:57)

Es ist üblich, diese faktische politische Benachteiligung der Frauen, die sich neben ihrer Unterrepräsentation auch an den geschlechtsspezifisch differierenden Zuordnungsregeln ablesen läßt, mit dem Begriff der Diskriminierung zu belegen. Nach Held/Levy ist diese Diskriminierung zugleich eine objektive,

„als hier die Bewußtseinslage der betroffenen Frauen ausser Acht gelassen wird. Es spielt also bei dieser Verwendung des Diskriminationsbegriffes keine Rolle, ob erstens solche Ungleichheiten von den Frauen überhaupt wahrgenommen und ob sie zweitens negativ bewertet, d.h. als etwas "Ungerechtes" empfunden werden." (Thomas Held/René Levy 1974:58)

Die gesellschaftliche Realität der geringen politischen Repräsentanz von Frauen wirft die Frage nach dem Warum ihrer politischen Partizipation auf: Warum ist ihre Unterrepräsentation in Parteien und Parlamenten ein „strukturelles Mißverhältnis" (Katrin Lederer/Peter Knöpfel 1982)? Aus welchem Grund sollten Frauen in der Politik stärker partizipieren, da dies doch in vielen Fällen mit erheblichen sozialen und zumeist auch ökonomischen Kosten verbunden ist? Diese

Diskussion der institutionellen politischen Beteiligung von Frauen ist geprägt durch die jeweilige grundlegende Auffassung von der Stellung der Frau in unserer Gesellschaft. Drei unterschiedliche Richtungen lassen sich hier erkennen, die als Paritäts-, Emanzipations- und Autonomieansatz gekennzeichnet und anhand ihrer Grundannahmen, Zielvorstellungen und Strategien idealtypisch skizziert werden können. Außer Acht bleibt hier ein weiterer Ansatz, der die politische Abstinenz der Frauen „zu den unabänderlichen Wesensmerkmalen unserer Gesellschaft" (Alois Rummel 1975:9) zählt und „einen kaum definierbaren Weltgeist" (ebd.:8) für ihre politische Außenseiterstellung verantwortlich macht. Trotz aller Unterschiede verbindet die folgenden drei Ansätze zumindest die Annahme einer soziologischen Bedingtheit und damit auch einer grundsätzlich möglichen Veränderung der politischen Rolle der Frau.

Paritätsansatz

Vertreter/-innen dieses Ansatzes konstatieren eine Kluft zwischen der verfassungsmäßig garantierten Gleichberechtigung der Frau (Artikel 3 des Grundgesetzes) und ihrer faktischen Ungleichheit:

„Obwohl rechtlich gleichgestellt, bestehen .. erhebliche Unterschiede zwischen den Aufgaben von Männern und Frauen und zwischen den Möglichkeiten des Zugangs zu höheren Positionen. Das heißt, daß eine Gleichberechtigung im umfassenden Sinn: Gleichberechtigung als gleichrangige Mitwirkung von Männern und Frauen in allen gemeinsamen Angelegenheiten und als Gleichheit der Chancen für die persönliche Entwicklung, bisher nicht erreicht worden ist." (Helge Pross 1981:14)

Im politischen Bereich findet diese Ungleichheit ihre Manifestation in der offensichtlichen Unterrepräsentation von Frauen nicht nur hinsichtlich ihres Wähleranteils in der Parteimitgliedschaft, sondern auch, gemessen an ihrer tatsächlichen Mitgliederstärke, in innerparteilichen Führungspositionen, auf der parlamentarischen und der Regierungsebene. (vgl. Gabriele Bremme 1956:217; Mechtild Fülles 1969:137ff; Martin und Sylvia Greiffenhagen 1979:268) Während die Ausübung des aktiven Wahlrechts heute kaum noch geschlechtsspezifische Unterschiede aufweist, ist die Wahrnehmung des passiven Wahlrechts noch immer vorwiegend Männersache. (1)

„In den politischen Entscheidungsgremien kennt man keine Gleichberechtigung als gleichrangige Mitwirkung von Frauen. Ungeachtet der Gleichstellung der Geschlechter vor dem Gesetz und der hohen weiblichen Wahlbeteiligung ist die Bundesrepublik heute kaum anders als zum Zeitpunkt ihrer Gründung ein politisch im wesentlichen von Männern beherrschter Staat." (Helge Pross 1981:23f)

Das Präsenzdefizit von Frauen in der Politik wird hier als ein Verstoß gegen den gesetzlichen Gleichberechtigungsgrundsatz interpre-

tiert; daneben findet sich aber auch gelegentlich der Hinweis, daß die politische Unterrepräsentation von Frauen im Widerspruch zum herrschenden Demokratieverständnis stehe, wonach Partizipation, d.h. aktive Teilnahme möglichst vieler Bürger und Bürgerinnen am politischen Meinungs-, Willensbildungs- und Entscheidungsprozeß, hohe normative Geltung besitzt.(2) Letztendlich könnte eine geringe politische Partizipation von Frauen, soweit sie auf Mangel an politischer Bildung beruht (nicht zu verwechseln mit einer bewußten Nicht-Partizipation), eine prinzipielle Gefährdung der demokratischen Verfassung bedeuten. Denn eine gleichgültige Einstellung gegenüber der demokratischen Ordnung, wie sie Margarete Heinz bei Frauen überwiegend festgestellt hat (vgl. Heinz 1971:118f; siehe auch: Helge Pross 1966:49), könnte antidemokratischen Bestrebungen den Weg ebnen. Diese makro-orientierte Sichtweise, d.h. weibliche politische Partizipation unter dem Gesichtspunkt ihrer Funktionalität für die Stabilität des demokratischen politischen Systems, wird aber nicht weiter ausführlich diskutiert, sondern nur angedeutet.
Die Betonung des Paritätsansatzes liegt dagegen auf der ungleichen Interessenvertretung in den politischen Institutionen als Folge der disparaten Repräsentanz von Frauen und Männern in der Politik.

„Die Unterrepräsentanz von Frauen auf allen Ebenen ist notorisch. Solche strukturellen Mißverhältnisse lassen allein schon von der personellen Besetzung her eine authentische Repräsentation der gesellschaftlichen Bedürfnisse in den demokratischen Vertretungen zweifelhaft erscheinen." (Katrin Lederer/Peter Knöpfel 1982:79)

Diese geschlechtsspezifische Selektivität hat zur Folge,

„daß die Sonderprobleme der weiblichen Bevölkerung zu wenig berücksichtigt werden. Die Machteliten der Gesellschaft sind darüber kaum informiert und auch nicht daran interessiert, sie ins allgemeine Zeitbewußtsein zu bringen. Sie haben wenig Anlaß, die sogenannten Frauenfragen zu Gegenständen nachdrücklicher Lösungsbemühungen zu machen." (Helge Pross 1981:23; vgl. auch: Hanna Renate Laurien 1976: 444)

Dieses Zitat verdeutlicht das grundsätzliche Verständnis des Paritätsansatzes; die Interessen der Frauen werden als Sonderprobleme begriffen, die Berücksichtigung verlangen. Sonderprobleme aber können sie nur dann sein, wenn als allgemeiner Maßstab die Interessen der Männer gelten. Diese Dominanz des männlichen Politikverständnisses wird nicht hinterfragt, sondern soll lediglich um die weibliche Problematik angereichert werden.
Die ungleiche Interessenvertretung als Folge der Nicht-Einlösung des gesetzlichen Gleichberechtigungsgrundsatzes begründet somit die Notwendigkeit einer politischen Teilnahme und Teilhabe auch von Frauen. Eine zusätzliche Begründungsvariante liefert die CDU-Politikerin Renate Hellwig. Sie sieht in der Nicht-Beteiligung von

Frauen an der politischen Verantwortung schlicht „eine Vergeudung an menschlicher Leistungsfähigkeit und Einsatzbereitschaft" (Renate Hellwig 1975:104). Ihr Appell zu politischem Engagement richtet sich insbesondere, im Einklang mit dem konservativen Verständnis vom „besonderen Lebenslauf" der Frau (3) an alle unverheirateten, verwitweten, geschiedenen oder von der Kindererziehung entlasteten Frauen:

„Für alle diese Frauen kann die Hinwendung zur Politik bedeuten, daß sie neue Lebensaufgaben und neuen Lebensmut finden. Sie entdecken einen Bereich, in dem sie sich nützlich machen können, in dem sie Freunde gewinnen und der ihnen genug Aufregungen beschert, um ihre Einsamkeit und Verlassenheit schnell zu vergessen." (Renate Hellwig 1975:93)

Weibliche politische Partizipation hat nach dieser Auffassung vorrangig die Funktion einer Beschäftigungstherapie, wobei die Hinwendung zur Politik letztlich beliebig bleibt.
Ausgehend von der unbefriedigenden politischen Repräsentanz von Frauen in der Politik richten sich die Zielvorstellungen dieses Ansatzes selbstredend auf einen Abbau des weiblichen Defizits, um so den politischen Integrationsprozeß der Frau zu fördern. Eine angemessene Repräsentanz von Frauen wird anvisiert, doch erfährt das, was unter „angemessen" zu verstehen sein soll, keine weitere Präzisierung; es wird lediglich quantitativ „mehr" gefordert. (4)

Emanzipationsansatz

Entsprechend dem Selbstverständnis dieses Ansatzes steht die Emanzipation der Frau, d.h. die Aufhebung aller Formen ihrer Unterdrückung im Zentrum der theoretischen Überlegungen. Die Vorstellung, daß mit der grundgesetzlichen Einführung der Gleichberechtigung die notwendigen Voraussetzungen für die Emanzipation der Frau geschaffen seien, beruht hiernach „auf einer naiven Verwechslung von Emanzipation und Gleichberechtigung" (Jutta Menschik 1971:9).

„Die gesetzliche (rechtliche und soziale) Gleichberechtigung hat den Frauen (trotz der nicht zu unterschätzenden Bedeutung, die die Erkämpfung dieser Grundrechte hatte) nicht die Befreiung gebracht." (Jutta Menschik 1971:169)

Denn Gleichberechtigung als Angleichung an die Gruppe der Männer, „bedeutet dann nicht Befreiung, wenn diese Gruppe selber unfrei ist." (Gabriele Witting 1969:27) Im Gegensatz zum Paritätsansatz stellt der emanzipatorische Ansatz die gesellschaftlichen Voraussetzungen der Ungleichheit zwischen den Menschen in Frage. Zwei Varianten lassen sich hier unterscheiden, und zwar die marxistische und die feministisch-sozialistische.
In der marxistischen Theorie wird die Unterdrückung der Frau als

ein Nebenwiderspruch innerhalb des Hauptwiderspruchs zwischen Kapital und Arbeit gesehen. Die Frauenfrage ist somit Bestandteil der sozialen Frage; sie läßt sich nicht geschlechtsspezifisch lösen, sondern nur durch die Umgestaltung der kapitalistischen Klassengesellschaft in eine sozialistische, klassenlose. (vgl. Jutta Menschik 1971:80) Die besondere Frauenunterdrückung im Produktionsbereich, d.h. als Lohnarbeiterin und als Geschlechtswesen, wird vom marxistischen Ansatz deswegen herausgestellt,

„weil die geschlechtsspezifische Arbeitsteilung im Produktionsbereich eine wesentliche Grundlage für die Aufrechterhaltung der Frauenunterdrückung im Reproduktionsbereich bildet." (Ingeborg Nödinger/Alma Steinberg 1983:389)

Die traditionelle marxistische Antwort auf die Frauenunterdrückung im Kapitalismus lautet: Teilnahme der Frau am gesellschaftlichen Produktionsprozeß und am sozialen Kampf, also Mitarbeit in den Gewerkschaften und linken Parteien, um so die Emanzipation der Frau voranzutreiben.
Im Unterschied zu dieser Schwerpunktsetzung stellt der feministisch-sozialistische Ansatz die lange Zeit vernachlässigte Analyse des Reproduktionsbereiches in den Mittelpunkt seiner theoretischen Betrachtungen. (vgl. Michele Barret 1982:177ff; Tricia Davis/Catherine Hall 1982:176ff)

„Eine Analyse des Reproduktionsbereiches deutet darauf hin, daß ökonomische und ideologische Unterdrückung Hand in Hand gehen, daß in den Machtverhältnissen innerhalb der Familie sowohl die Unterdrückung der Frauen unter die Männer als auch die Unterordnung beider unter das Kapital festgeschrieben ist." (Anja Meulenbelt 1982:38)

Auch wenn die Frau in der Lohnarbeit unterdrückt und ausgebeutet werde, so liege nach dieser Auffassung die primäre Wurzel ihrer Unterdrückung in der häuslichen Arbeitsteilung; darin, daß Frauen vorrangig für die Arbeit im Haushalt und die physische wie psychische Versorgung von Mann und Kindern zuständig seien. Auf diesen bereitgestellten Leistungen der Frauen im Reproduktionsbereich baue das kapitalistische System auf und könnte ohne sie nicht weiter existieren. (siehe hierzu: Herrad Schenk 1981:191; Anja Meulenbelt 1982: 37ff) Eine grundlegend andere Organisationsform werde erst (in Übereinstimmung mit dem marxistischen Ansatz) in einer sozialistischen Gesellschaft zu erreichen sein.(5)

„Nur durch die grundlegende Veränderung der Produktionsverhältnisse ist eine andere Organisation der Reproduktion des täglichen Lebens und damit eine Befreiung der Frauen möglich." (Anja Meulenbelt 1982: 78)

Gemeinsam ist beiden Richtungen die Überzeugung, daß parteipolitische

Partizipation von Frauen nicht ein Ziel an sich darstellt, sondern als Teil einer Doppelstrategie auf eine Veränderung der Gesellschaft abzielt:

„Um die Veränderung der Alltagsstrukturen weiter vorantreiben zu können, nicht zurückgedrängt zu werden durch z.B. fehlende Gelder, reprivatisierte gesellschaftliche Aufgaben, braucht es eine "Doppelstrategie", eine "doppelte Militanz": zum einen den Zusammenschluß der Gruppen und Projekte der Frauenbewegung, ohne daß ihre dezentrale Arbeit aufgegeben wird, zum anderen die Präsenz in den Staatsapparaten und im Parlament." (Kornelia Hauser 1984:214; vgl. auch: Anja Meulenbelt 1982:240; Bettina Wessels 1982:190)

Präsenz in den politischen Institutionen ist hier aber keineswegs gleichbedeutend mit bedingungsloser Mitarbeit; vielmehr gelte es abzuwägen, für welche Ziele das parlamentarische System genutzt werden soll und für welche nicht.

„Die parlamentarische Arbeit ist nur eine Art der Unterstützung unserer feministischen Arbeit, nur eine der Methoden, nicht das eigentliche Ziel. Die Politik braucht nicht "mehr Frauen", wie ab und zu gesagt wird, sondern wir Frauen brauchen die (parlamentarische) Politik." (Anja Meulenbelt 1982:235)

Von daher geht es den Vertreterinnen dieses Ansatzes auch nicht darum, ob der Frauenanteil in den Parteiorganen 25 oder 50 Prozent beträgt, „sondern es geht vielmehr darum, daß wir eine feministisch-sozialistische Politik machen." (ebd.) Parteipolitische Partizipation von Frauen impliziert nach diesem Verständnis zugleich die Suche nach neuen, nicht-repressiven und nicht-entfremdeten Politikformen. (vgl. Claudia Ganzel 1983:178) Frauen begreifen sich hier nicht länger als Objekte einer fremdbestimmten Integration, sondern greifen verändernd in die traditionellen Strukturen der politischen Arbeit ein. (6)

„Die Befreiung der Frau muß gleichzeitig Suche nach Gleichheit, nach Macht und nach der Veränderung der Machtstrukturen sein". (Christa Randzio-Plath 1980:174; vgl. auch: Kornelia Hauser 1984:221)

Autonomieansatz

Dieser dritte Ansatz unterscheidet sich in seiner Haltung zur institutionellen politischen Teilnahme von Frauen grundsätzlich von den beiden vorherigen; während der Paritäts- wie auch der Emanzipationsansatz für eine Beteiligung von Frauen in Parteien und Parlamenten plädieren, allerdings mit jeweils unterschiedlicher Begründung und Zielsetzung, lehnt dieser Ansatz jede institutionelle Mitarbeit von Frauen entschieden ab. Zwar teilt er mit dem emanzipatorischen

Ansatz die Auffassung, daß Frauen in unserer Gesellschaft in jeder Hinsicht, sei es politisch, ökonomisch, sozial, kulturell oder sexuell, unterdrückt werden, doch liege nicht im Kapitalismus, sondern im historisch wesentlich älterem Patriarchat die eigentliche Wurzel der Frauenunterdrückung. Einen gemeinsamen Klassenkampf mit den Männern könne es nicht geben, da dieser die Frauenunterdrückung nur verschleire. (vgl. Frauenjahrbuch 1976:40)

„Für radikale Feministinnen ist die augenblickliche Analyse überholt und oberflächlich, weil diese Analyse die Struktur der ökonomischen Klassengesellschaft nicht auf seine Ursprünge in der sexuellen Klassenherrschaft ... zurückführt." (Shulamith Firestone 1981:40)

Statt die Frauenfrage dem Klassenkampf unterzuordnen, stellen für die radikalen Feministinnen als Vertreterinnen dieser Richtung die Klassenfragen einen Unterpunkt im feministischen Kampf gegen die patriarchalische Weltordnung dar.
Im Zentrum des Politikverständnisses der radikalen Feministinnen steht der Begriff der Autonomie, und zwar in organisatorischer wie inhaltlicher Hinsicht.(7) Die für Organisationen typische Hierarchie und formalisierten Reglements sowie die Stellvertreterpolitik werden vehement zurückgewiesen und als entfremdet, herrschaftsorientiert und zugleich als männerspezifisch interpretiert.(8) Dem entgegengesetzt werden die feministischen Prinzipien,

„wie Unmittelbarkeit, Spontaneität, Authenzität und Selbstbestimmung als Regulative nicht nur des alltäglichen Umgangs, sondern - in Aufhebung der Trennung von Privatheit und Politik - auch der politischen Ausdrucksformen." (Karl-Werner Brand u.a. 1983:143)

Da es nach Meinung der radikalen Feministinnen aussichtslos ist, innerhalb der Parteien feministische Inhalte durchsetzen zu können, haben sie den Weg der außerparlamentarischen Opposition gewählt, um so von außen mit Hilfe unkonventioneller politischer Protestformen Druck auf die Politiker/-innen auszuüben und politische Entscheidungen zu erkämpfen. Ihre Haltung zu den Parteien ist somit die einer bewußten Nicht-Partizipation.

Mit diesen Ausführungen zum Verständnis der institutionellen politischen Beteiligung von Frauen sind die fundamentalen Unterschiede zwischen dem Paritäts-, Emanzipations- und Autonomieansatz offengelegt. Die Schwäche des Autonomieansatzes liegt darin, daß er die historische Erfahrung der Machtlosigkeit der Frau als Folge ihrer Unterdrückung ausblendet; denn: „Außerhalb der gesellschaftlichen Institutionen zu stehen, hat uns noch nie geholfen, sondern immer nur unterdrückt." (Anja Meulenbelt 1982:240) Auch bleibt die Antwort auf die Frage offen, wie denn bei gleichzeitigem Rückzug in die feministische Reinkultur gesellschaftliche Veränderungen erreicht werden sollen. Die ausschließliche Strategie des politischen Drucks

von außen muß als wenig chancenreich eingestuft werden; gerade das Beispiel der Friedensdemonstrationen hat vor Augen geführt, daß selbst massenhafter Protest die politische Entscheidung für eine Stationierung der Mittelstreckenraketen auf dem Gebiet der Bundesrepublik nicht verhindern konnte.
Gegen den Paritätsansatz lassen sich gleichfalls bedeutende Einwände anführen; so bleibt er zum einen die Begründung für die anvisierte Parität schuldig. Warum soll das Verhältnis zwischen Männern und Frauen in den Parlamenten „angemessen" sein und somit maximal 50:50 betragen? Was spricht gegen einen parlamentarischen Frauenanteil von beispielsweise 90%? Auch unter dem Gesichtspunkt der Wertberücksichtigung besagt die Zahl der weiblichen Abgeordneten noch nichts über die inhaltliche Ausgestaltung der Politik für Frauen:

„Die Zahl der Frauen im Parlament ist für Frauenpolitik nur dann relevant, wenn die gewählten Vertreterinnen sich zu Zielen und Forderungen bekennen, die eindeutig das derzeitige ökonomische und sexuelle Machtgefüge zugunsten der Frauen verändern." (Marielouise Janssen-Jurreit 1976:352)

Geschieht dies nicht, dann bleibt eine quantitativ verstärkte politische Beteiligung von Frauen lediglich eine „Formveränderung ohne inhaltliche Konsequenzen auf das Ergebnis des Willensbildungsprozesses" (Michael Buse 1975:45) und erschöpft sich somit in einer „symbolischen Gratifikation" (Claus Offe 1972:130).
Mit dem Emanzipationsansatz, und hier vor allem der feministisch-sozialistischen Richtung, scheint mir die überzeugendste Konzeption der politischen Partizipation von Frauen vorzuliegen. Dieser Ansatz blendet weder die Bedeutung der kapitalistischen Poduktionsweise für die Frauenemanzipation aus (wie der Paritätsansatz), noch propagiert er eine in ihren Folgen systemstabilisierende Rückzugsstrategie (wie der Autonomieansatz). Parteipolitische Partizipation von Frauen ist nach dem Verständnis dieses Ansatzes vielmehr ein Instrument, neben anderen, zur Durchsetzung eigener bzw. Verhinderung gegenteiliger Interessen. Damit steht nicht eine formale Veränderung des politischen Willensbildungsprozesses im Vordergrund, sondern die Einflußnahme auf das Ergebnis dieses Prozesses im Sinne der feministisch-sozialistischen Interessen. Es ist einsichtig, daß diesen Interessen aber nur dann eine wirkliche Realisierungschance gegeben ist, wenn sie von einer breiten Basis getragen werden. Insofern ist auch für diesen Ansatz nicht völlig unerheblich, wieviel Frauen sich mit diesem Politikverständnis in den Parteien organisieren. Politische Verbündete müssen aber nicht ausschließlich weiblichen Geschlechts sein, sondern können auch unter den männlichen Parteimitgliedern gefunden werden.

Vor dem Hintergrund dieses Partizipationsverständnisses können wir uns jetzt der Frage nach den Gründen der politischen Unterrepräsentation von Frauen und damit zugleich nach den Bedingungen und Hindernissen des weiblichen politischen Verhaltens zuwenden. Woran liegt es, daß wir nach wie vor Männerparteien und -parlamente haben?

1.1 Problemstellung

Politische Partizipation als eine Sonderform des allgemeinen sozialen Handelns (vgl. Klaus Simon 1978:66ff) bezeichnet üblicherweise

„jede Art von Versuchen der Einflußnahme oder Beteiligung an dem durch die staatlichen Institutionen und den Bestand der öffentlichen Aufgaben ausgewiesenen politisch/administrativen Bereich" (Michael Buse 1975:41).

Sie unterscheidet sich damit von dem sozialen Handeln nicht durch die Art der Aktivität, sondern durch das Feld, in dem sie sich vollzieht. Dieses partizipative Verhalten von Individuen kann unterschiedliche Formen annehmen; während die Beteiligung an Protestaktionen oder in Bürgerinitiativen zu den nicht verfaßten/unkonventionellen Formen zählen (vgl. Max Kaase 1976), gehören die Teilnahme an Wahlen und die Mitgliedschaft in einer politischen Partei zu den verfaßten, d.h. institutionell verbindlich verankerten Partizipationsformen im konventionellen Bereich. (vgl. Max Kaase 1983: 321f)
Für die Intensität der politischen Beteiligung haben traditionelle Erklärungsansätze vor allem der amerikanischen politischen Soziologie die Bedeutung bestimmter sozio-ökonomischer, demographischer und persönlicher Merkmale herausgestellt.(9) Das Geschlecht gilt hierbei als ein entscheidender demographischer Prädiktor der politischen Beteiligung:

„In all societies for which we have data, sex is related to political activity; men are more active than women." (Sidney Verba/Norman H. Nie 1972:234; siehe auch: Maurice Duverger 1955)

Während „der typische Partizipant nach wie vor der Mann mittleren Alters mit vergleichsweise hohem Bildungs- und sozio-ökonomischen Status ist" (Roswitha Sehringer 1977:922), sind Frauen „eher typische Nichtpartizipanten" (ebd.). Die bloße Feststellung dieses statistisch leich meßbaren Zusammenhangs von Geschlecht und politischer Beteiligungsrate trägt allerdings noch nichts zur Erklärung der geringen politischen Teilnahme von Frauen bei; neuere Ansätze, wiederum insbesondere der amerikanischen Politikwissenschaft, haben versucht, kausale Erklärungsmuster für das Präsenzdefizit von Frauen in der Politik zu finden. Nach Ebenen unterteilt beziehen sich diese Erklärungsversuche, die alle um die Frage „Why so few?" kreisen, zum einen stärker auf die gesellschaftliche Verankerung der Frauen, zum anderen eher auf den parteiorganisatorischen Kontext. Nimmt man den weiblichen Lebenslauf als Richtschnur, so lassen sich die Ansätze zugleich in eine zeitliche Abfolge bringen.

Politische Sozialisation

Voraussetzung für jede Art von politischer Teilnahme ist das politische Interesse; der Grundstein hierzu wird im politischen Sozialisationsprozeß gelegt, wobei nach Herzog die Bedeutung des Elternhauses zugunsten der Bildungsinstitutionen und der politiknahen Jugendverbände zurücktritt. (vgl. Dietrich Herzog 1982:92) Einige Wissenschaftler haben versucht, die geringe Repräsentanz von Frauen in der Politik vorrangig auf Einstellungen und Verhaltensweisen zurückzuführen, die bereits im kindlichen Sozialisationsprozeß vermittelt und internalisiert worden sind. Danach ist die Förderung des politischen Interesses Bestandteil der männlichen, nicht aber der weiblichen Sozialisation. (vgl. Herbert Hyman 1959; Fred I. Greenstein 1961; Margarete Heinz 1971) Dean Jaros macht hierzu folgende Ausführungen:

„Are women socialized to ... nonparticipatory orientations as children? If they are, girls ought to differ from boys on such dimensions at very early ages. On most measurements they do, with girls decidedly less political. Girls are less oriented to various kinds of political action and are decidedly less informed. Moreover, these sexual differences are evident as early as the fourth grade. Despite increased efforts to involve women in the political world, despite all the recent attention there is a cultural tradition of feminine nonparticipation transmitted in childhood." (Dean Jaros 1973:44ff)

Auch die Frauen, die Eingang in die Politik gefunden haben, sehen sich nach Githens/Prestage mit Problemen konfrontiert, die gleichfalls auf geschlechtsspezifische Unterschiede im Sozialisationsprozeß zurückzuführen sind:

„The fundamental problem revolves around the fact that female political activists by virtue of their sex, have an ascribed status, and their childhood and young-adult socialization prepares them to fulfill those functions that are compatible with this status. Political women seek achieved status as well, but their anticipatory socialization does not provide the necessary values and skills." (Marianne Githens/Jewell Prestage 1977:4)

Dieser Auffassung zufolge fehlen den Politikerinnen demnach aufgrund ihrer besonderen Sozialisation notwendige politische Fähigkeiten und Kompetenzen.(10)
Im Gegensatz zu den Befunden einer unterschiedlichen politischen Sozialisation von Jungen und Mädchen stehen die Ergebnisse von Anthony M.Orum u.a.; sie haben in ihrer 1970/71 durchgeführten Befragung von Schulkindern in Illinois keine bzw. nur sehr geringe geschlechtsspezifische Unterschiede in den politischen Orientierungen der Schulkinder gefunden.

„The political differences between boys and girls uncovered in this study are, in general, minor. They represent a departure from the results of previous investigations of sex differences in childhood and/or adolescent political orientations." (Anthony M.Orum u.a. 1977:29)

Zur Erklärung der im Erwachsenenalter auftretenden Differenzen im politischen Verhalten von Männern und Frauen halten die Autoren/ Autorinnen die Untersuchung struktureller wie situativer Faktoren für erfolgversprechender. (vgl. ebd.:31ff)

Sozialstrukturelle Einflußfaktoren

Ebenso, wie lange Zeit die Förderung des politischen Interesses von Mädchen vernachlässigt worden ist (vgl. Helge Pross 1976:101), wurde - und wird z.T. heute noch - auch weniger Nachdruck auf ihre schulische und berufliche Ausbildung gelegt; denn die Perzeption einer lebenslangen Berufstätigkeit gilt für Jungen (als zukünftige Ernährer einer Familie), nicht aber für Mädchen. Die weibliche „Normalbiographie" sieht für die jungen Frauen vielmehr eine nur kurzfristige außerhäusliche Erwerbstätigkeit bis zur Eheschließung vor und eine eventuelle Rückkehr in das Berufsleben nach Beendigung der Kindererziehung. Obwohl diese normative Vorstellung vom weiblichen Lebenslauf eher eine Fiktion als Abbild der Realität ist (vgl. Erika Adolphy 1982:8f), bemühen sich Frauen,

„nicht von der Norm abzuweichen, d.h. sie versuchen unter allen Umständen, eine „Familienkarriere" einzuschlagen, zumal Abweichungen mit Sanktionen belegt werden. Die Berufskarriere entwickelt sich - wenn überhaupt als Karriere im Sinne von beruflichem Aufstieg- in der Regel mehr zufällig." (ebd.)

Auf die daraus resultierende niedrige gesellschaftliche Stellung der Frauen führt ein weiterer Erklärungsansatz die Repräsentationsdefizite von Frauen in der Politik zurück.(11) So beeinflusse der sozio-ökonomische Status, konstituiert insbesondere durch Bildung, Berufstätigkeit und familiären Hintergrund, in ganz entscheidender Weise die Chancen für eine politische Beteiligung wie auch für eine politische Karriere. (vgl. Lester G. Seligman u.a. 1974:2)
Unbestritten ist, daß mit dem Grad der schulischen Bildung auch die politische Beteiligungsrate ansteigt:

„By now, in the United States, sex differences amongst those with college education in rage of overall political participation are marginal." (Vicky Randall 1982:64)

In den Vereinigten Staaten waren Frauen allerdings lange Zeit nicht zu den dortigen Eliteuniversitäten zugelassen; der Besuch anderer

Universitäten führte aber nach Cynthia Fuchs Epstein zu keiner den Männern entsprechenden Vorbereitung auf eine spätere berufliche/politische Karriere; insbesondere von wichtigen informellen Kontakten waren Frauen ausgeschlossen.

„To the extent that they were differently or less educated than men, women could not make friendships that would become politically useful and did not have colleagues who could be drawn on as a political constituency. This means that women rarely could travel the status sequences that led to careers, except at lowest levels. Channels to political opportunity were usually closed to women." (Cynthia Fuchs Epstein 1981:131)

Neben der Bildung stellt der Beruf eine weitere bedeutende Variable im politischen Rekrutierungsprozeß dar. Nicht die unbezahlte Tätigkeit als Hausfrau und Mutter, sondern die Ausübung insbesondere höherer beruflicher Positionen führt zum Erwerb von Kompetenzen und auch Beziehungen, die in der Politik als unverzichtbar gelten. Hier aber unterscheiden sich Männer und Frauen deutlich:

„One of the most vivid differences setting off men from women has been in employment status. It can be argued that the relative absence of women in full-time (paid) employment and in higher-status positions has been a key stumbling block to equality at the elite level. Being a homemaker, with its 'round-the-clock duties and nonremunerative nature, has not been viewed as an asset for attaining elite status. Ordinarily, the employed person will command more respect and have more influence than the nonemployed and the higher status of the employment the higher the deference. Moreover, there are certain gateway occupations, such as law, that are pivotal for entering politics." (M. Kent Jennings/Barbara C. Farah 1981:466f)

Gerade dem durch Politiknähe gekennzeichnetem juristischen Beruf kommt also für den politischen Elitenrekrutierungsprozeß ein zentraler Stellenwert zu. Da aber im Vergleich zu den Männern nur eine sehr geringe Anzahl von Frauen zu dieser Berufsgruppe gehört, wird hierin mit ein wesentlicher Grund für ihre Unterrepräsentation in der politischen Elite gesehen. (siehe hierzu auch: Eleanor Main/Beth Schapiro 1979:7) Umgekehrt haben Juristinnen die besten Chancen für einen erfolgreichen Karrierestart; so prognostiziert Jeane J. Kirkpatrick:

„A woman who is a lawyer can win nomination and be elected to the legislature without the years of party or community service that characterize most women's careers. Presumably a legal education can be substituted for apprenticeship in community affairs." (Jeane J. Kirkpatrick 1974:83) (12)

Weiblicher Lebenszusammenhang

Während also die außerhäusliche Erwerbstätigkeit für viele Frauen - in Einklang mit dem traditionellen Rollenverständnis - eine nur nachgeordnete Bedeutung hat, steht die Familie im Zentrum ihres Denkens und Handelns. Diese familiäre Orientierung aber gilt im politischen Rekrutierungsprozeß nicht als ein funktionales Äquivalent zur beruflichen Orientierung, sondern im Gegenteil als inkompatibel mit einer politischen Karriere. Die Beschränkungen des weiblichen Lebenszusammenhangs thematisiert ein dritter Erklärungsansatz zur Unterrepräsentation von Frauen in der Politik.(13)Danach fehle Frauen infolge ihrer vorrangigen Verantwortlichkeit für Haushalt und Kindererziehung zum einen ganz einfach die für ein aktives politisches Engagement notwendige Zeit; ihre Isolation von der Berufswelt gebe ihnen zudem nur wenig Gelegenheit, über politische Belange zu diskutieren.

„According to this view, domestic and mothering responsibilities, that keep a woman housebound and out of the paid workforce, limit her interest and actual involvement in politics. She has less occasion to learn of and discuss political affairs and less time and freedom to undertake political work." (Vicky Randall 1982:62; vgl. auch: Mechtild Fülles 1969:50f; Margarete Heinz 1971:120)

Melville E. Currell hebt hervor, daß selbst die an einem nationalen politischen Mandat interessierten Frauen aufgrund der damit verbundenen Rollenkonflikte als Hausfrau/Mutter und als Politikerin ihre Karriereaspiration bereits im Vorfeld aufgeben.

„To become a Member of Parliament, with its requirements of political residence in London, involves real separation from home and familiy for a woman member living in the provinces, and consequent extra financial demands for domestic help and perhaps full-time care for the children. That is a sacrifice which many women may be unwilling to make." (Melville E. Currell 1974:159f)

Auch Susan Gluck Mezey kommt in ihrer auf Hawai bezogenen Untersuchung über weibliche Mandatsträger zu dem Ergebnis:„...it is easier for women to hold public office when they are unencumbered by marriage and a family." (Mezey 1978:494) Und an anderer Stelle vermerkt sie: „a woman's family life is an obstacle to pursuit of a political career." (ebd.) Auch Ruth Mandel (1981), Jeane J. Kirkpatrick (1974) und Virginia Sapiro (1983) betonen den Einfluß von Rollenkonflikten auf das Verhalten von Frauen in der Politik. Die generelle Gültigkeit dieser auf der Disparität der Lebenswelten von Männern und Frauen beruhenden Erklärung ist aber zweifelhaft; für die geringe Repräsentanz von Frauen in der politischen Elite erscheint sie einleuchtend. Allerdings kommt auch hier eine Studie des "Center for American Women and Politics" an der Rutgers Universität zu einem entgegengesetztem Ergebnis. Dort wurde für Frauen, die ein öffentliches Mandat in den USA angestrebt und auch erreicht haben, folgendes typisches Profil gekennzeichnet:

„She is married, has two or more children, and holds a job in addition to running her home. She is a joiner; she belongs to more organizations than male officials on average." (Cynthia Fuchs Epstein 1981:127; vgl. auch: Marilyn Johnson/Susan Carroll 1978)

Vor allem aber auf der lokalen Ebene widerspreche das breite Engagement von jungen Frauen mit Kindern in freiwilligen Vereinigungen politischer, schulischer oder sozialer Art der These, daß ihnen die Zeit für derartige Aktivitäten fehle. Nach Cynthia Fuchs Epstein beruht dieser Unterschied in der Partizipation von Frauen auf nationaler und lokaler Ebene weniger auf Rollenkonflikten, sondern vielmehr auf normativen Vorstellungen darüber, **wie** und **womit** Frauen ihre Zeit verbringen sollten:

„Obviously, many women interested in politics face role conflict. But the problem stems not only from actual time pressures on women but also from the normative realm - from beliefs about how women should spend their time. Thus it is commonly expected, not only that women will feel role conflict in such cases, but also that they ought to and that this should deter them from political activity that is more than intermittent and casual." (Cynthia Fuchs Epstein 1981:126)

Während die Aktivitäten von Frauen auf der lokalen Ebene für sie „angemessene" Tätigkeiten darstellen, die zudem kaum belohnt werden und auch nicht zu Macht und Einfluß führen, gilt das Streben nach einer politischen Karriere als unvereinbar mit der weiblichen Rolle und den Männern vorbehalten. (vgl. Epstein 1981:127)

Parteiorganisatorische Einflußfaktoren

Hat eine Frau dennoch die angeführten gesellschaftlichen Barrieren überwunden und sich zu einem aktiven Engagement in einer Partei entschlossen, dann ist ihr politischer Hürdenlauf noch keineswegs beendet. Vielmehr finden sich Hinweise darauf, daß die Parteiorganisation selbst den Aufstieg von Frauen erschwert. Anlaß für diese Annahme war die Beobachtung, daß Frauen zwar viel mehr Zeit als Männer in die Parteiarbeit investieren, in einflußreichen Parteipositionen aber kaum vertreten sind.

„while women's party activity is more extensive than men's, women tend to be more involved in routine party matters than in decision-making. In contrast men are clustered in decision-making levels of the party."(Marianne Githens 1984:50; vgl.auch: Marcia M. Lee 1977:127)

Und Costantini/Craik vermerken:

„As an institutional system in its own right, the political party offers an internal career pattern with a full array of positions, purposes, and satisfactions. The intraparty careerist operates predominately within the institutional structure of the party to maintain its organizational viability and to faciliate the performance of its political functions. Sex differences in political party involvement suggest such a career style is more characteristic of female than male politicans." (Edmond Costantini/Kenneth H. Craik 1977:235)

Sie vergleichen diese eher innerparteiliche Orientierung der Frauen gegenüber einer stärker nach außen gerichteten Orientierung der Männer mit der geschlechtsspezifischen Rollenverteilung in der Familie.(vgl. ebd.:238) Dieser Vergleich weist aber darauf hin, daß die Unterschiede in der Art der Parteiaktivitäten von Frauen und Männern nicht notwendigerweise auf strukturellen Barrieren innerhalb der Parteiorganisationen beruhen müssen, sondern auch sozialisationsbedingt sein können. (vgl. hierzu: Marcia M. Lee 1977; Virginia Sapiro/Barbara C. Farah 1983) (14)
Ein weiterer Einflußfaktor der parteipolitischen Aktivität von Frauen ist schließlich in der Diskriminierung von seiten der männlichen Kollegen zu sehen; dieses belegt eine 1977 durchgeführte Befragung weiblicher Amtsinhaber (vgl. Marilyn Johnson/Susan Carroll 1978; siehe auch: Elizabeth Vallance 1979:187):

„Between 68 und 86 per cent of women in every office polled agreed that men in party organizations tried to keep women out of leadership roles. In contrast, male officeholder identified the sources of women's difficulties as stemming from their own problems as family members or from their deficiences of background training." (Cynthia Fuchs Epstein 1981:139)

Diana Fowlkes u.a. dagegen können keine Diskriminierung politisch aktiver Frauen feststellen; sie ziehen den Schluß,

„that the underrepresentation of women in elective office is more a result of a paucity of women candidates than discrimination against them at the polls." (Diana Fowlkes u.a. 1979:779)

Unabhängig davon, ob eine geschlechtsspezifische Diskriminierung besteht oder nicht, kann aber allein schon die Angst davor Frauen von einer Kandidatur um ein öffentliches Amt abhalten; auf diesen Gesichtspunkt hat Marcia M. Lee aufmerksam gemacht:

„The important point is not whether discrimination exists, however, but whether women believe it does. The mere belief in its existence serves to discourage women from seeking public office." (Marcia M. Lee 1977:133)

Die Darstellung dieser Erklärungsversuche zur politischen Unterrepräsentation von Frauen verdeutlicht, daß es bisher kaum gesicherte Erkenntnisse über die tatsächlichen Einflußgrößen des weiblichen politischen Verhaltens gibt; zu fast allen Ansätzen ließen sich kontroverse Auffassungen oder empirische Ergebnisse finden. Die Schwäche dieser referierten Erklärungsbemühungen liegt zudem darin, daß sie jeweils nur einen Faktor in seiner Auswirkung auf das partizipative Verhalten von Frauen isoliert betrachten. Politische Partizipation wird aber durch eine Vielzahl interdependenter Faktoren konstituiert; bereits Jürgen W. Falter hat darauf hingewiesen, daß eine multidimensionale Vorgehensweise für die Überprüfung kausaler Erklärungen des individuellen politischen Verhaltens unumgänglich ist. (vgl. Falter 1972:564) Bezüglich der politischen Partizipation von Frauen steht eine derartige umfassende Überprüfung der Bedingungen und Hindernisse im Rahmen eines allgemeinen theoretischen Modells des weiblichen politischen Verhaltens noch aus. Zu diesem Schluß kommen auch Welch/Secret:

„In sum we have argued that the existing theories of subgroup political participation are weak because each examine only one type of factor. A larger perspective incorporating a wide variety of perceived costs and benefits to individual making decisions whether to participate would seem a useful way of building a more general theory of subgroup participation." (Susan Welch/Philip Secret 1981: 16)

1.2 Präzisierung und Abgrenzung der Problemstellung gegenüber der Partizipationsforschung

Vor dem skizzierten theoretischen und empirischen Hintergrund muß die Frage nach den Gründen der geringen Repräsentanz von Frauen in der politischen Elite noch immer als offen gelten. Zur Klärung dieses Problems bieten sich in Anlehnung an die vorherigen Ausführungen zwei unterschiedliche Ansatzpunkte an: zum einen könnte man der generellen Frage nachgehen, warum sich noch immer weniger Frauen als Männer für Politik interessieren bzw. in politischen Parteien organisieren; ein anderer Ansatzpunkt wäre die Frage nach dem Verbleib der Frauen, die bereits den Schritt zum Parteimitglied vollzogen und damit zugleich ihre persönliche Identifikation mit den Zielen einer Partei dokumentiert haben. Da in der Bundesrepublik Deutschland (im Unterschied zu den Vereinigten Staaten) die Rekrutierung des politischen Führungspersonals allein den Parteien obliegt, ja sogar als eine ihrer wichtigsten Funktionen gilt (vgl. Heino Kaack 1971:15; Elmar Wiesendahl 1980:184ff), und da zudem der weibliche Mitgliederanteil inzwischen ein nicht länger zu übersehendes Potential erreicht hat, geht es in dieser Arbeit vorrangig um die

Situation und das partizipative Verhalten von Frauen im Rahmen von Parteien.

Parteiorganisationen sind zugleich „im Anspruch ein Partizipationskanal, der sozialstrukturelle Barrieren überbrückt, Teilhabechancen ausweitet und damit einander angleicht, demokratischer Politik im „Input" wie im „Output" eine Massenbasis verschafft." (Oskar Niedermayer/Hermann Schmitt 1983:293)

Daß Anspruch und Wirklichkeit hier auseinanderklaffen, ist offensichtlich. Warum gelangen nur so wenig Frauen von der unteren Mitgliedsebene in die politische Elite? Das ist die leitende Frage, auf die Antworten gefunden werden sollen.
Ausgehend von der Annahme, daß das politische Verhalten der weiblichen (und auch der männlichen) Mitglieder determiniert wird durch individuelle und strukturelle Bedingungen bzw. Voraussetzungen (vgl. Michael Buse 1975:46), gilt es, die Faktoren, die das partizipative Verhalten von Frauen im Handlungsfeld der politischen Parteien fördern und/oder einschränken zu identifizieren und umfassend zu überprüfen, ob und in welchem Ausmaß sich Unterschiede in der Disposition zur politischen Teilnahme sowie im Partizipationsverhalten bei männlichen und weiblichen Parteimitgliedern ergeben.
Mit dieser Problemstellung liegt der Focus der Untersuchung somit auf dem partizipativen Verhalten der weiblichen Mitglieder in der Parteiorganisation. Die Analyse politischer Parteien als Organisationen ist an den Konzepten der Organisationssoziologie ausgerichtet (15), eine nahtlose Übertragung der Organisationstheorie auf Parteien ist allerdings nicht möglich, „da Parteien Organisationen sui generis sind" (Mathias Schmitz 1975:171). So zeichnen sich formale Organisationen in der Regel durch eine funktional-spezifische Strukturierung aus; dabei ist die Zweckrationalität der funktionalen Differenzierung vor allem von dem Ausmaß der Stabilität der Systemumwelt abhängig. Parteien sind hier benachteiligt, da ihre Umwelt instabil ist und sie sich widersprüchlichen Erwartungen ausgesetzt sehen. Zudem erfolgen die „strukturellen Differenzierungen innerhalb der Parteien..nur zum geringen Teil funktionsspezifisch - egal welchen Funktionskatalog man heranzieht" (ebd.). (16)
Ferner ist für formale Organisationen eine Trennung der Handlungsmotivation ihrer Mitglieder vom Organisationszweck üblich (vgl. Niklas Luhmann 1972:100); das Medium Geld sichert hier im allgemeinen die Leistungsbereitschaft der Mitglieder für die Organisation. Parteien aber sind in hohem Maße von der Motivkonstellation ihrer Mitglieder abhängig und müssen für ihre Zielerreichung „entweder ihre Ziele konsensfähig halten oder sind gezwungen, zusätzliche Motivationsanreize zu bieten" (Mathias Schmitz 1975:172).
Schließlich stellen formale Organisationen hierarchisch strukturierte Gebilde dar mit vertikaler Straffung ihrer Tätigkeitsbereiche und Zentralisierung der (übertragbaren) Autoritätszuweisungen. Auch

dies trifft für demokratische Parteien nur begrenzt zu. (vgl. Renate Mayntz 1974:87f) Diese Besonderheiten der Parteiorganisation gegenüber anderen formalen Organisationen weisen u.a. auf die Bedeutung der Basiseinheiten, d.h. der Mitglieder, hin. (vgl. Mathias Schmitz 1975:174) Im Rahmen der skizzierten Fragestellung dieser Arbeit liegt der Schwerpunkt auf der Partei als Mitgliederorganisation, die nach Wolfgang Falke auch als „institutionalisierte Parteiorganisation" gekennzeichnet werden kann.(17)

„Die institutionalisierte Parteiorganisation läßt sich als Element einer Partei abgrenzen, in dem man die formal gewählten Parteivorsitzenden und die Aspiranten auf die öffentlichen Ämter findet, die große Zahl der regional und funktional abgrenzbaren Parteivorstände, die eingeschriebenen Mitglieder und die Aktivisten der Partei. ... Die institutionalisierte Parteiorganisation arbeitet durch die formale Organisation der Vorstände und Parteiversammlungen, der Ausschüsse und Vereinigungen, die durch Gesetz und Satzung vorgeschrieben sind. In ihrem Bereich findet man die Zentren der formalen Parteiautorität und Parteiverwaltung. Zu ihr gehören aber auch die Vielzahl persönlicher Kontakte und Beziehungen, die eine Organisation erst bilden." (Wolfgang Falke 1982:18)

Die Mitgliederorganisation steckt damit den Rahmen für die Teilnahmeformen und Teilnahmechancen der Bürger/-innen als eingeschriebene Mitglieder ab.
Fassen wir die zuvor aus der Literatur zusammengetragenen Bestimmungsfaktoren des politischen Verhaltens von Frauen zusammen, so zeichnet sich folgendes Beziehungsgeflecht ab:
Die Nutzung von Partizipationschancen gilt als abhängig von akteursbezogenen und parteiorganisatorischen Bedingungen. Zu den von den Mitgliedern eingebrachten Voraussetzungen aus dem gesellschaftlichen Bereich zählen der politische Sozialisationsprozeß (hier werden politisches Interesse und Partizipationsbereitschaft vermittelt), sozialstrukturelle Faktoren (d.h. schulische und berufliche Ausbildung sowie Berufsposition) und die aktuelle Lebenssituation (also Arbeits- und Familienbeziehung sowie Ehepartnerbeziehung). Als intervenierende Variable treten die kollektiven geschlechtsspezifischen politischen Rollenleitbilder hinzu. Zu den parteiorganisatorischen Bedingungen gehören organisatorische Strukturvariablen (Aufbau-, Rollen- und Kommunikationsstruktur sowie Rekrutierungsmuster) und männliches Diskriminierungsverhalten, das wiederum auf den politischen Rollenleitbildern beruht. Beide Variablen münden in dem Prozeß der Elitenauswahl und treffen hier mit den von den weiblichen Mitgliedern eingebrachten Voraussetzungen zusammen. Die hier vorgenommene begriffliche Trennung zwischen akteursbezogenen und strukturellen Faktoren ist sicherlich nicht ganz unproblematisch, da die akteursbezogenen Bedingungen „in letzter Instanz doch auch wieder durch die soziale, ökonomische und politische Struktur ..des Gesell-

schaftssystems vermittelt sind" (Michael Buse 1975:46), zur schärferen analytischen Unterscheidung der Einflußfaktoren soll die Trennung jedoch beibehalten werden.
Ausgehend von diesem Modell der Bestimmungsfaktoren des politischen Verhaltens von Frauen in Parteien ergeben sich im einzelnen folgende Fragestellungen:

- Zunächst wird es um die Repräsentanz von Frauen in der Politik gehen; Indikatoren hierfür sind der politische Organisationsgrad sowie der Frauenanteil in innerparteilichen und öffentlichen Wahlämtern auf Kommunal-, Landes- und Bundesebene.
- Auf der Basis dieser weiblichen Repräsentanz in den politischen Institutionen kann dann den Barrieren und Chancen für Frauen im innerparteilichen Führungsauswahlprozeß nachgegangen werden. Wie sehen generell die politischen Aufstiegsmuster in den Parteien aus und welche Restriktionen für Frauen sind daraus abzuleiten? Welche Stellung und Funktion kommt den separaten Frauenorganisationen der Parteien im Hinblick auf eine politische Karriere von Frauen zu? Und schließlich ist die Frage nach der Bedeutung geschlechtsspezifischer Diskriminierung für die politische Beteiligung der weiblichen Parteimitglieder zu klären. Die Zusammenstellung einiger wichtiger Merkmale des weiblichen Karriereverlaufs bildet hier den Abschluß.
- Im Anschluß an diese eher makro-orientierte Betrachtungsweise der Einflußfaktoren des weiblichen Partizipationsverhaltens wird eine regionale Eingrenzung auf die parteiorganisatorische Mikroebene vorgenommen. Anhand einer 1982 in der Hansestadt Bremen von der Forschungsgruppe Parteiendemokratie durchgeführten repräsentativen Befragung von Parteimitgliedern aus SPD, CDU und FDP soll auf der Grundlage ausgewählter Hypothesen Aufschluß darüber gewonnen werden, welche Frauen im Vergleich zur Wohnbevölkerung in den Parteien organisiert sind, welche Einstellungen sie verfolgen, in welcher Weise sie angebotene Partizipationschancen nutzen und welches die Determinanten ihres innerparteilichen partizipativen Verhaltens sind. Die Forschungsperspektive richtet sich dabei gezielt auf die Mitgliedsebene als Untersuchungseinheit, da bekanntlich der unteren Parteiebene für den politischen Aufstieg eine zentrale Bedeutung zukommt. So wies bereits Mechtild Fülles auf die Notwendigkeit einer näheren Untersuchung der Situation der Frau auf dieser Ebene hin: „Denn hier ist ja der Ausgangspunkt jedes Weges in eine Parteiposition zu suchen." (Fülles 1969:50) Und von Dietrich Herzog wissen wir, daß die langjährige Bewährung als aktives Parteimitglied in den lokalen Basisorganisationen eine wichtige Voraussetzung für eine politische Karriere bildet.(vgl. Herzog 1975:68f) Für die Auswahl der Mitgliedsebene spricht ferner die Tatsache, daß die politischen Karrieremuster der erfolgreichen Männer und Frauen heute in der Bundesrepublik eine starke Angleichungstendenz aufweisen. Von daher scheint eine empirische Untersuchung von Frauen in der politischen Elite für die gewählte Fragestellung wenig fruchtbar.

Der Versuch, Bestimmungsgründe und Restriktionen der binnenorganisatorischen Partizipation von Frauen aufzuzeigen, setzt eine präzise und empirisch faßbare Definition des Partizipationsbegriffes voraus. Da in dieser Arbeit im Hinblick auf die Erklärung der Unterrepräsentation von Frauen in der politischen Elite die Bedingungen und Formen der Partizipation weiblicher Parteimitglieder in ihrer Abhängigkeit von individuellen und organisatorischen Voraussetzungen im Vordergrund stehen, werden in diesem Kontext unter politischer Partizipation sowohl die Bereitschaft wie auch die tatsächliche Wahrnehmung innerparteilicher Mitarbeitsformen verstanden. Politische Partizipation erschöpft sich danach weder in der bloßen Parteimitgliedschaft (vgl. Roswitha Sehringer 1977:879), noch erscheint es sinnvoll, sie, wie bei Michael Buse u.a. (1978) oder auch Mathias Schmitz (1975), auf die Teilhabe an der Festlegung von Handlungsspielräumen einzuengen, sondern sie zielt vielmehr auf die qualitativ unterschiedlichen Formen und Grade der innerparteilichen Teilnahme und verläuft auf einem Kontinuum, dessen Endpunkte Nicht-Partizipation und hohe Beteiligungsrate bilden.

Die hiermit umrissene Problemstellung der Arbeit findet ihre Begründung auch in dem defizitären Forschungsstand der Bundesrepublik über das institutionelle politische Verhalten von Frauen. Bis heute wissen wir kaum etwas über Frauen in der Politik, denn ihre politische Randstellung ist von der wissenschaftlichen Literatur weitgehend ignoriert worden. Weder die Frage nach den Gründen der so unbedeutenden politischen Rolle von Frauen, noch die nach den Folgen ihres Ausschlusses für das politische System selbst und das Demokratieverständnis fanden systematisch Eingang in die theoretischen Überlegungen oder empirischen Forschungen der Politikwissenschaft. So wäre es u.a. auch Aufgabe der Parteienforschung, die spezifische Situation von weiblichen Parteimitgliedern zu analysieren; doch Frauen als eigenständige Untersuchungsgruppe scheinen im Bewußtsein männlicher Wissenschaftler nicht zu existieren; sie bilden vielmehr eine marginale Restkategorie.(18)
Nimmt man z.B. neuere Untersuchungen über Parteimitglieder zur Hand, so weisen sie den Mangel auf, daß sie aufgrund ihres eingeschränkten Erkenntnisinteresses in ihrem empirischen Material nicht systematisch zwischen Männern und Frauen differenzieren. So wird zwar in der Studie von Horst Becker/Bodo Hombach über „Die SPD von Innen" (1983) die Dominanz der Männer in der SPD und in ihren Führungsgremien auf immerhin vier Seiten belegt, es fehlt aber in den zahlreichen Statistiken zum Sozialprofil der Mitglieder in verschiedenen Ämtern und Funktionen die Differenzierung zwischen den Geschlechtern. Auch bei Wolfgang Falke, der eine umfassende Untersuchung der Mitglieder der CDU vorgelegt hat, lassen sich nur verstreute Hinweise auf die besondere Situation von weiblichen Parteimitgliedern finden. So vermutet er beispielsweise, „daß Frauen trotz gleicher Aktivitätsbereitschaft größere Schwierigkeiten haben, in höhere Positionen

gewählt zu werden" (Falke 1982:92), doch der Frage, wie diese Schwierigkeiten aussehen und worin sie begründet sind, geht er nicht weiter nach.
Entsprechend den Mitgliederstudien erfährt man auch in Untersuchungen über politische Führungsauswahlprozesse nur wenig über weibliche Rekrutierungsmuster. So vermerkt Edu Enke:

„Es kommt der Variablen Geschlecht für die Oberschichtrekrutierung wohl die eindeutigste Funktion zu. Außer in einigen Delegationseliten, die aus Repräsentationsbedürfnissen einen etwas höheren Anteil an Frauen aufweisen, kommt dem weiblichen Geschlecht keine Bedeutung zu." (Enke 1974:102)

Die geringe Repräsentanz von Frauen legitimiert hier ihre Ausklammerung aus allen weiteren Überlegungen. Gerade diese Vorgehensweise machen Bourque/Grossholtz den Politikwissenschaftlern zum Vorwurf:

„There is no doubt that males hold the vast majority of public offices at every level and control influence at every level as well. That political scientists report this cannot be faulted. What we find unacceptable is the failure to question this occurence, to ask why this happens and to worry about the implications." (Susan Bourque/Jeane Grossholtz 1984:104; vgl. auch: Jeane J. Kirkpatrick 1974:4)

Die Untersuchung von Dietrich Herzog über politische Karriereverläufe trägt gleichfalls kaum etwas zur Erhellung der Karrieren von Frauen bei. Folgende sieben biographische Profile führt er zur Darstellung des Zusammenhangs von Berufslaufbahn und politischer Karriere an:

a) Der Beamte
b) Der Rechtsanwalt
c) Der Verbandsfunktionär
d) Der Unternehmer/Manager
e) Der Landwirt
f) Der Journalist
g) Der Arbeiter

Die politische Biographie von Frauen scheint für ihn wissenschaftlich irrelevant zu sein. (vgl. Herzog 1975:4)
Selbst die vergleichende Darstellung von Donna S. Sanzone (1981), die Frauen in politischen Führungspositionen in Großbritannien, Frankreich und der Bundesrepublik zum Untersuchungsgegenstand hat, bleibt weit hinter dem üblichen Standard politischer Eliteuntersuchungen zurück. Auf dreieinhalb Seiten findet sich für die Bundesrepublik nicht viel mehr als eine Aufzählung der bisherigen weiblichen Bundeminister und Bundestagspräsidenten bzw. Vizepräsidenten. (vgl. Sanzone 1981:37ff)
Während sich also Elite- wie Mitgliederuntersuchungen durch Nicht-Thematisierung der weiblichen Problematik auszeichnen, gehört dagegen

das Wahlverhalten von Frauen als fester Bestandteil zum Repertoire jeder Wahlforschung, und mit den Methoden der modernen Wahlsoziologie spürt man den Bestimmungsgründen ihrer Wahlentscheidung nach. (vgl. Klaus Liepelt/Hella Riemenschnitter 1973; Werner Linke 1977; Dieter Noetzel 1983; Joachim Hofmann-Göttig 1986)
Resümierend bleibt festzuhalten, daß in der politischen Wissenschaft (mit Ausnahme der Wahlforschung) hinsichtlich der Auseinandersetzung mit Bedingungen und Formen institutioneller politischer Partizipation von Frauen ein Defizit besteht. Noch immer können lediglich die Arbeiten von Gabriele Bremme (1956) und Mechtild Fülles (1969) als einzig umfassende zu diesem Thema angeführt werden, die in ihrem empirischen Material allerdings inzwischen veraltet sind.
Mit diesem defizitären Forschungsstand liegt die bundesrepublikanische Politikwissenschaft weit hinter dem amerikanischen Forschungsstand zurück. Während es auch in den Vereinigten Staaten lange Zeit an Untersuchungen über das weibliche politische Verhalten fehlte (20), gibt es dort inzwischen eine Vielzahl von theoretischen wie empirischen Arbeiten zum Thema „Frauen und Politik"; repräsentativ hierfür ist die Zeitschrift „The Western Political Quarterly", die im März 1981 den Band „Special Issue on Women in Politics" herausgab.
Die vorliegende Arbeit über Frauen in der Politik erhebt nun nicht den Anspruch, die bundesrepublikanische Forschungslücke vollständig zu schließen; sie stellt vielmehr einen ersten Versuch dar, die Gründe der viel diskutierten politischen Benachteiligung von Frauen empirisch fundiert wissenschaftlich zu untersuchen.

1.3 Aufbau und Methode der Arbeit

Der Aufbau der Arbeit orientiert sich an der entwickelten Problemstellung, zu deren Bearbeitung sowohl der Weg einer Sekundäranalyse als auch der der Auswertung neuerer empirischer Daten beschritten wird.
Zunächst wird der Blick auf die statistische Repräsentanz von Frauen in Parteien und Parlamenten gelenkt; wie bereits erwähnt, fehlt es bislang an einer neueren, systematischen Gesamtdarstellung der Beteiligung von Frauen in den politischen Institutionen. Diese Lücke soll hiermit geschlossen werden. Die politische Mobilisierung der Frauen in den 70er Jahren, die sich aus den Daten ablesen läßt, wird anschließend unter dem Gesichtspunkt der grundlegenden sozialen Veränderungen im weiblichen Lebenszusammenhang interpretiert.
Vor dem Hintergrund dieser weiblichen politischen Präsenz kann dann die Ausleuchtung ihrer innerparteilichen Situation vorgenommen werden. Hierzu gehören die Analyse der innerparteilichen Aufstiegsmuster im Hinblick auf die Aufstiegsrestriktionen für Frauen; die kritische Darstellung der Stellung und Funktion der bundesweiten Frauenorganisationen von SPD und CDU und die Bedeutung geschlechtsspezifischer Diskriminierung für die parteipolitische Teilnahme

von Frauen. Die Zusammenstellung einiger typischer Merkmale des weiblichen Karriereverlaufs bildet hier den Schluß. Da die binnenorganisatorische Partizipation der weiblichen Parteimitglieder nicht unabhängig von ihrer gesellschaftlichen Situation zu verstehen ist, wird der weibliche Lebenszusammenhang stets miteinbezogen.
Mit diesem Kapitel schließt der sekundäranalytische Teil. Die Überprüfung ausgewählter Hypothesen zur Erklärung der Unterrepräsentation von Frauen in der politischen Elite wird im Anschluß daran auf der Basis einer 1982 in der Stadt Bremen durchgeführten repräsentativen Befragung von 363 männlichen und 197 weiblichen Parteimitgliedern aus SPD, CDU und FDP vorgenommen.(21)

Anmerkungen

1 Die Angleichung im Wahlverhalten betrifft in erster Linie die Höhe der Wahlbeteiligung von Männern und Frauen; die These ausgeglichener Parteipräferenzen gilt dagegen nur mit Einschränkung. Vgl. hierzu: Joachim Hofmann-Göttig 1986.

2 So bemerkt Gabriele Strecker: „Sicher ist, daß eine moderne Volkswirtschaft, ein demokratischer Staat ohne die volle Mitwirkung und Mitbeteiligung der Frau nicht denkbar ist." (Strecker 1975:37) Und Sidney Verba/Norman H. Nie stellen fest: „Where few take part in decisions there is little democracy; the more participation there is in decision, the more democracy there is". (Verba/Nie 1972:1) Auf die Begrenztheit der normativen Partizipationsforderung hat u.a. Roswitha Sehringer hingewiesen (1977:851); siehe auch: Max Kaase (1982:186).

3 Die Vorstellung vom besonderen Lebenslauf der Frau orientiert sich an dem Drei-Phasen-Modell von Myrdal/Klein; auf die Phase der Berufsausbildung und -tätigkeit folgt die Familienphase; nach Abschluß der Kindererziehung kehrt die Frau dann ins Berufsleben zurück. Vgl. Alva Myrdal/Viola Klein 1971; zur Kritik an diesem Modell vgl. Erika Adolphy 1982:8f.

4 Vgl. hierzu das Sonderheft „Mehr Frauen in die Parlamente" in der vom Deutschen Frauenrat herausgegebenen Reihe „Informationen für die Frau", Februar 1980. Dem skizzierten Partizipationsverständnis des Paritätsansatzes entsprechen auf der Parteienseite vor allem die programmatischen Aussagen von CDU/CSU und auch der FDP; vgl. Programm der CDU für die Frau in Familie und Gesellschaft 1975; Grundsatzprogramm der Christlich Sozialen Union 1983; Programm zur Gleichberechtigung in einer liberalen Gesellschaft, 1974.

5 Da aber mit der Umgestaltung der Produktionsverhältnisse nicht automatisch auch eine Veränderung der Geschlechtsrollen einhergeht, betreiben die sozialistischen Feministinnen zugleich eine Bewußtseinsänderung. Vgl. Herrad Schenk 1981:145; Ursula Linnhoff 1974:10f.

6 Frauen, die sich diesem Ansatz verpflichtet fühlen, arbeiten vorwiegend in SPD oder DKP, aber auch bei den GRÜNEN mit. Vgl.

zur Frauenprogrammatik der Parteien: Orientierungsrahmen '85 der SPD, 1975, Abschnitt 4.6; Programm der DKP von 1978:77ff; Bundesprogramm der GRÜNEN 1980.

7 Diesem Verständnis entspricht auch der geringe Institutionalisierungsgrad der Neuen Frauenbewegung; vgl. Karl-Werner Brand u.a. 1983:142f.

8 Eine von der feministischen Frauenzeitschrift EMMA durchgeführte Befragung unter ihren Leserinnen ergab, daß 98% der befragten Frauen die Parteien als frauenfeindlich einstufen. Vgl. EMMA, Sonderband 1, Wahlboykott? 1980:12.

9 Vgl. die Zusammenfassung und Kommentierung bei Gisela Zimpel 1970; siehe auch: Michael Buse 1975:47ff.

10 Die Autorinnen selbst halten diese Erklärung allerdings für unbefriedigend, da sie diffus und vage sei, entwickeln aber keine alternative Perspektive; vgl. Githens/Prestage 1977:5.

11 Dieser Erklärungsansatz wird auch als „structural explanation" bezeichnet. Vgl. Susan Welch/Philip Secret 1981:6; siehe auch Lynda Watts Powell u.a. 1981:31ff.

12 Für die politische Rekrutierung von Frauen spielen in den Vereinigten Staaten auch familiäre Beziehungen eine wichtige Rolle; Gertzog hat für eine große Zahl der weiblichen Kongressabgeordneten festgestellt, daß ihre Eltern bzw. nahen Verwandten hohe Parteiämter innerhalb wie außerhalb von Wahington ausüben. Vgl. I.N.Gertzog 1979:432. Eine typisch amerikanische Variante ist zudem die Wahl einer Frau als Nachfolgerin ihres verstorbenen Ehemannes. Von den 84 weiblichen Abgeordneten im Repräsentantenhaus von 1919 bis 1976 haben nicht weniger als 34 Witwen ihren Mann „beerbt". Vgl. ebd.:430f; siehe hierzu auch Diana Kinciaid 1978. Heute ist die Bedeutung der familiären Beziehungen aber insgesamt abnehmend.

13 Dieser Erklärungsansatz wird auch als „situational explanation" (Susan Welch 1977) oder „isolation explanation" (Susan Welch/ Philip Secret 1981) bezeichnet.

14 Besonders von Feministinnen wird allerdings darauf hingewiesen, daß die patriarchalischen Strukturen der politischen Arbeit die Beteiligung von Frauen erschweren. Vgl. Helga Grubitzsch 1981:31.

15 Vgl. hierzu die Ansätze von Joseph A. Schlesinger 1965; Bernard Hennessy 1968; Fred W. Riggs 1968; Samuel H. Barnes 1968; siehe auch die Zusammenfassung bei Jürgen Hartmann 1979:27ff.

16 Vgl. für solche Funktionenkataloge Heino Kaack 1971,Kapitel 7; Elmar Wiesendahl 1980:184ff.

17 Nach Wolfgang Falke kann die Parteiorganisation als ein dreiteiliges System gedacht werden; neben der institutionalisierten Parteiorganisation unterscheidet er weiter „die parlamentarische Partei" und „die Partei der Wählerschaft". Vgl. Falke 1982:16ff.

18 Erste Ansätze zur historischen Aufarbeitung weiblicher politischer Partizipation liegen mit den Regionalstudien von Angelika

Vorholz (1982) und Christel Wickert (1983) vor.

19 Auch bei Wulf Schönbohm (1985) werden Angaben über weibliche Parteimitglieder eher beiläufig behandelt.

20 So bemerken Marianne Githens/Jewell Prestage: „Until about a decade ago, the political behavior of women was largely an unexplored area in literature of political science. ... Indeed, most studies either ignored women's political participation or mentioned it only in passing."(Githens/Prestage 1977:3)

21 Diese Parteimitgliederumfrage wurde im Rahmen des von der DFG geförderten Projekts „Parteiensystem und Legitimation des politischen Systems" unter der Leitung von Heino Kaack und Reinhold Roth durchgeführt.

2. Statistische Bestandsaufnahme: Frauen in Parteien und Parlamenten der Bundesrepublik Deutschland

Die Ausführungen dieses Kapitels dokumentieren die Repräsentanz von Frauen in den politischen Parteien und den Parlamenten auf Kommunal-, Landes- und Bundesebene. Die - soweit möglich - auch die historische Entwicklung berücksichtigende vorrangig deskriptive Darstellung wird zugleich wichtige Anhaltspunkte für die anschließende stärker analytisch ausgerichtete Betrachtung der Determinanten des weiblichen Partizipationsverhaltens im Kontext politischer Parteien liefern. Vorangestellt wird dieser Bestandsaufnahme ein Rückblick auf den Kampf um das Frauenwahlrecht in Deutschland.

2.1 Historischer Rückblick: Der Kampf der Frauen um ihre politischen Rechte

Daß Frauen das Recht haben, einer Partei anzugehören, zu wählen und gewählt zu werden, ist keine Selbstverständlichkeit; vielmehr kennzeichnen heftige Auseinandersetzungen den Weg zu diesem politischen Ziel. Die Forderung nach politischen Rechten auch für Frauen war Bestandteil der ersten Frauenbewegung in Deutschland, wurde aber hier - im Gegensatz zu England und den Vereinigten Staaten - erst in den späten 90er Jahren diskussionsfähig.(1)
Bis zum Jahr 1908 war den Frauen durch das Vereinsgesetz von 1850 die Mitgliedschaft in einer Partei untersagt; in dem Gesetz hieß es:

„Für Vereine, welche bezwecken, politische Gegenstände in Versammlungen zu erörtern, gelten außer vorstehenden Bestimmungen nachstehende Beschränkungen: Sie dürfen keine Frauenspersonen, Schüler und Lehrlinge als Mitglieder aufnehmen...Frauenspersonen, Schüler und Lehrlinge dürfen den Versammlungen und Sitzungen solcher politischen Vereine nicht beiwohnen." (§8 des preußischen Vereinsgesetzes, zitiert nach: Margrit Twellmann 1972, Anm.49,S.210)

Dieses Gesetz war Ausdruck der tiefverwurzelten Vorstellung von der Unvereinbarkeit von Weiblichkeit und Politik. Im Kampf um ihre politischen Rechte galt das Stimmrecht anfangs als Fernziel, dem man sich nur durch kleine Schritte nähern konnte. (vgl. Margrit Twellmann 1972:202ff) Unterstützt in ihrem Bemühen wurden die Frauen allein von den Sozialisten, die seit 1891 ein gleiches und allgemeines Wahlrecht unabhängig vom Geschlecht forderten. Die anderen

Parteien, wie z.B. das Zentrum, die Nationalliberalen oder die Deutsche Volkspartei, zeigten sich der Stimmrechtsforderung feindlich bzw. bestenfalls gleichgültig gegenüber. (vgl. Herrad Schenk 1981: 38f) Auch innerhalb der Frauenbewegung gab es Teile, wie den Deutsch-Evangelischen Frauenbund, die das Frauenstimmrecht entschieden ablehnten. Die Einsicht vorwiegend des radikalen Flügels der ersten Frauenbewegung in die Notwendigkeit des Stimmrechts als politisches Druckmittel auch für andere Frauenforderungen führte 1902 zur Gründung des 'Deutschen Verbands für Frauenstimmrecht', dessen Führungsmitglieder, darunter Minna Cauer, Helene Stöcker, Anita Augspurg, Lida Gustav Heymann, alle zum radikalen Flügel gehörten.
Mit der Aufhebung des Vereinsgesetzes 1908 eröffnete sich den Frauen die Möglichkeit der Mitarbeit in den meisten Parteien; die Konservativen allerdings verweigerten den Frauen den Zugang, gündeten aber 1911 eine 'Vereinigung konservativer Frauen', die eine Betätigung der Frauen auf karitativem Gebiet begrüßte.
Doch die politische Mitarbeit der Frauen in den Parteien konnte kaum eine Änderung der Parteien selbst, und das hieß vorrangig der Haltung der Männer, zur Frauenfrage und im besonderen zum Frauenstimmrecht bewirken. Ganz im Gegenteil brachen durch die unterschiedlichen parteipolitischen Bindungen der Frauen politische Gegensätze innerhalb der Stimmrechtsbewegung auf; so entzündete sich der Hauptstreit an der Frage der Ausgestaltung des Stimmrechts. Sollte es, wie vom Stimmrechtsverband gefordert, ein allgemeines, gleiches, direktes, geheimes aktives und passives Wahlrecht für beide Geschlechter sein oder entsprechend der regionalen Unterschiede z.B. ein allgemeines für den Reichstag, ein nach dem Eigentum gestaffeltes für Preußen? (vgl. Herrad Schenk 1981:41f)
So kam es infolge der Unvereinbarkeit der Auffassungen zur Gründung einer zweiten Stimmrechtsorganisation, der 'Deutschen Vereinigung für Frauenstimmrecht', die ein Frauenwahlrecht entsprechend dem der Männer anstrebte. Da diese Frage 1911/12 auch im Frauenstimmrechtsverband zu heftigen Auseinandersetzungen führte, entstand schließlich noch eine dritte Organisation, der 'Deutsche Frauenstimmrechtsbund'. Diese Zersplitterung der Frauenstimmrechtsbewegung mit ihrem Kräfteverschleiß durch Abgrenzungskämpfe bedeutete letztendlich den Niedergang und Zerfall der Wahlrechtsbewegung in Deutschland. (vgl. Herrad Schenk 1981:42f)
Mit der Weimarer Verfassung 1918 erhielten die Frauen das Stimmrecht. (2) Somit sind die politischen Rechte der Frauen nicht wie in England oder den USA von den dortigen Suffragetten erkämpft worden, sondern sie wurden ihnen zugestanden. Diese Auffassung vom Frauenwahlrecht quasi als 'Geschenk' der Männer an die Frauen vertritt auch Gabriele Strecker. Sie begründet es folgendermaßen:

„Der Erste Weltkrieg war die entscheidende Station auf dem Weg der Frau in die Politik. Im Krieg strömten Scharen von Frauen zum ersten Mal neu ins Berufsleben, darunter in Berufe, die man früher ausschließlich als Männerberufe betrachtet hatte. Der Krieg machte die Frauen selbständiger. Mit dem Zusammenbruch des Kaiserreichs, im Gefühl einer völlig neuen demokratischen Epoche, gab die Nationalversammlung den Frauen das aktive und passive Wahlrecht. ... Zwar hat die Frauenbewegung den geistigen Boden vorbereitet, aber die politischen Rechte der Frau sind verwirklicht worden, weil Männer in Wort und Schrift, weil politische Parteien sich die Sache der Frauenbewegung zu eigen gemacht haben." (Gabriele Strecker 1975:19) (3)

Ob das Frauenwahlrecht in Deutschland nun eher das Ergebnis der Stimmrechtsbewegung war oder eher ein Zugeständnis der Männer, scheint mir bisher allerdings nicht hinreichend geklärt; auf diesem Gebiet dürfte es noch an grundlegenden historischen Forschungen fehlen.(4) In diesem Zusammenhang interessiert die These von Hannelore Schröder,

„daß den Frauen 1919 das Wahlrecht genommen wurde und es heute folglich nicht zu ihren konkreten Rechten gehört - ja daß seither der Prozeß der Wegnahme des Wahlrechts ständig fortschreitet". (Hannelore Schröder 1983:471) (5)

Sie begründet diese These damit, daß erstens weder die Grundidee des Wahlrechts noch die Minimalvoraussetzungen für seine Ausübung im Fall der Frauen erfüllt seien; so fehle es an einem Minimum an ökonomischer Selbständigkeit, persönlicher Freiheit, allgemeiner und politischer Bildung sowie einem Minimum an Freizeit für die politische Arbeit. (vgl.ebd.) Zweitens verneint sie die organisatorischen Voraussetzungen für die Ausübung des Wahlrechts in der Praxis. Dieses meint, daß die Parteiorganisation anfangs Monopol der Männer gewesen sei und auch mit der Öffnung für Frauen als solches bestehen blieb und bis heute fortwirke. (vgl. ebd:471f; siehe auch: Gabriele Bremme 1956:148) Drittens würde den Frauen das passive Wahlrecht laufend genommen, was die Praxis der Parteien bei der Kandidatenaufstellung wie auch die zahlenmäßige Unterrepräsentation von Frauen im Reichstag wie im Bundestag zeige.

„Eine wirklich demokratische Erneuerung nach dem zweiten Weltkrieg hätte eine zahlenmäßig große Rückkehr der Frauen in die Parlamente mit sich bringen müssen, aber wiederum verhinderte die Parteipolitik die Ausübung des passiven Wahlrechts durch Frauen: zwischen Sozialdemokraten und Christdemokraten ist keine Differenz festzustellen, beide großen Parteien wirken dahin, den Anteil der weiblichen Abgeordneten laufend zu vermindern, nicht etwa zu steigern." (Hannelore Schröder 1983:473) (6)

Viertens schließlich diene das aktive Wahlrecht der Frauen „zur Stützung der Männermacht in Staat und Gesellschaft"(ebd.), denn die Interessen der Frauen und Kinder würden nicht von den Parteien,

sondern von der Frauenbewegung vertreten, die aber im Parlament bisher keine Vertretung habe.(7)
Die Grundidee bei Hannelore Schröder ist, daß gleiche Rechte ohne gleiche materielle Voraussetzungen wirkungslos bleiben, wovon auch schon Mechtild Fülles ausgeht:

„Sowohl im gesellschaftlichen als auch im politischen Bereich ist eine rechtlich verankerte Gleichberechtigung solange wertlos, wie keine Chance besteht, die gleichen Rechte wahrnehmen zu können." (Fülles 1969:18)

Diese Einschätzung des aktiven und passiven Wahlrechts für Frauen fußt im Kern bereits auf einer zentralen Restriktionsprämisse, die einer parteipolitischen Partizipation von Frauen und damit zusammenhängend einer politischen Karriere enge Grenzen setzt. Die Widerstände gründen sich im wesentlichen darauf, daß Parteien von Männern für Männer geschaffen wurden und daß sie weder dem weiblichen Lebenszusammenhang, noch den inhaltlichen Interessen von Frauen Rechnung tragen.

2.2 Frauen als Parteimitglieder

Mit dem Ende des zweiten Weltkrieges und der Gründung der Bundesrepublik Deutschland bestimmen die demokratischen Parteien das politsiche Geschehen. Frauen können sich seitdem wieder aktiv in der Politik betätigen und um Mandate bewerben. Allerdings ist es in der Bundesrepublik nicht sehr weit verbreitet, den Schritt in eine Partei zu tun.(8) Für Frauen gilt dieses in noch stärkerem Maße als für Männer. Stellt man für 1980 Parteimitglieder und Wahlberechtigte gegenüber, so zeigt sich, daß etwa 4,5% aller Wahlberechtigten Mitglieder der Bundestagsparteien gewesen sind; von den weiblichen Wahlberechtigten waren nur 1,8% Parteimitglied, von den männlichen Wahlberechtigten dagegen 7,7%. Kehrt man diese Relation um, so ergibt sich, daß nur jede 56. weibliche, aber jeder 13. männliche Wahlberechtigte die Mitgliedschaft in einer Partei besaßen. Diese Tatsache hat Frauen den Vorwurf eingebracht, öffentlichkeitsfremd und öffentlichkeitsscheu zu sein. Nach Gabriele Strecker stellt die Organisationsscheu der Frauen sogar „eines der Haupthindernisse auf dem Weg in die Politik" (Strecker 1975:27) dar und ist somit für ihre politische Unterrepräsentation in hohem Maße mitverantwortlich.
Die folgenden Ausführungen sollen zeigen, inwiefern die Abneigung der Frauen, sich parteipolitisch zu organisieren, noch immer zutrifft bzw. ob im Laufe der Jahre hier ein Wandel stattgefunden hat.

2.2.1 Gesamtdarstellung der Entwicklung des Frauenanteils an den Parteimitgliedern

Das Material über den Frauenanteil in den Bundestagsparteien ist insbesondere für weiter zurückliegende Zeiten - mit Ausnahme der SPD - nur lückenhaft. Eine Gesamtdarstellung kann daher erst mit dem Jahr 1974 einsetzen und wegen fehlender Daten entweder von der CSU oder der FDP auch nicht kontinuierlich fortgeschrieben werden.

Tabelle 1: Parteimitglieder und Frauenanteile 1974-1985

Jahr	Mitglieder ges.	darunter Frauen	in %
1974	1.727.192	313.771	18,2
1976	1.820.634	376.491	20,7
1979	1.916.379	405.290	21,1
1980	1.937.476	415.634	21,5
1981	1.944.142	421.422	21,7
1983	1.917.068	428.899	22,4
1984	1.902.262	434.656	22,8
1985	1.887.416	431.592	22,9

Quelle: Zusammengestellt nach Angaben der Bundesgeschäftsstellen von SPD, CDU und FDP sowie der CSU-Landesgeschäftsstelle (ohne die GRÜNEN)

Zwei generelle Trends sind aus den Zahlen abzulesen; zum einen ist die Zahl aller Parteimitglieder von 1974 bis 1981 beständig gestiegen; die höchsten Zuwachsraten entfallen dabei auf die Jahre 1974/76 (+5,4 Prozentpunkte) und 1976/79 (+5,2 Prozentpunkte). Dieser Trend einer zunehmenden parteipolitischen Organisierung gilt zum anderen auch für die weibliche Bevölkerung, ist bei ihnen aber deutlich stärker ausgeprägt. Während von 1974 bis 1981 die Gesamtmitgliedschaft nur um 12,6 Prozentpunkte wuchs, beträgt die Zuwachsrate unter den weiblichen Parteimitgliedern in diesem Zeitraum 34,3 Prozentpunkte. Die Hauptzuwachsrate entfällt hierbei auf die Jahre 1974/76 (+20 Prozentpunkte); danach haben sich auch die Zuwachsraten der weiblichen Mitglieder erheblich verringert und liegen für die 80er Jahre unter 2 Prozentpunkten (1983:1,8%-punkte; 1984:1,3%-punkte; 1985:0,7%-punkte). Von 1981 bis 1984 war die Zuwachsrate der Gesamtmitgliedschaft zudem leicht rückläufig, die der weiblichen Mitglieder dagegen weiter positiv. 1985 stellen Frauen mit 22,9% gut ein Fünftel aller Parteimitglieder, 1974 lag dieser Anteil noch bei 18,2%.
Unterteilt man die Parteimitglieder zum Vergleich für 1974 und 1985

Tabelle 2: Parteimitglieder nach Parteizugehörigkeit und Geschlecht 1974 und 1985 (in Prozent)

Partei	Jahr	Gesamt	Frauen	Männer
SPD	1974:	57,4	62,3	56,3
	1985:	48,7	53,8	47,2
CDU	1974:	30,7	29,7	30,9
	1985:	38,1	36,6	38,5
CSU	1974:	7,1	4,1	7,8
	1985:	9,7	5,9	10,8
FDP	1974:	4,8	3,8	5,0
	1985:	3,5	3,6	3,5

Quelle: Berechnet nach den Angaben der Bundesgeschäftsstellen der Parteien bzw. CSU-Landesgeschäftsstelle

nach Parteizugehörigkeit und Geschlecht, so ergibt sich das folgende Bild (Tab.2): Mehr als drei Fünftel aller weiblichen Parteimitglieder gehörten 1974 der SPD an; knapp 30% waren Mitglied der CDU, und in der CSU und FDP waren lediglich 4,1% bzw. 3,8% aller Frauen organisiert. Damit bevorzugten Frauen überdurchschnittlich die SPD, während sie in der CDU und FDP leicht, in der CSU deutlich unterdurchschnittlich vertreten waren. Diese Tendenz bestätigt sich auch für 1985, allerdings ist die SPD in der Gunst der weiblichen, wie auch der männlichen Parteimitglieder erheblich gesunken, die CDU dagegen erkennbar gestiegen.
Vor diesem Hintergrund können wir uns jetzt der Mitgliederentwicklung in den einzelnen Parteien zuwenden.

2.2.2 Die Mitgliederentwicklung in der SPD

Nach §2 des Parteistatuts gehört zur Sozialdemokratischen Partei Deutschlands

„jede Person, die sich zu den Grundsätzen der Partei bekennt und die Mitgliedschaft erworben hat. Die untere Grenze für den Eintritt ist das vollendete 16. Lebensjahr."

Die Rolle des Parteimitglieds hat die SPD in drei Punkten einer Anleitung zur Mitgliederwerbung herausgestellt:

„1. Je mehr Mitglieder, desto finanzstärker die Partei und die Organisation;
2. je größer die Organisation, desto größer der Wahlerfolg;
3. je kräftiger und aktiver die Partei, desto größer das Ansehender Organisation und des Mitglieds."(Vorstand der SPD 1967:9) (9)

Tabelle 3: Die Mitgliederentwicklung in der SPD nach 1945

Jahr (am 31.12)	Gesamt	Männer	Frauen	Frauenanteil in %
1946	711.448	602.233	109.215	15,4
1947	875.479	714.292	161.187	18,4
1948	844.653	685.174	159.479	18,9
1949	736.218	594.924	138.369	18,8
1950	683.896	-	-	-
1951	649.529	528.144	121.385	18,8
1952	627.817	-	-	-
1953	607.456	492.108	115.348	19,0
1954	585.479	-	-	-
1955	589.051	474.222	114.829	19,5
1956	612.219	-	-	-
1957	626.189	505.897	120.292	19,2
1958	623.816	503.708	120.108	19,3
1959	634.254	512.586	121.668	19,2
1960	649.578	526.636	122.942	18,9
1961	644.780	524.414	120.366	18,7
1962	646.584	526.606	119.978	18,6
1963	648.415	530.171	118.244	18,2
1964	678.484	557.983	120.501	17,8
1965	710.448	586.883	123.565	17,4
1966	727.890	602.308	125.582	17,3
1967	733.004	606.026	126.978	17,3
1968	732.446	605.064	127.382	17,4
1969*	778.945	643.945	134.963	17,3
1970	820.202	677.186	143.016	17,3
1971	847.456	696.528	150.928	17,8
1972	954.394	775.882	178.512	18,7
1973	973.601	788.522	185.079	19,0
1974	990.682	795.136	195.546	19,7
1975	998.471	796.245	202.226	20,2
1976	1.022.191	806.921	215.270	21,1
1977	1.006.316	788.435	217.881	21,7
1978	997.444	775.672	221.772	22,2
1979	981.805	759.397	222.408	22,7
1980	986.872	759.113	227.759	23,1
1981	956.490	732.845	223.645	23,4
1982	926.070	704.150	221.920	24,0
1983	925.630	698.852	226.778	24,5
1984	916.485	688.967	227.518	24,8
1985	919.457	687.086	232.371	25,3

* Die Addition der Zahlen für Männer und Frauen ist nicht korrekt, wurde aber so mitgeteilt.

Quelle: Nach Angaben der SPD-Bundesgeschäftsstelle

In den Anfangsjahren der Bundesrepublik Deutschland waren die weiblichen SPD-Mitglieder im Vergleich zu den späteren Jahren überraschend zahlreich vertreten; so zählte die SPD 1946 bereits mehr als 100.000 Frauen; bis 1947 stieg die weibliche Mitgliedschaft sogar nahezu um die Hälfte (+47,6%-Punkte). In den folgenden Jahren sank der weibliche Mitgliederstand dann bis auf 114.829 im Jahr 1955 ab und pendelte für einen Zeitraum von neun Jahren um ungefähr 120.000. Eine kontinuierliche Steigerung ist dann von 1964 bis 1980 zu verzeichnen, wobei besonders hohe Zuwächse auf die Jahre 1971/72 (+18,3%-Punkte) und 1975/76 (+6,4%-Punkte) entfallen. Nach 1975 aber hat sich der Zustrom weiblicher Mitglieder deutlich abgeschwächt und war in den Jahren 1980/81 und 1981/82 sogar leicht rückläufig. Ihren bisherigen Höchststand an weiblichen Mitgliedern erreichte die SPD in absoluten Zahlen 1985 mit 232.371 Frauen.(10)
Der prozentuale Frauenanteil lag bereits 1955 mit 19,5% nahe an der 20-Prozent-Marke; die weiblichen Mitglieder konnten diese aber erst zwei Jahrzehnte später mit 20,2% tatsächlich überspringen. Der prozentual höchste Frauenanteil findet sich 1985 mit 25,3%, der niedrigste 1946 mit 15,4%.
Insgesamt verlief die Mitgliedsentwicklung bei Männern und Frauen unterschiedlich; so war der Mitgliederstand der Männer 1955 am geringsten, bei den Frauen lag das Minimum 1946, und der Höchststand wurde für die Sozialdemokraten 1976 erreicht, für die Sozialdemokratinnen in absoluten Zahlen 1985.

Tabelle 4: Mitglieder-Neuaufnahmen in der SPD 1975-1982

Jahr	Gesamt	Frauenanteil in %
1975	51.589	30,8
1976	68.111	-
1977	32.309	33,2
1978	38.903	32,8
1979	44.200	30,0
1980	50.476	29,8
1981	20.995	32,9
1982	36.718	36,5

Quelle: Nach Angaben der SPD-Bundesgeschäftsstelle

Während von 1976 bis 1980 die absoluten Zahlen der Männer zurückgingen, stiegen die Zahlen der Frauen weiter an. Auch von 1982 bis 1985 können die Sozialdemokratinnen auf positive Zuwachsraten verweisen, die Männer dagegen nur auf negative. Bei den Mitglieder-Neuaufnahmen zeigt sich seit 1975 der Trend, daß Frauen in etwa

Schaubild 1

Mitgliederzuwächse bei Männern und Frauen in der SPD 1970 – 1985 (in Prozent)

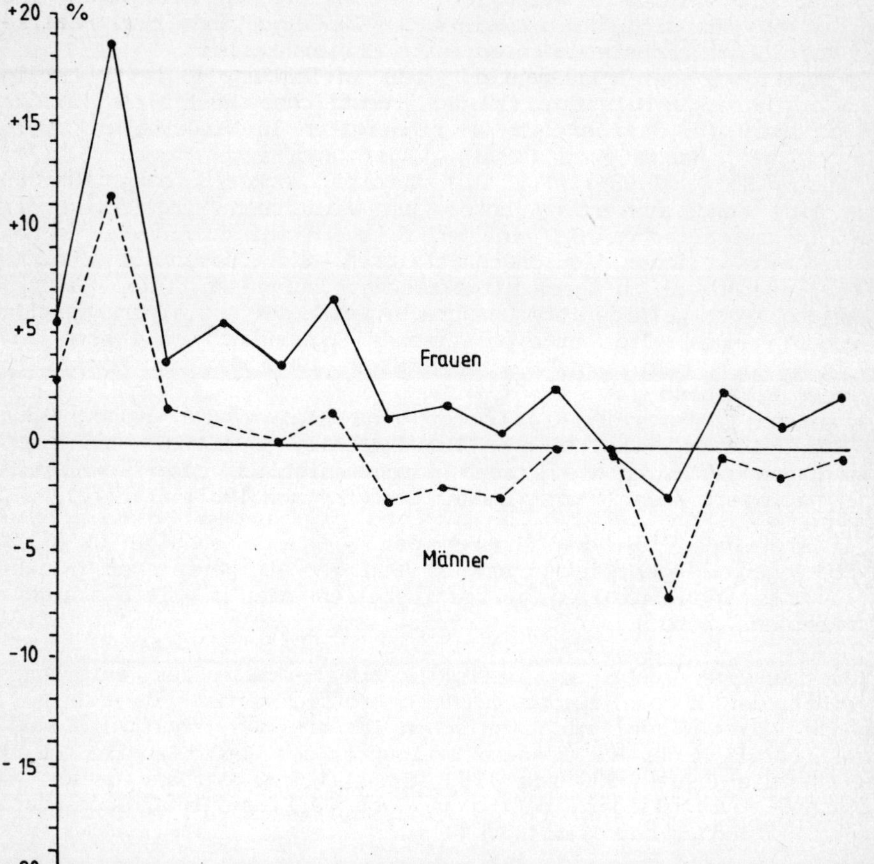

ein Drittel aller Neuzugänge stellen. Diese Zunahme des weiblichen Mitgliederbestandes interpretiert die SPD nicht nur „als ein Zeichen gesteigerten Interesses von Frauen an der Mitgliedschaft in der SPD, sondern auch als Merkmal einer größeren Beständigkeit in der Parteiarbeit" (Jahrbuch der SPD 1977/78:28f).

Faßt man die regionale Verteilung der weiblichen Mitglieder ins Auge, so ergeben sich für die einzelnen Landesverbände bzw. Bezirke der SPD folgende höchste und niedrigste Frauenanteile:

Am höchsten war der Frauenanteil 1986 in Hamburg (33,1%), Berlin (30,9%), Schleswig-Holstein (29,8%), Westliches Westfalen (28,6%) und Südbayern (27,8%); er war am niedrigsten in Niederbayern/Oberpfalz (19,3%), Hessen-Nord (19,3%), Rheinland/Hessen/Nassau (20,7%) und Hessen-Süd (21,05%).(11) Die Autoren Becker/Hombach führten zudem eine Sonderauswertung unter den weiblichen Mitgliedern der nordrhein-westfälischen SPD in den Ortsvereinen durch, die einen überdurchschnittlichen, durchschnittlichen oder unterdurchschnittlichen Frauenanteil in ihrer Mitgliedschaft aufwiesen. Diese Sonderauswertung ergab „einige interessante Hinweise auf sozialstrukturelle Milieubedingungen, die parteipolitisches Engagement von Frauen begünstigen oder behindern."(Becker/Hombach 1983:56) Sie kommen zu folgendem Ergebnis:

„Die meisten Ortsvereine in Dörfern und Kleinstädten haben einen deutlich unterdurchschnittlichen Frauenanteil, in Mittel- und Großstädten dagegen sind die Frauen durchschnittlich oder überdurchschnittlich vertreten."(Horst Becker/Bodo Hombach 1983:56f) (12)

„In Ortsvereinen, die den Angaben der Vorstände zufolge in einer Arbeitergegend liegen, ist sehr viel häufiger ein geringerer Frauenanteil unter den Mitgliedern festzustellen als in Mittelschicht-Ortsvereinen." (ebd.)

Weitere Aussagen über sozialstrukturelle Merkmale der weiblichen SPD-Mitglieder können leider nicht getroffen werden, da das vorliegende Datenmaterial nicht zwischen Männern und Frauen differenziert. Lediglich der Hausfrauenanteil unter der Gesamtmitgliedschaft wird für die Jahre 1980 bis 1983 mit 11-12% angegeben; unter den weiblichen Neumitgliedern betrug im Jahr 1981 der Hausfrauenanteil 37,5%, 1982 lag er bei 44%. (13)

2.2.3 Die Mitgliederentwicklung in der CDU

„Die CDU braucht Menschen mit Ideen, damit ihr die Ideen nicht ausgehen. Wir brauchen neue Mitglieder, die sich einsetzen, damit unser Einsatz verdoppelt wird. Eine Partei stirbt ab, wenn sie nicht ständig neue Impulse erhält. Wir wollen eine sich ständig erneuernde Partei sein." (CDU-Regiebuch 1, o.J.:3)

Diese „Regieanweisung" scheint erfolgreich gewesen zu sein; der Christlich-Demokratischen Union ist es seit 1962 gelungen, ihre

Mitgliederzahl kontinuierlich zu steigern.

„Mitglied der Christlich-Demokratischen Union kann jeder werden, der ihre Ziele zu fördern bereit ist, das 16. Lebensjahr vollendet hat und nicht infolge Richterspruchs die Wählbarkeit oder das Wahlrecht verloren hat." (§4 des Parteistatuts der CDU)

Der Mitgliederstand der CDU bewegte sich von 1962 bis 1969 zwischen 250.000 und 300.000 Mitgliedern; ab 1970 ist ein deutlicher Anstieg der Gesamtmitgliederzahl zu verzeichnen, und 1974 kann sich die CDU erstmals auf mehr als eine halbe Million Mitglieder stützen. Diesen Mitgliederbestand hat sie bis 1983 auf 734.555 Mitglieder ausbauen können.

Tabelle 5: Die Mitgliederentwicklung in der CDU seit 1962

Jahr (am 31.12.)	Gesamt	Männer	Frauen	Frauenanteil in %
1962	248.484	212.453	36.031	14,5
1964	279.770	242.651	37.119	13,3
1966	280.781	242.865	37.916	13,5
1967	285.804	247.997	37.807	13,2
1968	286.541	249.406	37.135	13,0
1969	303.532	263.691	39.841	13,1
1970	329.239	284.419	44.820	13,6
1971	355.745	305.600	50.145	14,1
1972	422.968	357.950	65.018	15,4
1973	457.393	382.650	74.743	16,3
1974	530.500	437.355	93.145	17,6
1975	590.482	480.440	110.042	18,6
1976	652.010	523.234	128.776	19,8
1977	664.214	529.938	134.276	20,2
1978	675.289	536.387	138.902	20,6
1979	682.781	540.531	142.250	20,8
1980	693.320	547.681	145.639	21,0
1981	705.116	555.940	149.176	21,2
1982	718.889	565.037	153.852	21,4
1983	734.555	575.183	159.372	21,7
1984	730.395	571.248	159.111	21,8
1985	718.590	ca.560.500	ca.158.090	22,0

Quelle: Für 1962 und 1964 nach: Jane Hall 1981:160; ab 1966 nach Angaben der CDU-Bundesgeschäftsstelle

Die Zahl der weiblichen Parteimitglieder in der CDU war lange Zeit

Schaubild 2

Mitgliederzuwächse bei Männern und Frauen in der CDU 1970 - 1985 (in Prozent)

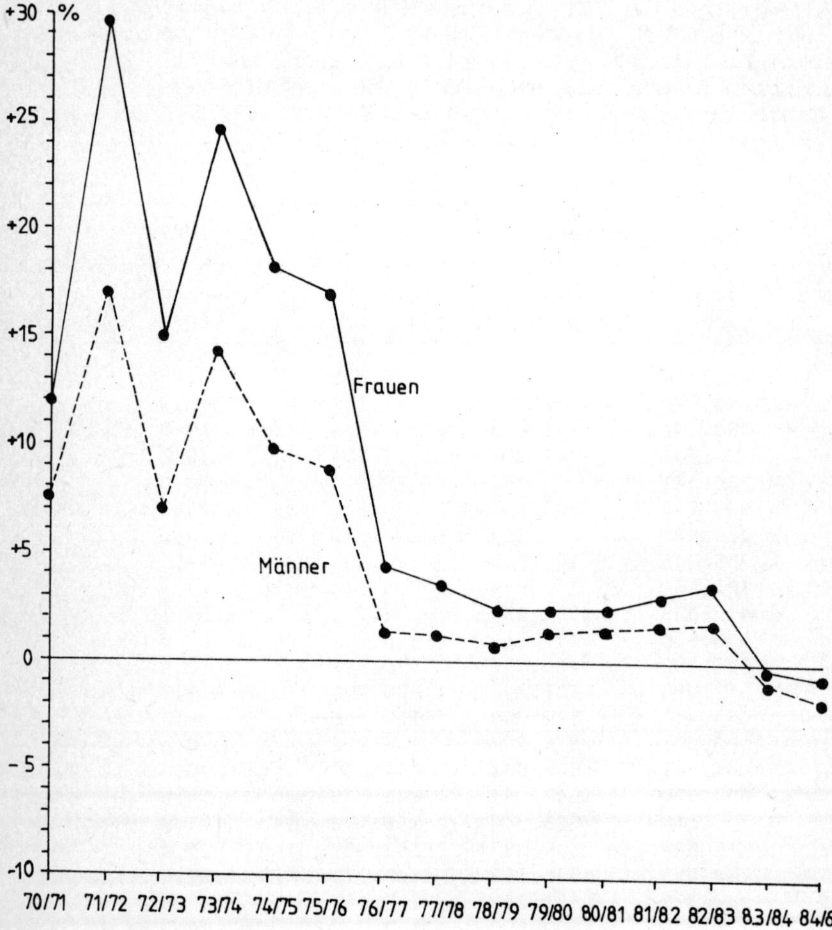

gering; so lag sie von 1962 bis 1968 um 37.000, das entsprach einem Frauenanteil von ca.13 Prozent. Ab 1969 ist, wie bei den Männern, ein Zustrom an weiblichen Mitgliedern festzustellen, der 1975 dazu führte, daß erstmals über 100.000 Christdemokratinnen gezählt werden konnten. Besonders hohe Zuwachsraten fallen hierbei in die Jahre 1971/72 (+29,6%-Punkte), 1973/74 (+24,6%-Punkte) und 1975/76 (+17%-Punkte). Nach 1976 haben sich allerdings die Zuwachsraten bei den weiblichen Mitgliedern deutlich verringert und liegen bis 1983 zwischen 4,3 und 2,4%-Punkten; für die Jahre 1984 und 1985 sind negative Zuwachsraten zu verzeichnen (-0,2 bzw.-0,6%-Punkte).
Der prozentuale Frauenanteil ist in der CDU seit 1969 kontinuierlich gestiegen; der höchste Anteil an weiblichen Mitgliedern findet sich 1985 mit 22%, der geringste 1968 mit 13%. Die 20-Prozent-Marke erreichten die Christdemokratinnen erstmals 1977 (zum Vergleich:Sozialdemokratinnen 1975). Seit 1980 beträgt der Frauenanteil unter den Neumitgliedern gut ein Viertel (1980:26,1%; 1981:25,9%; 1982:27,2%), Ende 1985 sogar 30,9%. (14)
Die Mitgliederentwicklung von Männern und Frauen in der CDU verlief in der Tendenz gleichgerichtet; ab 1968 aber können die weiblichen Mitglieder im Vergleich zu den Männern auf z.T. erheblich höhere Zuwachsraten verweisen.
Zur regionalen Verteilung der weiblichen Mitglieder liegen von der CDU keine Daten vor; auch die sozialstrukturellen Angaben werden nicht für Männer und Frauen getrennt ausgewiesen. Allein der Hausfrauenanteil wird für die Jahre 1980 bis 1982 mit ca.51% angegeben (1980:51,7%; 1981:51,6%; 1982:51,3%.(15) Unter den weiblichen Neumitgliedern betrug 1980 und 1981 der Hausfrauenanteil 43,8%, für 1982 wird er mit 43% beziffert. (16)

2.2.4 Die Mitgliederentwicklung in der CSU

Gleich ihrer Schwesterpartei ist es auch der CSU gelungen, ihre auf Bayern beschränkte Mitgliederzahl bis 1983 beständig auszubauen; So hatte die Christlich-Soziale Union 1983 mit einem Mitgliederbestand von 185.427 gut die Hälfte mehr Mitglieder als noch 1974. Auch die weiblichen Mitgliederzahlen sind von 1974 bis 1983 stets gestiegen; betrachtet man die Zuwachsraten im einzelnen, so sind vor allem in den Jahren 1974/76 und 1976/78 verstärkt Frauen in die CSU eingetreten (+35%-Punkte bzw. +21,7%-Punkte). Nach 1978 haben sich die Zuwächse dann deutlich verringert und liegen bis 1981/82 unter 4 Prozentpunkten.
Der prozentuale Frauenanteil war in der CSU stets deutlich niedriger als in CDU oder SPD. Von 1974 bis 1983 verdoppelte sich zwar fast die absolute Zahl der weiblichen Mitglieder, ihr prozentualer Anteil an der Gesamtmitgliedschaft aber stieg in diesem Zeitraum lediglich um 3,2%-Punkte von 10,5% auf 13,7% an.
Insgesamt verlief die Mitgliederentwicklung von Männern und Frauen in der CSU gleichgerichtet; auch hier läßt sich aber , wie in SPD

Tabelle 6: Die Mitgliederentwicklung in der CSU seit 1974

Jahr(am 31.12.)	Gesamt	Männer	Frauen	Frauenanteil in %
1974	122.872	109.992	12.880	10,5
1976	146.433	129.028	17.405	11,9
1978	165.709	144.531	21.178	12,8
1979	169.247	147.245	22.002	13,0
1980	172.419	149.701	22.718	13,2
1981	175.295	151.891	23.404	13,4
1982	178.523	154.490	24.033	13,5
1983	185.427	159.960	25.467	13,7
1984	184.226	158.848	25.378	13,7
1985	182.851	157.418	25.433	13,9

Quelle: Für 1974 und 1976 nach: Jane Hall 1981:161; ab 1978 nach Angaben der CSU-Landesgeschäftsstelle

und CDU, für die 70er Jahre ein stärkerer Zuwachs an weiblichen Mitgliedern gegenüber den Männern feststellen.
Der Hausfrauenanteil in der CSU beträgt gut ein Drittel (1980:36,1%; 1982:35,6%), in der Schwesterpartei CDU war es mehr als die Hälfte. Über die Berufe der anderen weiblichen Mitglieder können auch bei der CSU keine Aussagen getroffen werden, da nicht nach Geschlecht differenziert wird. Allerdings unterscheidet die CSU die Altersstruktur von Männern und Frauen.

Tabelle 7: Altersstruktur der CSU-Mitglieder 1979-1982 (in %)

Alter	1979	1980	1981	1982
16-29	13,5	12,8	11,9	11,1
	(9,3)*	(8,8)	(8,2)	(7,7)
30-44	35,1	34,8	34,8	34,5
	(37,7)	(36,9)	(36,1)	(34,9)
45-59	26,7	26,7	27,0	27,7
	(32,7)	(33,4)	(34,3)	(35,6)
60 u.	24,7	25,7	26,3	26,7
älter	(20,2)	(20,9)	(21,4)	(21,7)

* Die Zahlen in Klammern geben den Anteil der Männer an.
Quelle: Nach Angaben der CSU-Landesgeschäftsstelle

Mehr als die Hälfte der weiblichen Mitglieder ist 45 Jahre und älter; gut ein Drittel der Frauen in der CSU ist zwischen 30 und 44 Jahre alt. Der Anteil der jüngeren Frauen ist abnehmend, allerdings sind mehr jüngere Frauen als jüngere Männer Mitglied der CSU. Während sich der Frauen- und Männeranteil in der Klasse der 30-40jährigen angeglichen hat, sind die Männer weiterhin stärker in der Gruppe der 45-bis 59jährigen vertreten. Die weiblichen Mitglieder sind dann wieder bei den über 60jährigen Mitgliedern stärker vertreten; d.h. der Anteil der ältern Frauen ist unter den weiblichen Mitgliedern stärker als der Anteil der über 60jährigen unter den Männern.

2.2.5 Die Mitgliederentwicklung in der FDP

Die Dokumentation der Entwicklung des Frauenanteils in der Freien Demokratischen Partei ist äußerst lückenhaft; so weist die Statistik der FDP-Bundesgeschäftsstelle lediglich für die Jahre 1981 und 1983 den weiblichen Mitgliederbestand gesondert aus. Anhand verschiedener Quellen läßt sich die Mitgliederentwicklung in der FDP aber folgendermaßen rekonstruieren:

Tabelle 8: Die Mitgliederentwicklung in der FDP seit 1965

Jahr (am 31.12)	Gesamt	Männer	Frauen	Frauenanteil in %	Quelle
1965	-	-	6.500	7-8	1
1971	-	-	8.400	14,0	1
1972	57.757	-	-	-	2
1973	63.205	-	-	-	2
1974	70.938	58.738	12.200	17,2	1
1975	74.032	-	-	-	2
1976	79.162	-	-	ca.19,0	3
1977	79.174	61.756	17.418	22,0	1
1978	80.928	-	-	-	2
1979	82.546	63.916	18.630	22,6	1
1980	84.865	-	-	ca.23,0	3
1981	86.931	65.568	21.363	24,6	2
1982*	-	-	-	-	-
1983	71.456	54.174	17.282	24,2	2
1984	71.183	-	-	25,0	2
1985	66.518	50.820	15.698	23,6	2

*Über den Mitgliederbestand Ende 1982 gab die FDP-Bundesgeschäftsstelle keine Auskunft.

Quellen: 1) Nach Jane Hall 1981:163
2) Nach Angaben der FDP-Bundesgeschäftsstelle
3) Gesamtmitgliederzahlen nach Angaben der FDP-Bundesgeschäftsstelle; prozentualer Frauenanteil nach:Jahrbuch der FDP 1981/82:102

Die Gesamtmitgliedschaft der FDP ist danach von 1972 bis 1981 kontinuierlich gestiegen; so zählte die FDP 1972 insgesamt 57.757 Mitglieder, 1981 waren es fast 30.000 mehr. Auch der Anteil der liberalen Frauen hat sich zwischen den Jahren 1965 und 1981 ständig nach oben entwickelt und betrug Ende 1981 knapp ein Viertel.
Das Absinken des Mitgliederbestandes von 1981 bis 1983 um 15.475 Mitglieder oder 17,8%-Punkte dürfte mit dem Austritt der FDP aus der sozial-liberalen Koalition und ihrer Hinwendung zur CDU/CSU zusammenhängen. Bei den weiblichen Mitgliedern hat diese Wende der FDP sogar zu einer Verringerung ihres Mitgliederbestandes um 19,1%-Punkte geführt.
Im Vergleich zu den anderen Parteien ist die FDP mit Abstand die mitgliederschwächste Partei; selbst die CSU hat 1985 in nur einem Bundesland fast dreimal so viel Mitglieder wie die FDP im gesamten Bundesgebiet.
Vergleicht man für 1981 den Frauenanteil in den einzelnen Landesverbänden der FDP, so liegen Berlin mit 28,1% und Bayern mit 27,8% an weiblichen Mitgliedern an der Spitze, während Rheinland-Pfalz mit 20,6% das Schlußlicht bildet. Die höchste absolute Zahl weiblicher Parteimitglieder findet sich im mitgliederstärksten FDP-Landesverband Nordrhein-Westfalen mit 6.643 Freidemokratinnen; dagegen sind nur 216 Frauen im kleinsten Bundesland Bremen Mitglied der FDP.(17)
Aus den Angaben der FDP-Bundesgeschäftsstelle zur Sozialstruktur ihrer weiblichen Mitglieder geht für 1981 folgendes hervor:
- Jeweils ein Fünftel der weiblichen Mitglieder ist unter 30 Jahren alt, zwischen 31 und 40 Jahren, zwischen 41 und 60 Jahren sowie über 61 Jahre alt.
- Ein Viertel der weiblichen FDP-Mitglieder verfügt über einen Hauptschulabschluß, 31% sind im Besitz der mittleren Reife, 26% haben Abitur und 17% einen Hochschulabschluß.

2.2.6 Zusammenfassung und Schlußfolgerungen

Das hier referierte empirische Material über die Entwicklung des Frauenanteils in den Parteien der Bundesrepublik hat eine deutliche Zunahme des weiblichen Anteils erbracht; die Abneigung der weiblichen Bevölkerung gegenüber einer parteipolitischen Organisierung hat sich danach - insbesondere in den 70er Jahren - merklich abgeschwächt.
- Für die SPD bleibt festzuhalten, daß ihr Frauenanteil von 15,4% im Jahr 1946 auf 25,3% im Jahr 1985 gestiegen ist. Seit 1969 liegen die weiblichen Zuwachsraten stets über denen der Männer; besonders hohe Zuwächse unter den Sozialdemokratinnen entfallen dabei auf die Jahre 1971/72 und 1975/76. Seit 1975 stellen Frauen gut ein Drittel aller Neuzugänge.
Knapp die Hälfte aller weiblichen Neumitglieder waren 1982 Hausfrauen; unter der Gesamtmitgliedschaft beträgt der Hausfrauenanteil in den 80er Jahren zwischen 11 und 12 Prozent.

Die regionale Verteilung zeigt, daß Frauen eher in den Städten als auf dem Land Zugang zur SPD gefunden haben. In Mittelschicht-Ortsvereinen sind Frauen zudem zahlreicher vertreten als in Ortsvereinen, die in einem Arbeiterwohngebiet liegen.

- Der Frauenanteil in der CDU ist von 14,5% Ende 1962 auf 22% Ende 1985 gestiegen. Auch in der CDU können die weiblichen Mitglieder seit 1968 auf durchgängig höhere Zuwachsraten verweisen als die Männer; die höchsten Zuwächse unter den Christdemokratinnen fallen in die Jahre 1971/72, 1973/74 und 1975/76. Seit 1980 stellen Frauen gut ein Viertel aller Neumitglieder. Zur Gruppe der Hausfrauen zählten 1982 über die Hälfte aller weiblichen Parteimitglieder.
Vergleicht man die absoluten Mitgliederzahlen der Frauen in den beiden Volksparteien SPD und CDU, so waren in der CDU stets deutlich weniger Frauen organisiert als in der SPD. Dieses Ergebnis ist insofern erstaunlich, als Frauen - zumindest bis 1969 - in ihrer Wahlentscheidung bei Bundestagswahlen erkennbar die CDU/CSU bevorzugt haben.(vgl. Joachim Hofmann-Göttig 1986) Trotz ihres Sympathievorsprungs im weiblichen Elektorat war die Christlich-Demokratische Union somit in der Werbung von weiblichen Neumitgliedern lange Zeit erheblich weniger erfolgreich als die SPD. Ob dieser empirische Tatbestand eher auf Defizite der CDU-Organisation oder auf die Struktur ihrer weiblichen Klientel zurückzuführen ist, bleibt ungeklärt.

- In der CSU stieg der Frauenanteil von 10,5% im Jahr 1974 auf 13,7% im Jahr 1985. Mehr als ein Drittel der CSU-Frauen sind Hausfrauen. Die weiblichen Mitglieder sind in der Mehrzahl 45 Jahre und älter, prozentual sind mehr jüngere (16-29 Jahre) und mehr ältere Frauen (60 Jahre und mehr) Mitglied der CSU als Männer dieser Altersgruppen.

- In der FDP kann ein Anstieg des Frauenanteils von 7-8% im Jahr 1965 auf 23,6% im Jahr 1985 verzeichnet werden. In absoluten Zahlen betrachtet hat die SPD vierzehnmal soviel weibliche Mitglieder wie die FDP, die CDU zehnmal soviel und die CSU fast dreimal so viele Frauen.(18)

Der Anstieg der weiblichen Mitgliederanteile in allen Bundestagsparteien kann als Ausdruck eines allgemeinen Politisierungstrends in der Bevölkerung interpretiert werden. Neben den Zuwächsen an Parteimitgliedern läßt sich zugleich im Zeitvergleich ein genereller Anstieg des politischen Interesses, der politischen Kommunikationshäufigkeit und der Bindungsbereitschaft in der Bevölkerung feststellen. Hierzu seien einige empirische Belege angeführt:
Das Interesse an der Politik hat in der Bevölkerung von 1962 bis 1978 deutlich zugenommen; während sich 1962 lediglich 30% für Politik interessierten, waren es 1978 bereits 47%. Zwischen 1973 und 1976 ist zwar insgesamt ein leichter Rückgang zu verzeichnen, nach 1976 aber hat sich das politische Interesse wieder erhöht.(vgl.Tabelle 9) Dieser allgemeine Trend findet sich auch im politischen Interesse

Tabelle 9: Politisches Interesse der westdeutschen Bevölkerung (in%)

Frage: „Interessieren Sie sich für Politik?"

	Ja	Nicht besonders	Nein	Quelle
Insgesamt				
August 1962:	30	40	30	1
Februar 1967:	39	44	17	1
Februar 1973:	49	38	13	2
April 1976:	42	45	13	3
November 1978:	47	43	10	4
Frauen				
August 1962:	17	40	43	1
Februar 1967:	21	52	27	1
Februar 1973:	34	46	20	2
April 1976:	27	53	20	3
November 1978:	36	50	14	4
Männer				
August 1962:	46	39	15	1
Februar 1967:	60	35	5	1
Februar 1973:	67	29	4	2
April 1976:	58	36	6	3
November 1978:	60	34	6	4

Quellen: 1) Institut für Demoskopie Allensbach: Das politische Bewußtsein der westdeutschen Bevölkerung, Trendergebnisse 1949-1967, Allensbach, Mai 1967,Tabelle 8.
2) Erich Neumann/Elisabeth Noelle (Hrsg.): Jahrbuch der öffentlichen Meinung 1968-1973, Allensbach/Bonn 1974:214.
3) Elisabeth Noelle-Neumann (Hrsg.), Allensbacher Jahrbuch der Demoskopie 1976:62.
4) Allensbacher Archiv, IfD-Umfrage 3061

von Frauen und Männern wieder. Im Zeitraum von 1962 bis 1978 stieg das politische Interesse der weiblichen Bevölkerung von 17% auf immerhin 36%, das der männlichen Bevölkerung von 46% auf beachtliche 60%. Damit ist die Zunahme des Interesses an der Politik bei den Frauen etwas stärker ausgeprägt als bei den Männern (Frauen: +19%-Punkte; Männer:+14%-Punkte) und hat zu einer leichten Verringerung der Distanz zwischen dem weiblichen und männlichen politischen Interesse geführt (Differenz 1962: 29%-Punkte; Differenz 1978: 24%-Punkte). (19)

Analog dem politischen Interesse ist auch die interpersonale Kommunikationshäufigkeit über Politik in der Bevölkerung angestiegen:

Tabelle 10: Politische Kommunikationshäufigkeit (in Prozent)

Frage: „Unterhalten Sie sich manchmal über Politik?"

	Insgesamt		Männer		Frauen	
	1953	1979	1953	1979	1953	1979
Ja, häufig	9	21	16	27	4	16
Ja, gelegentlich	30	48	39	52	21	45
Nein, kaum	61	31	45	21	75	39

Quelle: Elisabeth Noelle-Neumann/Edgar Piel 1983:199

Während sich 1953 lediglich 39% der Bevölkerung häufig bzw. gelegentlich über Politik unterhielten, waren es 1979 mehr als zwei Drittel (69%). In der weiblichen Bevölkerung stieg die häufige bzw.gelegentliche politische Kommunikation in diesem Zeitraum von 25% auf 61%, in der männlichen Bevölkerung von 55% auf 79%. Auch hier ist somit der generelle Trend bei den Frauen wieder ausgeprägter als bei den Männern (Frauen: +36%-Punkte; Männer: +24%-Punkte) und hat den Abstand zwischen den Geschlechtern merklich zusammenschmelzen lassen (1953: 30%-Punkte Differenz; 1979: 18%-Punkte Differenz).
Daß Frauen zudem zunehmend als kompetente Gesprächspartnerinnen bei politischen Themen angesehen werden, zeigt ein weiteres empirisches Ergebnis. 1953 unterhielten sich lediglich 19% der Männer häufig oder gelegentlich mit ihrer Ehefrau über Politik; 1979 betrug dieser Anteil 46%. Die Bedeutung des Ehemannes als politischer Gesprächspartner ist bei den Frauen dagegen fast konstant geblieben (1953:54%; 1979:55%). (vgl. Elisabeth Noelle-Neumann/Edgar Piel 1983:200)
Schließlich kann auch für die politische Bindungsbereitschaft der Frauen ein Anstieg verzeichnet werden. So konnten sich 1953 lediglich 4% der weiblichen und 9% der männlichen Bevölkerung über 18 Jahre vorstellen, die Mitgliedschaft in einer Partei zu erwerben; 26 Jahre später waren es bereits 17% der Männer und 12% der Frauen. Damit waren 1979 dreimal soviel Frauen und fast doppelt soviel Männer wie 1953 zum Parteibeitritt bereit.(vgl.Tabelle 11)
In Einklang mit diesem Politisierungstrend steht die veränderte Einstellung der Bevölkerung zu einem politischen Engagement von Frauen. Während 1965 lediglich 27% der Männer und 32% der Frauen einer politischen Betätigung von Frauen positiv gegenüberstanden, waren es 1979 immerhin 57% der Männer und 68% der Frauen. (vgl. Allensbacher Jahrbuch 1983:341) (20)
Zusammenfassend kann festgehalten werden, daß seit dem Bestehen

Tabelle 11: Parteibeitrittsbereitschaft (in Prozent)

Frage: „Wären Sie bereit, in eine Partei einzutreten?"

	Insgesamt		Männer		Frauen	
	1953	1979	1953	1979	1953	1979
Ja, wäre bereit	6	14	9	17	4	12
Nein, keine Angaben	91	81	86	76	95	85
Bin schon in einer Partei	3	5	5	7	1	3

Quelle: Allensbacher Archiv, IfD-Umfragen 225,1287

der Bundesrepublik eine deutliche Politisierung der Bevölkerung stattgefunden hat. Abzulesen ist diese an einem generellen Anstieg des politischen Interesses, der politischen Kommunikationshäufigkeit, der Bindungsbereitschaft sowie der Parteimitgliedschaft. In der weiblichen Bevölkerung ist dieser Trend zudem erkennbar ausgeprägter, so daß sich die Kluft zwischen den Geschlechtern merklich verringert, aber nicht gänzlich geschlossen hat. (21)

2.3 Frauen in innerparteilichen Ämtern

Neben der hinreichend bekannten Tatsache, daß Frauen in den innerparteilichen Ämtern gar nicht bzw. unterrepräsentiert sind, liegen verläßliche Daten hierzu von seiten der Parteiorganisationen nur punktuell vor. Eine Ausnahme bildet die SPD, die im Anschluß an den Gleichstellungsbericht zum Bundesparteitag 1982 erneut eine Arbeitsgruppe u.a. zu dem Zweck einsetzte, die Entwicklung der Beteiligung von weiblichen Mitgliedern in sämtlichen Gremien der Partei zu dokumentieren.(22)

Betrachtet man zunächst die Vertretung von Frauen in den Bundesvorständen der Parteien, so ergibt sich folgendes Bild:

Tabelle 12: Frauenanteil in den Bundesvorständen der Parteien (in %)

Partei	1976	1982	1986
SPD	8,3	15,0	17,5
CDU	9,1	6,3	17,1
CSU	6,8	7,0	12,8
FDP	12,1	12,1	13,8
GRÜNE	-	35,5	33,3

Quelle: Nach Angaben der Bundesgeschäftsstellen

Der Anteil der Frauen in den Bundesvorständen aller Parteien lag 1976 wie auch 1982 deutlich unter ihrem jeweiligen Mitgliederanteil; 1976 hatte die FDP den höchsten (12,1%), die CSU den geringsten (6,8%) Frauenanteil in ihrem Bundes- bzw. Landesvorstand. Von 1976 auf 1982 ist nur bei der SPD eine deutliche Steigerung zu verzeichnen (+9,2%-Punkte), bei der CDU dagegen - trotz des Anstiegs ihres weiblichen Mitgliederanteils - ein Rückgang. Von 1982 bis 1986 ist für alle Parteien eine ansteigende Tendenz zu verzeichnen; lediglich bei den GRÜNEN ging der Frauenanteil im Vorstand leicht zurück. Während der Frauenanteil im Landesvorstand der CSU und im Bundesvorstand der GRÜNEN 1986 in etwa der weiblichen Mitgliederstärke entspricht, liegt der Anteil der Frauen in den Bundesvorständen von SPD, CDU und FDP noch immer deutlich unter ihrem jeweiligen Mitgliederstand.
Über die Entwicklung des Frauenanteils unter den Delegierten zu Bundesparteitagen liegt nur von der SPD eine Aufstellung vor:

Tabelle 13: Weibliche Delegierte zu SPD-Bundesparteitagen 1979-1984 (in Prozent)

	Frauenanteil
ordentlicher Bundesparteitag Berlin 1979	13,5 (22,7)*
Wahlparteitag Essen 1980	16,6 (23,1)
ordentlicher Bundesparteitag München 1982	12,8 (24,0)
Wahlparteitag Dortmund 1983	14,8 (24,5)
außerordentlicher Bundesparteitag Köln 1983	17,1 (24,5)
ordentlicher Bundesparteitag Essen 1984	18,9 (24,8)

* Die Zahlen in Klammern geben den weiblichen Mitgliederanteil an.

Quelle: Bericht über die Gleichstellung der Frauen in der Partei, 1984:38.

Seit 1982 ist in der SPD eine kontinuierliche Zunahme des Frauenanteils unter den Delegierten zu Bundesparteitagen zu konstatieren; der Anteil bleibt aber auch hier deutlich hinter der weiblichen

Mitgliederentwicklung zurück.
Wie sieht es nun mit der weiteren Repräsentanz der Frauen unter den Parteifunktionären aus? Die Infas-Kommunikationsstudie von 1977 gibt für die SPD einen generellen weiblichen Funktionärsanteil von 16% an, für die CDU/CSU einen von 17%.(23) Allein die SPD hat eine detaillierte Auflistung des weiblichen Funktionärsanteils auf Bezirks-, Unterbezirks- und Ortsebene vorgenommen:

Tabelle 14: SPD-Funktionäre nach Parteiebene und Geschlecht 1986*

Ebene/Funktion	Gesamt	Männer	Frauen	Frauenanteil in %
Bezirksvorsitzende	22 (22)	22 (22)	0 (0)	0 (0)
Bezirksvorstände	509 (509)	406 (417)	103 (92)	20,4 (18,1)
Unterbezirksvorsitzende	235 (230)	224 (224)	11 (6)	4,9 (2,6)
Unterbezirksvorstände	5.620 (5.662)	4.673 (4.709)	947 (953)	16,8 (16,8)
Ortsvereinsvorsitzende	9.666 (10.406)	9.007 (9.811)	659 (595)	6,8 (5,7)
Ortsvereinsvorstände	58.362 (62.556)	48.350 (51.957)	10.018 (10.599)	17,2 (16,9)

*Die Zahlen in Klammern gelten für 1984.
Quelle: Bericht über die Gleichstellung der Frauen in der Partei, 1986:19.

Die Aufstellung verdeutlicht auf allen Ebenen die Kluft zwischen dem jeweiligen Frauenanteil an den Vorsitzendenpositionen und den übrigen Vorstandspositionen (Beisitzer/-in, Schriftführer/-in, Kassierer/-in). So gibt es 1986 unter den 22 Landesverbänden und Bezirken und fünf Landesverbänden ohne die Funktion von Bezirken keine einzige Vorsitzende; lediglich elf Sozialdemokratinnen führen einen der 235 Unterbezirke, und unter 9.666 Ortsvereinsvorsitzenden können nur 659 Frauen gezählt werden.(vgl.hierzu auch Horst Becker/ Bodo Hombach 1983:57) Die SPD-Gleichstellungskommission stellt in diesem Zusammenhang fest:

„Gerade die Vorsitzendenfunktion ist in entscheidendem Maße die Funktion, die für Kontakte und Verbindungen zur nächsten Ebene - besonders zur Bezirks-oder Landesverbands-oder gar Bundesebene - prädestiniert ist. Es sind vielfach die Vorsitzenden, die in den Fragen der Listen und der Kandidaturen die Klärungsprozesse tragen." (Bericht über die Gleichstellung der Frauen in der Partei 1984:41)

Diese innerparteilichen Schlüsselpositionen sind aber, wie gezeigt, fast vollständig im Besitz der männlichen Mitglieder. Auch in den anderen Parteien dürfte sich die Situation nicht wesentlich unterschiedlich darstellen; von ihnen liegt aber kein empirisches Material vor. Lediglich die FDP benennt für 1977 einen Frauenanteil an ihren Kreisvorsitzenden von 5,7% (24), und die CDU gibt für 1985 einen generellen Frauenanteil von 12,3% unter ihren Funktions-und Mandatsträgern an.(25)

2.4 Frauen als Abgeordnete in den Parlamenten

Nachdem in den vorangegangenen Abschnitten die Entwicklung des Frauenanteils in den politischen Parteien nachgezeichnet wurde, steht jetzt die parlamentarische Vertretung der Frauen im Vordergrund; die weiblichen Parteimitglieder bilden hierbei das Rekrutierungsreservoir für die weiblichen Mandatsträger. Die Dokumentation der parlamentarischen Repräsentanz von Frauen auf kommunaler, landes- und bundespolitischer Ebene soll zugleich Aufschluß darüber geben, inwiefern der nachgewiesene Zuwachs an weiblichen Parteimitgliedern seinen Niederschlag bei der Besetzung öffentlicher Ämter durch Frauen gefunden hat.

2.4.1 Frauen in den Kommunalparlamenten

Die Kommunalpolitik stellt zumeist die erste Stufe dar, auf der politisch Aktive außerhalb der Parteien tätig werden. Im Vergleich zu den Landtagen und zum Bundestag ist der Frauenanteil auf der kommunalen Ebene im Durchschnitt prozentual höher; dieses liegt möglicherweise daran, daß sich Familienpflichten „besser mit dem Amt einer Gemeinderätin oder Ratsherrin verbinden (lassen) als mit einem Landtags- oder gar Bundestagsmandat." (Christa Randzio-Plath 1980:46) Nach Christa Randzio-Plath stellt die Kommunalpolitik zugleich ein „Übungsfeld der Frauen" dar:

„Hier üben die Frauen Rede und Gegenrede, erfassen die Formalien, die zum politischen Geschäft dazugehören, begreifen, wie sie sich auseinanderzusetzen haben mit den Vertretern der anderen Fraktionen, probieren sich an Programmen und ihrer Umsetzung."(ebd.)

In Tabelle 14 sind die Frauenanteile in den Kommunalparlamenten für 1973 bis 1985 zusammengestellt; zwei generelle Trends lassen sich aus den Daten ablesen: zum einen besteht eine Abhängigkeit zwischen Frauenanteil und Gemeindegröße; mit zunehmender Einwohnerzahl steigt zugleich auch der Anteil der weiblichen Ratsmitglieder. Dieser Trend hat sich allerdings nach 1975 leicht abgeschwächt. Zum anderen kann für alle Gemeindeklassen seit 1973 eine durchgängige Zunahme des Frauenanteils in den Rathäusern verzeichnet werden. Die höchste Zuwachsrate findet sich mit 7%-Punkten von 1973 bis 1985 in den Gemeinden mit 100.000 bis unter 200.000 Einwohnern. Insgesamt stieg in diesem Zeitraum der Anteil der weiblichen Mandats-

Tabelle 15: Weibliche Mandatsträger in den Kommunalparlamenten (in%)

Gemeinden mit ...bis unter ...Einwohnern	Frauenanteil 1973	1975	1979	1981/82	1983	1985
500.000 und mehr	12,3	13,2	14,5	15,7	16,3	18,5
200.000-500.000	11,6	12,2	14,7	15,4	15,0	18,0
100.000-200.000	10,7	12,1	14,4	15,4	15,4	17,7
50.000-100.000	9,1	10,1	12,0	13,1	13,5	15,0
20.000- 50.000	6,9	8,3	10,3	11,2	11,8	13,1
zusammen	8,3	10,0	11,4	12,4	13,4	14,4

Quellen: Für 1973/75 nach:Edith Dalades 1976:75; für 1979 nach: Der Städtetag,H.1,1980:59; für 1981/82 nach:Der Städtetag,H.6,1982:429; für 1983 nach: Der Städtetag,H.6,1983:463; für 1985 nach: Der Städtetag,H.8,1985:567.

träger von 8,3% auf 14,4%.
Vergleicht man die Zuwächse von 1979 bis 1985 nach Parteien (siehe hierzu Tabelle 15), so zeigt sich, daß allen voran die Sozialdemokraten wesentlich mehr Frauen in die Rathäuser geschickt haben. Obwohl die SPD 1985 insgesamt 453 Ratssitze weniger zur Verfügung hatte als noch 1979, ist die absolute Zahl ihrer weiblichen Abgeordneten um 155 gestiegen. 48 Frauen sitzen 1985 für die CDU/CSU zusätzlich in den kommunalen Parlamenten; bei der FDP dagegen verringerte sich die Zahl ihrer weiblichen Kommunalabgeordneten um 7.(26)
In Gemeinden mit über 500.000 Einwohnern ist der Anteil der freidemokratischen Ratsfrauen am höchsten; auch die SPD-Ratsfrauen sind in diesen Städten sowie in Gemeinden mit 200.000 bis unter 500.000 Einwohnern am stärksten vertreten. Die CDU/CSU dagegen hat ihren maximalen prozentualen Frauenanteil in Gemeinden mit 100.000 bis unter 200.000 Einwohnern.
Während noch 1982 der Frauenanteil in sämtlichen Gemeinde-und Stadträten der Bundesrepublik unter 30% blieb, können 1985 bereits sieben Städte auf einen Frauenanteil von 30% und mehr verweisen. Hierbei handelt es sich um Freiburg (35,4%), München (35%), Oberursel (33,3%), Bremerhaven (31,3%), Maintal (31,1%), Neu-Isenburg (31,1%) und Karlsruhe (30,3%). Dagegen blieb der Frauenanteil 1985 in acht Gemeinden unter 3%; und völlig unter sich sind die Ratsherren von Heinsberg.
Während also der Anteil weiblicher Abgeordneter in den Kommunalparlamenten gestiegen ist, sind Frauen als Oberbürgermeister, Bürger-

Tabelle 16: Ratssitze und weibliche Ratsmitglieder 1979-1985

Gemeinden mit ...bis unter ...Einwohnern	Ratsmitglieder gesamt	davon Frauen	in%	Davon in: CDU/CSU gesamt	CDU/CSU Frauen	CDU/CSU %	SPD gesamt	SPD Frauen	SPD %	FDP gesamt	FDP Frauen	FDP %
500000 u.mehr												
1979	1056	153	14,5	463	60	13,0	526	80	15,2	57	11	19,3
1981/82	1053	165	15,7	469	57	12,2	506	91	18,0	47	9	19,1
1983	1053	172	16,3	466	53	11,4	501	99	19,8	46	8	17,4
1985	1065	197	18,5	438	54	12,3	498	99	19,9	29	7	24,1
200000-500000												
1979	1187	175	14,7	557	71	12,7	552	93	16,8	62	8	12,9
1981/82	1192	184	15,4	560	71	12,7	545	98	18,0	64	10	15,7
1983	1192	179	15,0	561	69	12,3	543	93	17,1	59	11	18,6
1985	1195	215	18,0	503	64	12,7	529	101	19,1	42	9	21,4
100000-200000												
1979	2075	298	14,4	925	124	13,4	966	146	15,1	119	22	18,5
1981/82	1924	296	15,4	871	123	14,1	860	139	16,2	105	17	16,2
1983	1924	297	15,4	871	122	14,0	855	133	15,5	104	21	20,2
1985	1885	334	17,7	791	119	15,0	833	139	16,7	66	14	21,2
500000-100000												
1979	4026	482	12,0	1895	220	11,6	1748	223	12,7	204	18	8,8
1981/82	4209	551	13,1	1966	234	11,8	1775	246	13,9	227	28	12,3
1983	4208	568	13,5	1966	241	12,2	1774	256	14,4	234	28	12,0
1985	4206	633	15,0	1844	236	12,8	1751	266	15,2	134	17	12,7
200000-500000												
1979	13018	1335	10,3	6381	595	9,3	5246	615	11,7	639	64	10,0
1981/82	13341	1489	11,2	6478	623	9,6	5169	672	13,0	733	92	12,6
1983	6113	723	11,8	2891	293	10,1	2437	336	13,8	357	47	13,2
1985	13258	1733	13,1	6089	645	10,6	4974	707	14,2	539	69	12,8
zusammen												
1979	21344	2433	11,4	10221	1070	10,5	9038	1157	12,8	1081	123	11,4
1981/82	21719	2685	12,4	10344	1108	10,7	8855	1246	14,1	1176	156	13,2
1983	14490	1939	13,4	6755	778	11,5	6110	917	15,0	800	115	14,4
1985	21610	3112	14,4	9665	1118	11,6	8585	1312	15,3	810	116	14,3

meister, Landräte oder Oberkreisdirektoren weiterhin die Ausnahme. Stellt man für 1985 weibliche Parteimitglieder und Kommunalabgeordnete gegenüber, so zeigt sich, daß 0,7% aller Parteifrauen im Besitz eines kommunalen Mandates sind (zum Vergleich: Männer 1,3%). Die „Beteiligung der Frau in den Kommunalvertretungen der Bundesrepublik" ist somit noch immer „als gering zu veranschlagen" (Mechtild Fülles 1969:71).

2.4.2 Frauen in den Länderparlamenten

Im Unterschied zu den kommunalen Parlamenten sind die Länderparlamente mit besonderen verfassungsrechtlich festgelegten Gesetzgebungskompetenzen ausgestattet. Die Annäherung der Abgeordnetendiäten an die Diäten der Bundestagsabgeordneten hat die Mitgliedschaft in einem Landtag auch finanziell attraktiv gemacht. Die Landtagszugehörigkeit gilt zudem als eine potentielle politische Karrierestufe. (vgl. Heino Kaack 1971:618) Frauen jedoch spielen in den Landtagen „keine politischen Hauptrollen. Je höher die Funktionen sind, desto weniger Frauen nehmen sie wahr." (Christa Randzio-Plath 1980:36)

2.4.2.1 Entwicklung des Frauenanteils insgesamt und nach Fraktionen

Während sich mit fast jeder Wahl, in allen Landtagen und je nach Partei der Frauenanteil in den Parlamenten verändert, hat sich dagegen über Jahrzehnte der Prozentsatz der Parlamentarierinnen insgesamt nahezu als konstant erwiesen. Addiert man die Landtagsmandate von Frauen für die einzelnen Wahlperioden, so bewegte sich der weibliche Anteil bis 1976 zwischen 6,7% und 7,9% (vgl. Mechtild Fülles 1969:83), danach hat sich der Frauenanteil leicht erhöht und liegt 1980 bei 8,8%, 1984 bei 10,6%. Während 1980 nur vier Länderparlamente einen Frauenanteil von 10% und mehr erreichten - neben den Stadtstaaten Hamburg und Bremen mit einem traditionell hohen parlamentarischen Frauenanteil auch die Länder Hessen und Rheinland-Pfalz - haben heute mit Ausnahme des Bundeslandes Baden-Württemberg alle Länderparlamente die 10%-Schwelle erreicht bzw. überschritten.
Zwischen den Parteien bestehen allerdings erkennbare Unterschiede in der Zahl der weiblichen Abgeordneten. Danach hat die SPD absolut wie prozentual die meisten Frauen in die Landtage entsandt. Berechnet man zusammengefaßt für alle Wahlperioden den Frauenanteil nach Fraktionen, so beträgt der Prozentsatz bei der SPD 9,8%, der FDP 8,3%, der CDU 6,3% und der CSU 4,7%. Eine Betrachtung der einzelnen Landtage für sich zeigt aber, daß die erwähnte Rangfolge nur im Gesamtzusammenhang gilt; so ist z.B. die führende Rolle der SPD keineswegs durchgängig gegeben.(vgl. Tabelle 16) Nimmt man allein das Jahr 1983, so finden sich unter 1.340 Landtagsabgeordneten 120 Frauen, das entspricht einem Anteil von 9%. Von diesen weiblichen Parlamentarierinnen gehörten 71 der SPD, 37 der CDU, 8 der CSU und 4 der FDP an. Damit betrug der durchschnittliche Frauenanteil 1983 in den SPD-Fraktionen 11,7%, den FDP-Fraktionen 10,2%, den CDU-Fraktionen 6,6% und der CSU-Fraktion 6%. Je nach Land aber bewegt

Tabelle 17: Frauen in den Länderparlamenten

Land/Wahl-jahr	Sitze gesamt	davon Frauen	%	SPD gesamt	F	%	CDU/CSU gesamt	F	%	FDP gesamt	F	%	Sonstige gesamt	F	%
Baden-Württemberg															
1952	111	5	4,5	38	3	7,9	50	1	2,0	23	1	4,4	-	-	-
1956	113	5	4,4	36	2	5,6	56	2	3,4	21	1	4,8	-	-	-
1960	120	5	4,2	44	3	6,4	51	1	3,4	18	-	-	-	-	-
1964	120	5	4,2	47	3	6,4	59	2	3,4	14	-	-	-	-	-
1968	127	1	0,8	37	1	2,7	60	-	-	18	-	-	12	-	-
1972	120	4	3,3	45	2	4,4	63	2	3,2	10	-	-	-	-	-
1976	121	6	4,9	41	2	4,9	71	3	4,2	9	-	-	-	-	-
1980	124	7	5,6	40	3	7,5	68	1	1,5	10	2	20,0	6	1	16,7
1984	126	9	7,1	41	6	14,6	68	2	2,9	8	-	-	9	1	11,1
Bayern															
1946	167	3	1,8	54	-	-	104	3	2,9	9	-	-	-	-	-
1950	121	6	5,0	63	4	6,3	46	1	1,6	12	1	8,3	-	-	-
1954	157	6	3,8	61	3	4,9	83	2	2,4	13	1	7,7	-	-	-
1958	173	7	4,0	64	3	4,7	101	3	3,0	8	1	12,5	-	-	-
1962	196	10	5,1	79	4	5,0	108	5	4,6	9	1	11,1	-	-	-
1966	204	8	3,9	79	4	5,7	110	4	3,6	-	-	-	15	-	-
1970	204	14	6,9	69	3	4,3	124	8	6,4	11	3	27,3	-	-	-
1974	204	14	6,9	64	4	6,2	132	8	6,1	8	2	25,0	-	-	-
1978	204	15	7,3	65	7	10,8	129	7	5,4	11	1	9,1	-	-	-
1982	204	15	7,3	71	7	9,9	133	8	6,0	-	-	-	-	-	-
1986	204	25	12,2	61	9	14,7	128	8	6,2	-	-	-	15	8	53,3
Berlin															
1946	130	31	23,8	63	17	27,0	29	5	17,2	-	-	-	12	4	33,3
1948	130	27	20,0	76	18	23,7	26	3	11,5	-	-	-	17	3	17,7
1950	127	22	17,3	61	12	19,7	34	7	20,6	32	3	9,4	-	-	-
1954	127	17	13,4	64	9	14,0	44	6	13,6	19	2	10,5	-	-	-
1958	133	13	9,8	78	8	10,2	55	5	9,1	-	-	-	-	-	-

Fortsetzung Tabelle 17: Frauen in den Länderparlamenten

Land/Wahljahr	Sitze gesamt	davon Frauen	%	SPD gesamt	F	%	CDU/CSU gesamt	F	%	FDP gesamt	F	%	Sonstige gesamt	F	%
1963	140	20	14,3	89	15	16,9	41	3	7,3	10	2	20,0	-	-	-
1967	137	12	8,8	81	7	8,6	47	3	6,4	9	2	22,2	-	-	-
1971	138	9	6,5	73	7	9,6	54	2	3,7	11	-	-	-	-	-
1975	146	10	6,8	67	5	7,5	68	5	7,4	11	-	-	-	-	-
1979	135	11	8,1	61	6	9,8	63	4	6,3	11	1	9,1	-	-	-
1981	132	14	10,6	51	7	13,7	65	4	6,2	7	-	-	6	3	50,0
1985	144	24	16,7	48	10	20,8	69	4	5,8	12	1	8,3	15	9	60.0
Bremen															
1946	84	8	9,5	65	4	6,2	15	-	-	4	-	-	-	-	-
1947	72	8	11,1	46	7	15,2	24	1	4,2	2	-	-	-	-	-
1951	64	10	15,6	43	7	16,3	9	1	11,1	12	2	16,6	-	-	-
1955	78	10	12,8	52	8	15,4	18	1	5,6	8	1	12,5	-	-	-
1959	84	14	16,7	61	10	16,4	16	2	12,5	7	2	28,6	-	-	-
1963	96	11	11,5	57	9	16,0	31	1	3,2	8	1	12,5	-	-	-
1967	100	13	13,0	50	8	16,0	32	3	9,4	10	1	10,0	8	1	12,5
1971	100	16	16,0	59	12	20,3	34	3	8,8	7	1	14,3	-	-	-
1975	100	15	15,0	52	10	19,2	35	3	8,6	13	2	15,4	-	-	-
1979	100	15	15,0	52	10	19,2	33	3	9,1	11	1	9,1	4	1	25,0
1983	100	18	18,0	58	12	20,7	37	4	10,8	-	-	-	5	2	40,0
Hamburg															
1946	82	5	6,1	82	5	6,1	-	-	-	-	-	-	-	-	-
1949	65	4	6,2	65	4	6,2	-	-	-	-	-	-	-	-	-
1953	58	8	13,8	58	8	13,8	-	-	-	-	-	-	-	-	-
1957	120	18	15,0	69	13	18,8	41	4	9,8	10	1	10,0	-	-	-
1961	120	19	15,8	69	14	20,3	41	4	9,8	10	1	10,0	-	-	-
1966	120	18	15,0	74	12	16,2	38	5	13,1	8	1	12,5	-	-	-
1970	120	13	10,8	70	8	11,4	41	4	9,8	9	1	11,1	-	-	-
1974	120	15	12,5	56	7	12,5	51	5	9,8	13	3	23,1	-	-	-
1978	120	19	15,8	55	7	12,7	56	7	12,5	-	-	-	9	5	55,6
1982	120	20	16,7	64	11	17,2	48	5	10,4	-	-	-	8	4	50,0
1986	120	40	33,3	53	17	32,0	54	10	18,5	-	-	-	13	13	100,0

Fortsetzung Tabelle 17: Frauen in den Länderparlamenten

Land/Wahl-jahr	Sitze gesamt	davon Frauen	%	SPD gesamt	F	%	CDU/CSU gesamt	F	%	FDP gesamt	F	%	Sonstige gesamt	F	%
Hessen															
1946	80	5	6,3	38	3	7,9	28	1	3,6	14	1	7,2	-	-	-
1950	72	6	8,3	47	4	8,5	12	1	8,3	13	1	7,7	-	-	-
1954	89	8	9,0	44	5	11,5	24	2	8,3	21	1	4,8	-	-	-
1958	89	8	9,0	48	3	6,3	32	4	12,5	9	1	11,1	-	-	-
1962	90	6	6,7	51	3	6,0	28	3	10,7	11	-	-	-	-	-
1966	96	9	9,4	52	5	9,6	26	3	11,5	10	-	-	8	1	12,5
1970	110	9	8,2	53	4	7,5	46	4	8,7	11	1	9,1	-	-	-
1974	110	9	8,2	49	3	6,1	53	5	9,4	8	1	12,5	-	-	-
1978	110	12	10,9	50	5	10,0	53	5	9,4	7	2	28,6	-	-	-
1982	110	12	10,9	49	4	8,2	52	4	7,7	-	-	-	9	4	44,4
1983	110	14	12,7	51	6	11,8	44	4	9,1	8	1	12,5	7	3	42,8
Niedersachsen															
1947	108	8	7,4	65	6	9,2	30	1	3,3	13	1	7,7	-	-	-
1951	111	4	3,6	64	3	4,7	35	-	-	12	1	8,3	-	-	-
1955	114	5	4,4	59	2	3,5	43	2	4,7	12	1	8,3	-	-	-
1959	124	8	6,4	65	3	4,6	51	4	7,9	8	1	12,5	-	-	-
1963	149	7	4,7	73	3	4,1	62	3	5,0	14	1	7,7	-	-	-
1967	149	9	6,0	66	3	4,5	63	4	6,3	10	1	10,0	10	1	10,0
1970	149	6	4,0	75	1	1,3	74	5	6,7	-	-	-	-	-	-
1974	155	6	3,9	68	2	2,9	76	3	3,9	11	1	9,1	-	-	-
1978	155	10	6,5	72	6	8,3	83	4	4,8	-	-	-	-	-	-
1982	171	11	6,4	63	6	9,5	87	2	2,3	10	1	10,0	11	2	18,1
1986	155	20	12,9	66	9	13,6	69	4	5,8	9	1	11,1	11	6	54,5
Nordrhein-Westfalen															
1947	168	9	5,4	64	5	7,8	92	3	3,3	12	1	8,3	-	-	-
1950	187	13	6,9	68	4	5,9	93	5	5,4	26	4	15,4	-	-	-
1954	191	14	7,3	76	7	9,2	90	6	6,7	25	1	4,0	-	-	-
1958	200	13	6,5	81	5	6,2	104	7	6,7	15	1	6,7	-	-	-

Fortsetzung Tabelle 17: Frauen in den Länderparlamenten

Land/Wahl-jahr	Sitze gesamt	davon Frauen	%	SPD gesamt	F	%	CDU/CSU gesamt	F	%	FDP gesamt	F	%	Sonstige gesamt	F	%
1962	200	12	6,0	90	4	4,4	96	7	7,3	14	1	7,2	-	-	-
1966	200	14	7,0	99	4	4,0	86	9	10,5	15	1	6,7	-	-	-
1970	200	7	3,5	94	3	3,2	95	4	4,2	11	-	-	-	-	-
1975	200	11	5,5	91	5	5,5	95	4	4,2	14	2	14,3	-	-	-
1980	201	13	6,5	106	7	6,6	95	6	6,3	-	-	-	-	-	-
1985	227	26	11,4	125	10	8,0	88	13	14,8	14	3	21,4	-	-	-
Rheinland-Pfalz															
1947	111	6	5,4	41	2	4,9	70	4	5,7	-	-	-	-	-	-
1951	100	7	7,0	38	5	13,1	43	2	4,7	19	-	-	-	-	-
1955	100	6	6,0	36	4	11,1	51	2	3,9	13	-	-	-	-	-
1959	99	7	7,1	37	4	10,7	52	3	5,8	10	-	-	-	-	-
1963	100	4	4,0	43	3	7,0	46	1	2,4	11	-	-	-	-	-
1967	100	5	5,0	39	2	5,1	49	3	6,1	8	-	-	-	-	-
1971	100	7	7,0	44	2	4,5	53	5	9,4	3	-	-	-	-	-
1975	100	7	7,0	40	2	5,0	55	5	9,1	5	-	-	-	-	-
1979	100	10	10,0	43	4	9,3	51	6	11,8	6	-	-	-	-	-
1983	100	11	11,0	43	5	11,6	57	6	10,5	-	-	-	-	-	-
Saarland*															
1969	50	1	2,0	21	-	-	23	1	4,3	4	-	-	-	-	-
1970	50	3	6,0	23	1	4,3	27	2	7,4	-	-	-	-	-	-
1975	50	3	6,0	22	1	4,5	25	2	8,0	3	-	-	-	-	-
1980	51	3	5,9	24	2	8,3	23	1	4,3	4	-	-	-	-	-
1985	51	6	11,8	26	4	15,4	20	2	10,0	5	-	-	-	-	-
Schleswig-Holstein															
1947	64	6	9,4	43	4	9,3	21	2	9,5	-	-	-	-	-	-
1950	43	2	4,6	19	1	5,3	16	1	6,3	8	-	-	-	-	-
1954	55	3	5,5	25	2	8,0	25	1	4,0	5	-	-	-	-	-
1958	62	3	4,8	26	2	7,7	33	1	1,3	3	-	-	-	-	-

Fortsetzung Tabelle 17: Frauen in den Länderparlamenten

Land/Wahl-jahr															
1962	68	6	8,8	29	2	6,9	34	3	8,8	5	1	20,0	-	-	-
1967	73	5	6,8	30	2	6,7	34	2	5,9	4	1	25,0	-	-	-
1971	73	5	6,8	32	3	9,4	40	2	5,0	-	-	-	-	-	-
1975	73	4	5,5	30	3	10,0	37	1	2,7	5	-	-	-	-	-
1979	73	6	8,2	31	3	9,7	37	3	8,1	4	-	-	-	-	-
1983	74	9	12,2	34	5	14,7	39	4	10,3	-	-	-	-	-	-

* Den Fraktionen des Saarländischen Landtages gehörte bis 1969 zu Beginn der Wahlperiode keine Frau an.

Quelle: Angaben für die Jahre 1946 bis 1964 nach Mechtild Fülles 1969:83f und S.152; für 1965 bis 1976 nach Edith Dalades 1976:68-72; alle übrigen Angaben errechnet nach den Handbüchern der Landtage.

sich der SPD-Frauenanteil zwischen 6,6% als Minimum (Nordrhein-Westfalen) und 20,7% (Bremen) als Maximum; der Frauenanteil der CDU-Fraktionen pendelt zwischen 2,3% (Niedersachsen) und 10,8% (Bremen); und der FDP-Frauenanteil ist 1983 in Baden-Württemberg mit 20% am höchsten, in Berlin und im Saarland mit 0% am geringsten.
Die Entwicklung der parlamentarischen Frauenanteile ist aber insgesamt je nach Fraktion und je nach Land so unterschiedlich, daß sich keine einheitliche Tendenz feststellen läßt.
Für die Erklärung der unterschiedlichen Frauenanteile in den Länderparlamenten erscheint es naheliegend, einen Zusammenhang zur weiblichen Parteimitgliedschaft herzustellen. Da die Datenlage zur regionalen Verteilung der weiblichen Parteimitglieder äußerst lückenhaft ist, können hierzu nur einige Beispiele angeführt werden.

Tabelle 18: Weibliche Parteimitglieder und Landtagsabgeordnete 1981 (in Prozent)

Partei/Land	weibl. Parteimitglieder	weibl. Landtagsabgeordnete[1)]
SPD[2)]		
Berlin	30,0	13,7
Hamburg	31,6	12,7
Nordrhein-Westfalen	25,9	6,6
Schleswig-Hostein	27,8	9,7
FDP[3)]		
Baden-Württemberg	23,4	20,0
Bayern	27,8	9,1
Berlin	28,1	9,1
Bremen	24,0	9,1
Hessen	24,9	28,6
CSU[4)]		
Bayern	13,4	5,4

Quellen: 1) Berechnet nach den Angaben der Handbücher der Landtage zu Beginn der Wahlperiode
2) Weiblicher Parteimitgliederanteil nach Horst Becker/Bodo Hombach 1983:56
3) Weiblicher Parteimitgliederanteil nach Angaben der FDP-Bundesgeschäftsstelle
4) Weiblicher Parteimitgliederanteil nach Angaben der CSU-Landesgeschäftsstelle

Die Beispiele verdeutlichen, daß der Frauenanteil in den Fraktionen der Länderparlamente durchweg unter dem weiblichen Anteil an der jeweiligen Parteimitgliedschaft liegt. Eine Annäherung findet sich lediglich für die FDP in Hessen und Baden-Württemberg. Mechtild Fülles zog bereits 1969 in diesem Zusammenhang den Schluß, „daß der Frauenanteil in der Parteimitgliedschaft nicht als alleiniger Gradmesser für die Aufstiegschancen der Frau verwendbar"ist.(Fülles 1969:86) Aufschluß über die tatsächlichen Einflußfaktoren könnten ihrer Meinung nach allein detaillierte Fallstudien über die Situation der weiblichen Parteimitglieder in den einzelnen Landesverbänden erbringen.(vgl.ebd.) (27)

2.4.2.2 Frauen in den Länderregierungen

In den letzten Wahlperioden hat sich die Zahl der Länder mit einem weiblichen Mitglied in der Regierung stets erhöht. Während 1967 nur in zwei Ländern (Hamburg und Bremen) Frauen der Regierung angehörten, waren es 1971 vier, 1975 fünf und 1980 sowie 1983 acht Länder. (vgl. Edith Dalades 1976:66; Christa Randzio-Plath 1980:122) Drei Bundesländer zeichneten sich 1983 durch eine frauenlose Regierung aus; diese sind Bayern, Rheinland-Pfalz und Schleswig-Holstein. In Bayern war als einzigem Land noch nie eine Frau Ministerin. Bis auf Hamburg, das mit vier Senatorinnen eine Ausnahme bildet, bestehen die übrigen Länderkabinette aus Männern mit einer Frau.

Tabelle 19: Frauen in den Länderregierungen 1983

Land	Ministerin bzw. Senatorin für...	Partei
Baden-Württemberg	-Bundesangelegenheiten	CDU
Bayern	-	-
Berlin	-Schulwesen, Jugend und Sport	CDU
Bremen 1)	-Umweltschutz	SPD
Hamburg	-Gesundheit	SPD
	-Justiz	SPD
	-Kultur	-
	-Bundesangelegenheiten	SPD
Hessen 2)	-Bundesangelegenheiten	SPD
Niedersachsen	-Wirtschaft und Verkehr	CDU
Nordrhein-Westfalen	-Justiz	SPD
Rheinland-Pfalz	-	-
Saarland	-Arbeit,Gesundheit und Sozialordnung	CDU
Schleswig Holstein	-	-

1) 10. Wahlperiode
2) 10. Wahlperiode
Quelle: Zusammengestellt nach den Handbüchern der Landtage

Die meisten amtierenden Ministerinnen auf Länderebene haben typische Frauenressorts inne; dies gilt für Hanna-Renate Laurien (CDU), die in Berlin Senatorin für Schulwesen, Jugend und Sport ist; für Helga Elstner (SPD), die in Hamburg Präses der Gesundheitsbehörde ist; für die frühere FDP-Anghörige und seit 1982 parteilose Helga Schuchardt, die in Hamburg die Kulturbehörde leitet sowie für die saarländische Ministerin für Arbeit, Gesundheit und Sozialordnung, Rosemarie Scheuerlin (CDU). Mit Eva-Maria Lemke (SPD) als Senatorin für Umweltschutz wurde in Bremen erstmals seit 1975 wieder eine Frau in den Senat aufgenommen.
In sogenannte Männerressorts sind drei Frauen eingedrungen; zwei Ministerinnen stehen einer Justizbehörde vor, und über die Wirtschaftspolitik in Niedersachsen entscheidet gleichfalls eine Frau. Drei Frauen sind Ministerinnen für Bundesangelegenheiten; hinsichtlich diesem Amt vermutet Christa Randzio-Plath, daß es „wegen seiner geringen Kompetenzen zum neuen Frauenressort zu werden droht" (1980: 123). Einen weiblichen Ministerpräsidenten gab es noch nie.

2.4.2.3 Frauen als Vorsitzende bzw. stellvertretende Vorsitzende der Landtagsausschüsse

Gleich dem Bundestag haben auch die Landtage ständige Ausschüsse als vorbereitende Beschlußorgane eingesetzt. Tabelle 19 gibt - als Momentaufnahme - für 1983 einen Überblick über Frauen als Vorsitzende bzw. stellvertretende Vorsitzende einzelner Ausschüsse.
Allein in Baden-Württemberg, dem Land mit dem geringsten parlamentarischen Frauenanteil von allen Bundesländern, ist keine Frau Vorsitzende oder Stellvertreterin eines Ausschusses. In Nordrhein-Westfalen, Schleswig-Hostein und im Saarland sind Frauen nur als stellvertretende Vorsitzende zu finden. Die Zahl der Ausschüsse, in denen Frauen den Vorsitz führen, schwankt in den sieben Ländern zwischen einem und höchstens drei Ausschüssen. Bei diesen Ausschüssen handelt es sich je zweimal um Frauenfragen bzw. Gleichstellung der Frau, um Wissenschaft und Forschung, um den Petitionsausschuß und um den Gesundheitsausschuß; je einmal um Ernährung, Umwelt und Verbraucherfragen sowie um den Strafvollzugsausschuß. Bedenkt man, daß in fast jedem Bundesland ein Haushalts- und Finanzausschuß, ein Wirtschafts-, Rechts-und Innenausschuß existiert, so zeigt sich in Bezug auf den Vorsitz dieser Ausschüsse eine deutliche Dominanz der Männer. Bei den Ausschüssen mit einer stellvertretenden weiblichen Vorsitzenden überwiegen die Sozial- und Familienpolitik sowie Kultur, Bildung und Sport; in zwei Ländern allerdings sind Frauen stellvertretende Vorsitzende eines Rechtsausschusses und einmal des Ausschusses für Wirtschaft, Arbeit, Verkehr und Landesplanung.

Tabelle 20: Frauen als Vorsitzende/stellvertretende Vorsitzende der Landtagsausschüsse 1983

Land	Vorsitzende im Ausschuß für...	Stellvertretende Vors.im Ausschuß für...
Baden-Württemberg	-	-
Bayern	-Kulturpolitische Fragen	-
Berlin	-Frauenfragen -Wissenschaft und Forschung	-Frauenfragen -Gesundheit, Soziales u.Familie
Bremen 1)	Sprecherin: -Umweltschutz -Ernährung,Landwirtschaft u.Verbraucherfragen	-
Hamburg	-Wissenschaft und Forschung -Gleichstellung der Frau -Gesundheit	-
Hessen 2)	-Petitionen	-Sozialpolitik
Niedersachsen	-Sozial-u.Gesundheitswesen	-Jugend u.Sport
Nordrhein-Westf.	-	-Justiz
Rheinland-Pfalz	-Petitionen -Strafvollzug	-Recht
Saarland	-	-Kultur,Bildung, Sport
Schleswig-Holstein	-	-Wirtschaft,Arbeit, Verkehr,u.Landesplanung

1) 9. Wahlperiode
2) 10. Wahlperiode
Quelle: Zusammengestellt nach den Handbüchern der Landtage

2.4.3 Frauen im Deutschen Bundestag

Der Bundestag ist „als Vertretung des Deutschen Volkes das höchste, in der Gesetzgebung letztlich entscheidende, Bundesorgan" (Otto Model/Carl Creifelds 1969:89). Wer hier Einzug gehalten hat, gehört zwar noch nicht zur politischen Führungselite, hat aber gute Aufstiegschancen, da „sich Inhaber von Regierungspositionen nahezu ausschließlich aus dem Kreis der Parlamentarier" (Heino Kaack 1971: 565) rekrutieren. Wie es auf dieser entscheidenden Karrierestufe mit der Repräsentanz von Frauen bestellt ist, das sollen die folgenden Ausführungen erhellen.

2.4.3.1 Entwicklung des Frauenanteils insgesamt und nach Fraktionen

Während 1983 in einigen Landtagen der Frauenanteil bereits 10% und mehr erreichte, muß für den Deutschen Bundestag festgestellt werden, daß den Parlamentarierinnen auf dieser Ebene in den zurückliegenden zehn Wahlperioden der Sprung über die 10-Prozent-Hürde nicht gelungen ist. Eine wichtige Zäsur in der Geschichte der politischen Gleichberechtigung von Frauen stellt dagegen die Bundestagswahl vom Januar 1987 dar; erstmals ist es den weiblichen Parteimitgliedern gelungen, mit 15,4% ihren Anteil im höchsten bundesdeutschen Parlament erkennbar zu steigern.
Im einzelnen verlief die Entwicklung des Frauenanteils im Deutschen Bundestag folgendermaßen: Von der 1. bis zur 3. Wahlperiode nahm der Anteil der Frauen um 2,4%-Punkte zu, um dann kontinuierlich im Laufe der anschließenden vier Wahlperioden auf seinen tiefsten Stand von 5,8% in der 7. Wahlperiode (1972-1976) abzusinken. Danach ist ein Wiederanstieg des Frauenanteils zu verzeichnen, und mit 80 weiblichen Abgeordneten im 11.Deutschen Bundestag ist absolut wie prozentual der bisherige Höchststand der parlamentarischen Vertretung von Frauen auf Bundesebene erreicht worden.
Die Angaben in Tabelle 20 beziehen sich jeweils auf den Beginn der Wahlperiode; es ist bekannt, daß der Frauenanteil am Ende einer Wahlperiode teilweise erheblich höher liegt, da Frauen für ausgeschiedene (verstorbene) Abgeordnete nachrücken. (vgl.Peter Schindler 1983:187f) Frauen im Bundestag werden daher nicht selten als "Sarghüpfer" bezeichnet. Hinter diesem Phänomen steht die Praxis der Parteien, Frauen auf den Landeslisten im Durchschnitt schlechter zu plazieren als Männer, so daß sie, wenn überhaupt, erst durch Nachrücken im Laufe der Wahlperiode ein Mandat erhalten.
Die Betrachtung des Frauenanteils in den Fraktionen der Bundestagsparteien ergibt ein differenziertes Bild; gemeinsam ist den Fraktionen von CDU/CSU, SPD und FDP ein Absinken ihres jeweiligen Frauenanteils in der 4. und 5.Wahlperiode im Vergleich zu der vorangegangenen; in der 8., 9. und 11.Wahlperiode können sie dagegen alle auf einen Anstieg ihres prozentualen Frauenanteils verweisen. In den übrigen Wahlperioden verlief die Entwicklung in den einzelnen Fraktionen aber durchaus unterschiedlich.
Für die sozialdemokratische Fraktion ist diese Entwicklung durch einen Anstieg ihres Frauenanteils von der ersten zur zweiten Wahlperiode, dann durch ein beständiges Absinken von der 3. bis zur 7.Wahlperiode und schließlich durch ein erneutes Ansteigen zu kennzeichnen. Den höchsten Anteil an weiblichen Abgeordneten kann die SPD in der 11.Wahlperiode mit 16,1% vorweisen, den niedrigsten in der 7.Wahlperiode mit 5,4%. Auffallend gegenüber den anderen Parteien ist, daß allein die Sozialdemokraten in fünf Bundestagen auf einen Frauenanteil von mehr als 10 Prozent kommen.
Der Frauenanteil in den 11 Fraktionen der CDU/CSU blieb dagegen immer unter 8 Prozent. Den Höchststand erreichte die CDU/CSU in der 3.Wahlperiode mit einem weiblichen Anteil von 7,9% unter ihren Parlamentariern, ihr niedrigster Stand lag in der 6.Wahlperiode

Schaubild 3

Anzahl weiblicher Abgeordneter in den Fraktionen des Deutschen Bundestages nach Wahlperioden

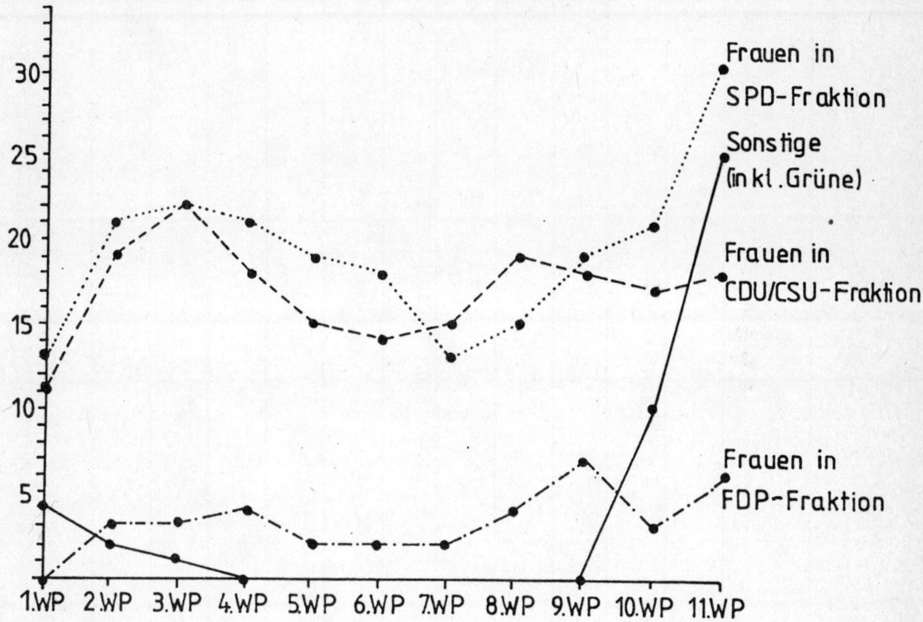

Tabelle 21: Frauen im Deutschen Bundestag 1949-1987*

	Weibliche Abgeordnete zu Beginn der Wahlperiode		Weibliche Abgeordnete zu Beginn der Wahlperiode nach Fraktionen							
	insgesamt		CDU/CSU		SPD		FDP		Sonstige	
Wahl-periode	Anzahl	in % aller Abg.	Anzahl	in %	Anzahl	in %	Anzahl	in %	Anzahl	in %
1.WP 1949-53	28	6,8	11	7,7	13	9,6	-	-	-	-
2.WP 1953-57	45	8,8	19	7,6	21	13,0	3	5,7	-	-
3.WP 1957-61	48	9,2	22	7,9	22	12,2	3	7,0	-	-
4.WP 1961-65	43	8,3	18	7,2	21	10,3	4	6,0	-	-
5.WP 1965-69	36	6,9	15	6,0	19	8,8	2	4,0	-	-
6.WP 1969-72	34	6,6	14	5,6	18	7,6	2	6,5	-	-
7.WP 1972-76	30	5,8	15	6,4	13	5,4	2	4,8	-	-
8.WP 1976-80	38	7,3	19	7,5	15	6,7	4	10,0	-	-
9.WP 1980-83	44	8,5	18	7,6	19	8,3	7	13,0	-	-
10.WP 1983-87	51	9,8	17	6,6	21	10,4	3	8,6	10	37,0
11.WP 1987-	80	15,4	18	7,7	31	16,1	6	12,5	25	56,8

* ohne Berlin West

Quelle: Für die 1.bis 9. Wahlperiode nach Peter Schindler 1983:188; für die 10.Wahlperiode nach Kürschners Volkshandbuch Deutscher Bundestag 1983:235; für die 11. Wahlperiode nach "Das Parlament" v.31.1.1987

mit 5,6 Prozent.
Die Entwicklung des prozentualen Frauenanteils in den FDP-Bundestagsfraktionen ist durch ein häufiges Ansteigen und Absinken gekennzeichnet. In der 9. Wahlperiode kann die liberale Fraktion als Maximum auf einen Frauenanteil von 13 Prozent verweisen; ihr niedrigster Frauenanteil fällt in die 5. Wahlperiode mit 4 Prozent.

Die GRÜNEN sind erstmals im 10. Deutschen Bundestag vertreten und stellen im Hinblick auf ihren Frauenanteil alle anderen Bundestagsparteien in den Schatten. Unter 27 Abgeordneten sind 10 Frauen, das entspricht einem Anteil von 37 Prozent. 1987 haben sie diesen Frauenanteil sogar auf 56,8% ausbauen können.

Insgesamt sind somit zwischen den einzelnen Fraktionen beträchtliche Unterschiede und teilweise gegenläufige Entwicklungen festzustellen; auch die Spitzen und Tiefen der Frauenanteile liegen durchweg in unterschiedlichen Wahlperioden. Addiert man für alle Wahlperioden die absoluten Zahlen der weiblichen Bundestagsabgeordneten, so hat die SPD bisher 213, die CDU/CSU 186, die FDP 36 und die GRÜNEN 35 Frauen in den Bundestag entsandt.(28)

2.4.3.2 Weibliche Kandidaturen

Die Zahl der Kandidaten verdeutlicht, „daß die Bundestagswahlen durchgehend einen beträchtlichen Mobilisierungseffekt haben."(Herzog 1983:102) Der Frauenanteil an den Kandidaten lag bis 1969 stets unter 10%. Ab 1972 ist ein sprunghafter Anstieg der weiblichen Bewerber zu beobachten; 1976 kandidierten bereits 13,9% Frauen, 1980 waren es rd. ein Fünftel, 1983 knapp ein Fünftel und 1987 gut ein Viertel.

Tabelle 22: Kandidaten bei Bundestagswahlen

Wahljahr	Insgesamt	Frauen absolut	Frauen in %
1949	2.324	207	8,9
1953	2.816	272	9,7
1957	2.714	208	7,7
1961	2.559	246	9,6
1965	2.485	240	9,7
1969	2.634	249	9,5
1972	2.754	292	10,6
1976	3.244	450	13,9
1980	2.953	592	20,1
1983	2.699	518	19,2
1987	2.690	685	25,4

Quelle: Für 1949 bis 1980 nach: Wahl zum 9.Deutschen Bundestag am 5.Oktober 1980,H.9,hrsg.vom Stat.Bundesamt,1982;für 1983 und 1987 nach DAS PARLAMENT v.27.8.1983 bzw. 17.1.1987.

Diese Mobilisierung der Frauen erstreckt sich allerdings vorwiegend auf die jüngeren Altersklassen (18-34 Jahre); zudem sind es hauptsächlich „die kleineren Parteien des linken Spektrums .., die weit überdurchschnittlich weibliche Bewerber aufgestellt haben. So waren 1980 bei der DKP und den Grünen jeweils 24 Prozent, beim KBW rund ein Drittel der Kandidaten Frauen."(Dietrich Herzog 1983:103) An der relativen Chancenlosigkeit dieser kleinen Parteien liegt es auch, daß sich der Anstieg der weiblichen Kandidaten nur schwach in der Zusammensetzung des Bundestages niedergeschlagen hat. Aber auch für die Bundestagsparteien von 1980 und 1983 (mit Ausnahme der GRÜNEN) gilt, daß die erhöhte Kandidaturbereitschaft der weiblichen Parteimitglieder keine wesentliche Auswirkung auf ihre parlamentarische Repräsentanz hatte. So war die Erfolgschance einer Kandidatur für Frauen 1980 beispielsweise nur halb so groß wie für Männer. Dietrich Herzog interpretiert dies als „ein Zeichen dafür, daß sie offenbar nur vergleichsweise selten auf aussichtsreichen Kandidatenplätzen aufgestellt worden waren."(Herzog 1983:104)

Tabelle 23: Weibliche Kandidaten zum Bundestag

Wahljahr	Insgesamt	Davon 18-34 Jahre absolut	in %
1976	450	270	35,8
1980	592	270	45,6

Quellen: Statistisches Bundesamt(Hrsg.), Die Wahlbewerber für die Wahl zum 8.Deutschen Bundestag,1976; dass.:Wahl zum 9.Deutschen Bundestag am 5.Oktober 1980,H.9/1982

Tabelle 24: Kandidaten und Abgeordnete der Parteien CDU/CSU, SPD und FDP (Wahl 1980)

Männer			Frauen		
Kandidaten	Davon gewählt absolut	%	Kandidaten	Davon gewählt absolut	%
1.209	456	37,7	224	41	18,3

Quelle: Wahl zum 9.Deutschen Bundestag am 9.Oktober 1980,H.9, hrsg. vom Statistischen Bundesamt,1982.

In diesem Zusammenhang interessiert auch der Weg, auf dem Frauen in den Bundestag gewählt werden. Typisch für Frauen ist der Einzug in das Parlament über die Landeslisten ihrer Partei, während Direktmandate eher die Ausnahme darstellen. Das gesetzlich festgelegte

Tabelle 25: Weibliche Wahlkreisabgeordnete

Wahljahr	Wahlkreismandate insgesamt	davon Frauen Anzahl	%	Verhältnis weibl.Wahlkreisabg.zu weibl. Listenabgeordneten
1949	242	12	5,0	12:16=1:1,3
1953	242	9	3,7	9:36=1:4,0
1957	247	9	3,6	9:39=1:4,3
1961	247	7	2,8	7:36=1:5,1
1965	248	8	3,2	8:28=1:3,5
1969	248	6	2,4	6:28=1:4,7
1972	248	4	2,0	4:26=1:6,5
1976	248	7	2,8	7:33=1:4,4
1980	248	11	4,4	11:44=1:4,0
1983	248	10	4,0	10:41=1:4,1
1987	248	18	7,2	18:62=1:3,4

Quelle: Für 1949 bis 1980 nach Peter Schindler 1983:190; für 1983 nach Kürschners Volkshandbuch Deutscher Bundestag,10.Wahlperiode,1983; für 1987 nach DAS PARLAMENT v.31.1.1987.

Verhältnis von Wahlkreis- zu Listenmandaten liegt bekanntlich seit 1953 bei 1:1. Unter den weiblichen Bundestagsabgeordneten betrug dieses Verhältnis im günstigsten Fall 1:3,4 (Wahljahr 1987), im ungünstigsten Fall 1:6,5 (Wahljahr 1972). Auf eine direkt gewählte Abgeordnete kamen somit 1972 mehr als 6 über die Landesliste gewählte Abgeordnete. Dieses Zahlenverhältnis verdeutlicht die starke Benachteiligung der weiblichen Kandidaten bei der Wahlkreisnominierung - insbesondere bei **sicheren** Wahlkreisen. (vgl. Peter Schindler 1983: 190; siehe auch: Mechtild Fülles 1969:106ff)

2.4.3.3 Zugehörigkeitsdauer der Parlamentarierinnen

Geben Frauen nur ein kurzes Gastspiel im Bundestag oder entspricht ihre Mandatsdauer der ihrer Kollegen? Für den Zeitraum von 1949 bis 1975 hat Edith Dalades eine durchschnittliche Zugehörigkeitsdauer der weiblichen Abgeordneten von 8 Jahren und 4,4 Monaten, für die Männer eine von 7 Jahren und 10,1 Monaten errechnet.(vgl.Dalades 1976:42) Frauen gehörten damit dem Bundestag im Durchschnitt gut 2 Wahlperioden an, Männer dagegen nur knapp 2 Wahlperioden. Diese Zahlen bestätigen für Männer und Frauen die generelle Tendenz, wonach die Mitgliedschaft im Bundestag für nur eine Wahlperiode zur Ausnahme, die ein- oder mehrmalige Wiederwahl dagegen zur Regel geworden ist. (vgl. Peter Schindler 1983:175)

Eine Auszählung der Wahlperioden, in denen die Abgeordneten des 10. Bundestages bereits Mitglied waren, ergibt folgendes Bild (29):

Tabelle 26: Wiederwahlhäufigkeit der Abgeordneten im 10. Bundestag

Wiederwahl-häufigkeit	Frauen absolut	Frauen in %	Männer absolut	Männer in %
erstmals gewählt	14	27,5	77	16,4
einmal wiedergewählt	13	25,5	105	22,4
zweimal "	12	23,5	94	20,0
dreimal "	7	13,2	82	17,5
viermal "	4	7,8	59	12,6
fünfmal "	-	-	27	5,7
sechsmal "	-	-	10	2,1
siebenmal "	-	-	8	1,7
achtmal "	1	2,0	4	0,8
neunmal "	-	-	3	0,6
zusammen	51	100	496	100

Quelle: Kürschners Volkshandbuch Deutscher Bundestag, 1983

Von den 51 Parlamentarierinnen des 10. Bundestages ist mehr als ein Viertel zum erstenmal in den Bundestag gewählt worden; bei den männlichen Abgeordneten liegt der entsprechende Prozentsatz um 11,1%-Punkte darunter. Dieser Unterschied erklärt sich aus der hohen Zahl der weiblichen Abgeordneten der GRÜNEN, die 1983 erstmals für den Bundestag kandidiert und auch den Einzug geschafft haben.
Ein weiteres Viertel der weiblichen Abgeordneten gehört zum zweitenmal dem Parlament an, ist somit einmal wiedergewählt worden; bei den Männern sind es auch hier mit 22,4% etwas weniger.
Eine mehrmalige Wiederwahl können 47,1% der Frauen und 61,2% der Männer des 10.Bundestages vorweisen. Hier liegt die größte Differenz zwischen den Geschlechtern; wesentlich mehr Männer als Frauen gehören dem Bundestag mehr als zwei Wahlperioden an. Auffällig ist zudem, daß keine Frau, wohl aber einige Männer, fünf-, sechs-, sieben- oder neunmal wiedergewählt worden ist; lediglich Annemarie Renger (SPD) gehört bereits 9 Wahlperioden dem höchsten Parlament an.

2.4.3.4 Frauen als Ausschußvorsitzende bzw. stellvertretende Vorsitzende

Aufgrund der Komplexität der Aufgaben, mit denen sich der Bundestag befassen muß, werden zur Vorbereitung der Verhandlungen ständige Ausschüsse eingesetzt; ständig bedeutet hier für die Dauer einer Wahlperiode. Grundsätzlich steht je einem Bundesministerium ein ständiger Ausschuß gegenüber; in früheren Wahlperioden lag die Zahl der Ausschüsse allerdings erheblich höher. Die ordentlichen und stellvertretenden Mitglieder werden von den Fraktionen entsprechend den Mehrheitsverhältnissen im Plenum benannt.

Tabelle 27: Frauen als Ausschußvorsitzende im Deutschen Bundestag

Wahl-periode	Zahl der Ausschüsse	Weibl. Vorsitzende absolut	in %	Ausschuß für...	Stellv. Vorsitzende absolut	in %	Ausschuß für...
1.WP	53	3	5,6	-Petitionen -Bücherei -Fragen der öffentl. Fürsorge	2	3,8	-Jugendfürsorge -Fragen der öffentlichen Fürsorge
2.WP	38	2	5,3	-Petitionen -Fragen der öffentl. Fürsorge	4	10,5	-Jugendfragen -Besatzungsfolgen -Fragen des Gesundheitswesens -Fragen der öffentl.Fürsorge
3.WP	26	1	3,8	-Petitionen	3	11,5	-Kriegsopfer-und Heimkehrerfolgen -Familien-u.Jugendfragen -Gesundheitswesen
4.WP	28	1	3,6	-Petitionen	4	14,3	-Familien-u.Jugendfragen -Kriegsopfer-u.Heimkehrerfolgen -Atomkernenergie u.Wasserwirtschaft -Recht
5.WP	23	3	13,0	-Petitionen -Angelegenheiten der Heimatvertriebenen u.Flüchtlinge -Gesundheitswesen	5	21,7	-Kriegs-und Verfolgungsschäden -Wissenschaft,Kulturpolitik u.Publizistik -Familien-u.Jugendfragen -Finanzen

Fortsetzung Tabelle 27: Frauen als Ausschußvorsitzende im Deutschen Bundestag

Wahlperiode	Zahl der Ausschüsse	Weibl.Vorsitzende absolut	Weibl.Vorsitzende in %	Ausschuß für...	Stellv. Vorsitzende absolut	Stellv. Vorsitzende in %	Ausschuß für...
6.WP	17	1	5,9	-Petitionen	1	5,9	-Städtebau u.Wohnungswesen
7.WP	19	2	10,5	-Petitionen -Finanzen	3	15,8	-wirtschaftliche Zusammenarbeit -Rechnungsprüfungen -Finanzen
8.WP	19	2	10,5	-Petitionen -Finanzen	4	21,1	-Auswärtiges -Recht -Rechnungsprüfungen -Familie,Jugend u. Gesundheit
9.WP	20	3	15,0	-Petitionen -Recht -Finanzen	2	10,0	-Auswärtiges -Bildung u.Wissenschaft
10.WP	20	1	5,0	-Petitionen	-	-	-

Quelle: 1.bis 9.Wahlperiode nach: Schindler 1983:566-595; 10.Wahlperiode nach:Kürschners Volkshandbuch Deutscher Bundestag 1983:230

In den abgelaufenen zehn Wahlperioden gab es mindestens eine und maximal drei weibliche Ausschußvorsitzende; ihr prozentualer Anteil bewegte sich zwischen 3,6% (4. Wahlperiode) und 15% (9. Wahlperiode). Unter den stellvertretenden Vorsitzenden waren Frauen etwas stärker vertreten, haben aber auch hier nicht die Anzahl von fünf weiblichen Stellvertretern überschritten.
Die Vergabe der Ausschußvorsitze verdeutlicht die Zuweisung der Frauen auf bestimmte Ressorts: Eindeutig frauenspezifisch scheint der Petitionsausschuß zu sein; er ist seit dem 1.Bundestag fest in weiblicher Hand. Die weiblichen Vorsitzenden bzw. Stellvertreterinnen sind ferner vorrangig in solchen Ausschüssen zu finden, in denen es um Sozial-, Familien-, Jugend- und Gesundheitspolitik geht. Einem Innen-, Haushalts-, Wirtschafts- oder Verteidigungsausschuß stand noch nie eine Frau vor. Erstmals in der 7. Wahlperiode wurde einer Parlamentarierin der Vorsitz des Finanzausschusses übertragen, und im 9. Bundestag hatten mit Herta Däubler-Gmelin als Vorsitzender des Rechtsausschusses und Ingrid Matthäus-Maier als Vorsitzender des Finanzausschusses gleich zwei Frauen typische Männerdomänen besetzt. Im 10. Bundestag allerdings ist lediglich Lieselotte Berger im Amt geblieben und leitet zum viertenmal den Petitionsausschuß.

2.4.3.5 Frauen als Parlamentarische Staatssekretäre und Bundesminister

Mit dem Gesetz über die Rechtsverhältnisse der Parlamentarischen Staatssekretäre vom 6.4.1967 wurde ihre Berufung ermöglicht.

„Parlamentarische Staatssekretäre sind - das ist Voraussetzung - Mitglieder des Bundestages, die die nicht näher umschriebene Aufgabe haben, die Bundesminister, denen sie beigegeben sind, bei ihrer Regierungsaufgabe zu unterstützen."(Peter Schindler 1983:353)

Sie gehören mit ihrer Ernennung jedoch nicht zu den Regierungsmitgliedern. Das Amt des Parlamentarischen Staatssekretärs gilt aber als wichtige Karrierestufe; so sind von 1967 bis 1982 insgesamt 18 Parlamentarische Staatssekretäre später Bundesminister geworden. (vgl. Schindler ebd.) Bis zu Beginn der 10.Wahlperiode haben lediglich sechs Frauen (30) dieses Amt erreicht; zwei von ihnen - Marie Schlei (SPD) und Anke Fuchs (SPD) - stiegen später zu Ministerinnen auf.
Die ersten drei Wahlperioden der Ära Adenauer allerdings zeichnen sich durch Regierungsmannschaften im ursprünglichen Sinne dieses Wortes aus. Seit der 4. Wahlperiode ist es die Regel, eine bzw. ausnahmsweise zwei Frauen ins Kabinett zu berufen.(vgl. Tabelle 27) Eine höhere Zahl weiblicher Minister scheint undenkbar, ebenso die Vorstellung eines weiblichen Bundeskanzlers.
Um alle bisherigen weiblichen Bundesminister aufzuzählen, muß man sich lediglich neun Namen einprägen; die Rekapitulation aller bisherigen Bundesminister bedarf demgegenüber eines außerordentlich guten Gedächtnisses, denn bis heute haben über 100 Männer Ministerämter innegehabt.

Tabelle 28: Parlamentarierinnen als Bundesminister

Kabinett	Anzahl der Minister	darunter weibliche Minister Zahl	Name	Ressort	Frauenanteil in %
Adenauer (1949-53)	14	-	-	-	-
Adenauer (1953-57)	18	-	-	-	-
Adenauer (1957-61)	17	-	-	-	-
Adenauer (1961-63)	20	1	Schwarzhaupt, Elisabeth (CDU)	Gesundheitswesen	5,0
Erhard (1963-66)	21	1	Schwarzhaupt, Elisabeth (CDU)	Gesundheitswesen	4,8
Kiesinger (1966-69)	18	2	Brauksiepe, Aenne (CDU) Strobel, Käthe (SPD)	Familie Gesundheitswesen	11,1
Brandt (1969-72)	16	1	Strobel, Käthe (SPD)	Familie, Jugend u.Gesundheit	6,3
Brandt (1972-74)	17	1	Focke, Katharina (SPD)	Jugend, Familie u.Gesundheit	5,9
Schmidt (1974-76)	15	1	Focke, Katharina (SPD)	Jugend, Familie u.Gesundheit	6,7
Schmidt (1976-80)	15	2	Huber, Antje (SPD) Schlei, Marie (SPD)	Jugend, Familie u.Gesundheit Wirtschaftliche Zusammenarbeit	13,3
Schmidt (1980-82)	16	1	Huber, Antje (SPD) (bis 28.4.1982) Fuchs, Anke (SPD) (ab 28.4.1982)	Jugend, Familie u.Gesundheit	6,3
Kohl (1982-83)	16	1	Wilms, Dorothee (CDU)	Bildung und Wissenschaft	6,3
Kohl (1983-87)	17	2	Wilms, Dorothee (CDU) Süssmuth, Rita (CDU)	Bildung und Wissenschaft Jugend, Familie, Frauen u.Gesundheit	11,8

Quelle: Für 1949 bis 1982 nach: Schindler 1983:304ff; für 1983 nach: Kürschners Volkshandbuch Deutscher Bundestag 1983:231ff.

Auffällig ist die Dominanz der Ministerinnen auf traditionell den Frauen zugeschriebenen Tätigkeitsfeldern; so sind sie bis 1982 immer für Familie, Jugend oder Gesundheit zuständig gewesen. Einzige Ausnahme bildet hier Marie Schlei (SPD) als Ministerin für wirtschaftliche Zusammenarbeit, der damit erstmalig der Einzug in ein typisches Männerressort gelang.

2.4.3.6 Zur Sozialstruktur der Frauen im Bundestag

Nachdem die Repräsentanz von Frauen im Bundestag, seinen Ausschüssen sowie in Regierungsämtern für die bisherigen 10 Wahlperioden nachgezeichnet worden ist, soll jetzt auch ein Blick auf die Sozialstruktur der Frauen geworfen werden. Entspricht die sozialstrukturelle Zusammensetzung der Parlamentarierinnen derjenigen der Männer oder findet die gesellschaftliche Ungleichheit der weiblichen Bevölkerung auch im Bundestag ihren Niederschlag?
Ein Vergleich der Altersstruktur von Männern und Frauen zeigt, daß die weiblichen Abgeordneten im Durchschnitt seit 1949 stets älter gewesen sind als ihre männlichen Kollegen. Während die Altersunterschiede in der 1. und 2. Wahlperiode noch gering waren (+0,3 Jahre bzw. 0,5 Jahre), vergrößerte sich die Differenz dann bis auf 4 Jahre in der 6. Wahlperiode. Danach haben sich die Altersunterschiede bis auf 0,3 Jahre in der 9.Wahlperiode wieder verringert.(vgl.Tabelle 28) Im 10.Deutschen Bundestag ist die am stärksten besetzte Altersklasse der Frauen die der 38-42jährigen (29,4%); hier liegen die weiblichen Abgeordneten um 13,2%-Punkte vor den Männern. Addiert man die ersten drei Altersgruppen, so stellt sich heraus, daß unter den weiblichen Abgeordneten prozentual mehr junge Frauen sind, als junge Männer unter den Parlamentariern. Die Addition der Prozentangaben der Altersgruppen von 43 bis 57 Jahren ergibt, daß 63,1 Prozent aller Männer, aber nur 37,2 Prozent aller Frauen in diese mittlere Kategorie fallen. Die Zusammenfassung der 58- bis 72jährigen Abgeordneten wiederum verdeutlicht, daß prozentual mehr ältere Frauen als ältere Männer dem Bundestag angehören. Diese letzte Altersgruppe aber ist bei Männern wie Frauen am geringsten besetzt.
Von den weiblichen Abgeordneten sind also zwei Fünftel jünger als 43 Jahre, gut ein Drittel ist zwischen 43 und 57 Jahren alt, und ein Fünftel ist älter als 57 Jahre. Die Mehrheit der männlichen Abgeordneten ist zwischen 43 und 57 Jahren alt, ein Fünftel bleibt unter 43 Jahren und 15,3 Prozent sind älter als 57 Jahre.

Tabelle 29: Abweichungen der weiblichen Abgeordneten vom Durchschnittsalter aller Abgeordneten (in Jahren)

1.WP	2.WP	3.WP	4.WP	5.WP	6.WP	7.WP	8.WP	9.WP
+0,3	+0,5	+2,1	+2,5	+3,2	+4,0	+3,0	+0,7	+0,3

Quelle: Peter Schindler 1983:189

Tabelle 30: Altersgliederung im 10.Bundestag (in Prozent)

Alter (in Jahren)	Gesamt	Männer	Frauen
bis 32	1,7	1,1	7,8
33-37	4,2	4,3	3,9
38-42	17,5	16,2	29,4
43-47	22,1	22,8	15,7
48-52	19,2	20,5	7,8
53-57	19,2	19,8	13,7
58-62	12,5	12,1	15,7
63-67	2,5	2,1	5,9
68-72	1,0	1,1	-
	100	100	100

Quelle: Kürschners Volkshandbuch Deutscher Bundestag,1983:242 (eigene Berechnung der Prozente)

Die Statistiken zur Schul- und Hochschulbildung zeigen, daß der Anteil der Abgeordneten mit Volksschulabschluß bzw. derjenigen ohne ein Hochschulstudium mit leichten Schwankungen von der 1. bis zur 8.Wahlperiode sowohl insgesamt als auch nach Fraktionen gesunken ist. Dementsprechend ist im gleichen Zeitraum der Anteil der Abgeordneten mit einem Hochschulstudium ständig gestiegen.
Peter Schindler differenziert leider nur bei der Hochschulbildung nach Geschlecht; nach Kürschner jedoch läßt sich für die 8. bis 10.Wahlperiode die Schulbildung der weiblichen und männlichen Abgeordneten aufschlüsseln. (vgl. Tabelle 30) Danach haben mehr als vier Fünftel aller Frauen, aber nur gut zwei Drittel aller Männer im 10.Bundestag eine höhere Schule abgeschlossen; bei den männlichen Abgeordneten ist dieser Anteil von der 8. bis zur 10.Wahlperiode leicht gesunken, bei den weiblichen Abgeordneten dagegen gestiegen. Auf einen Realschulabschluß können zu Beginn der 10.Wahlperiode 9,6% aller Männer und 3,9% aller Frauen verweisen; im Vergleich zur 8.Wahlperiode ist dieser Anteil unter den Frauen leicht gesunken, unter den Männern dagegen leicht angestiegen. Einen Volksschulabschluß gaben lediglich 9% der männlichen und 5,9% der weiblichen Abgeordneten an; gegenüber der 8.Wahlperiode ist hier bei beiden ein Anstieg zu verzeichnen.
Hinsichtlich der Hochschulbildung lag der Anteil der weiblichen Abgeordneten bis zur 7.Wahlperiode teilweise erheblich unter dem Durchschnitt, war in der 8. und 9.Wahlperiode überdurchschnittlich

Tabelle 31: Schulbildung der Bundestagsabgeordneten

WP	Volksschule				Realschule				Höhere Schule				Berufs-/Berufsfachschule			
	Frauen		Männer		Frauen		Männer		Frauen		Männer		Frauen		Männer	
	N	%	N	%	N	%	N	%	N	%	N	%	N	%	N	%
8.	-	-	15	2,9	2	5,3	41	7,9	32	84,2	366	70,7	3	7,9	91	17,6
9.	1	2,3	38	7,3	4	9,1	65	12,5	36	81,8	353	68,0	-	-	51	9,8
10.	3	5,9	42	9,0	2	3,9	45	9,6	44	86,3	320	68,2	2	3,9	45	9,6

Quelle: Kürschners Volkshandbuch des 8., 9. und 10.Bundestages

Tabelle 32: Hochschulbildung der Bundestagsabgeordneten

WP	Frauen Anzahl	Frauen in %	Männer Anzahl	Männer in %
2.	13	28,3	211	45,6
3.	20	41,7	249	52,9
4.	20	46,5	280	58,6
5.	14	38,9	276	57,3
6.	20	58,8	311	64,3
7.	20	66,7	330	67,6
8.	32	84,2	332	69,2
9.	34	77,3	331	69,7
10.	40	78,4	390	83,2

Quellen: Für die 2.bis 9.Wahlperiode nach: Peter Schindler 1983:194; für die 10.Wahlperiode nach:Kürschners Volkshandbuch Deutscher Bundestag,1983:242

und ist im 10.Bundestag wieder leicht unterdurchschnittlich. Die Vermutung Schindler's, „daß mit der 9.Wahlperiode (ab 1980) der Gipfel der "Akademisierung" des Bundestages erreicht"(Schindler 1983:197) sei, hat sich als falsch erwiesen. Von allen Mitgliedern des 10.Bundestags verfügen 430, das entspricht 82,7%, über eine Hochschulbildung; im 9.Bundestag betrug der entsprechende Anteil 70,3%.
Nach Fraktionen unterteilt zeigt sich, daß im 10.Bundestag von den Sozialdemokratinnen 17 (=81%), von den Christdemokratinnen 13 (=76,5%), von den Freidemokratinnen 2 (=66,6%) und von den grünen Parlamentarierinnen 8 (=80%) eine Hochschulbildung besitzen.Der Anstieg des Akademikeranteils unter den weiblichen Bundestagsabgeordneten war in der SPD-Fraktion am stärksten; so betrug er 1953 lediglich 4,8% gegenüber 81% im Jahr 1983.
Von den 51 weiblichen Abgeordneten des 10.Bundestages sind 16 promoviert; das entspricht einem Anteil von 31,4% und liegt über dem der Männer (24,1%).

Angaben zur Berufsstruktur der Parlamentarier wären für eine Abgeordnetensoziologie sehr aufschlußreich; leider liegt hier jedoch eine Schwachstelle der Parlamentsstatistik, weil, wie Heino Kaack feststellt, die in den Bundestagshandbüchern „unmittelbar nach dem Namen genannte Berufsbezeichnung bei einigen Abgeordneten den erlernten Beruf, bei anderen die gegenwärtige Tätigkeit bzw. Position, wieder bei anderen eine zwischenzeitlich ausgeübte Tätigkeit bzw. innegehabte Position und schließlich bei manchen einen akademischen Grad betrifft."(Kaack 1971:649)
Eine Auflistung der Berufsangaben der Parlamentarierinnen des 10. Bundestages ergibt zumindest folgendes:

- Ohne Beruf ist lediglich eine Frau;
- von vier Frauen wird Hausfrau als Beruf angegeben (31); doch geht bei drei Frauen aus dem Lebenslauf hervor, daß sie Bildungsreferentin bzw. Fremdsprachenkorrespondentin gelernt haben, während die dritte Frau promoviert ist;
- eine Lehrtätigkeit (Lehrerin, Professorin, Dozentin) geben insgesamt elf Frauen als Beruf an;
- jeweils viermal werden Journalistin bzw. Redakteurin, Volkswirtin, Politologin bzw. Soziologin und Ärztin bzw. Chemikerin genannt;
- je dreimal werden Rechtsanwältin/Richterin und Sozialarbeiterin/ Sozialpädagogin bzw. Erzieherin als Beruf angegeben,
- und zweimal findet sich Angestellte als Berufsbezeichnung.

Die elf weiteren Berufsangaben treten jeweils nur einmal auf.(32) Insgesamt haben die Frauen des 10.Bundestages überwiegend eine qualifizierte Berufsausbildung; ein Drittel von ihnen kann zudem auf ausgesprochen politiknahe Berufe verweisen.

Betrachtet man schließlich noch den Familienstand der Abgeordneten, so läßt sich auch hier eine aufschlußreiche Entwicklung beobachten.

Tabelle 33: Familienstand der Bundestagsabgeordneten (in Prozent)

	ledig, verwitwet, geschieden bzw. ohne Angaben		verheiratet, ohne Kinder bzw. ohne Angaben		verheiratet, mit Kind(ern)	
WP	Frauen	Männer	Frauen	Männer	Frauen	Männer
3.	60,4	8,3	18,8	48,2	20,8	43,5
4.	58,1	9,2	16,3	33,0	25,6	57,7
5.	50,0	7,7	13,9	24,3	36,1	68,0
6.	52,9	6,4	8,8	16,9	38,2	76,7
7.	50,0	5,3	6,7	12,5	43,3	82,2
8.	50,0	6,0	13,2	12,3	36,8	81,7
9.	29,6	7,6	25,0	10,1	45,5	82,3
10.	43,1	7,9	7,8	9,8	49,0	82,1

Quellen: Für die 3. bis 9.Wahlperiode nach: Peter Schindler 1983:191; für die 10.Wahlperiode nach: Kürschners Volkshandbuch Deutscher Bundestag 1983:243

Während der Anteil der unverheirateten (ledigen, verwitweten oder geschiedenen) Männer bis zur 8.Wahlperiode zwischen 5,3% und 9,2% beträgt, liegt der entsprechende Anteil bei den weiblichen Abgeordneten mit 50- bis 60,4% rund achtmal so hoch; demgegenüber trifft man bei den verheirateten Abgeordneten mit Kindern auf umgekehrte Verteilungen: In dieser Gruppe sind die männlichen Parlamentarier im Durchschnitt doppelt so stark vertreten wie die weiblichen. Und unter der Rubrik der verheirateten Abgeordneten ohne Kinder sind

die weiblichen Mitglieder des Bundestages bis zur 7.Wahlperiode unterdurchschnittlich vertreten. Seit 1976 bzw. 1980 läßt sich allerdings eine Trendwende erkennen: So sind die verheirateten Frauen ohne Kinder in der 8. und 9.Wahlperiode überdurchschnittlich, in der 10.Wahlperiode wieder leicht unterdurchschnittlich repräsentiert. Der Anteil der alleinstehenden weiblichen Abgeordneten liegt 1980 mit 29,6% erstmals deutlich unter 50%; 1983 ist er allerdings wieder angestiegen (43,1%). Der Anteil der verheirateten Frauen mit Kindern hat sich demgegenüber von 45,5% (1980) auf 49% (1983) erhöht.
Für den 10.Bundestag kann somit festgehalten werden, daß knapp die Hälfte aller Frauen verheiratet ist und Kinder hat; gut zwei Fünftel ist alleinstehend und rd.8% sind verheiratet ohne Kinder. Die bis zum 8.Bundestag geltende Aussage: „Die männlichen Mitglieder des Bundestages sind in der Mehrzahl Familienväter mit Kindern, die weiblichen Mitglieder überwiegend alleinstehend" (Schindler 1983: 190), trifft somit für die gegenwärtigen Parlamentarierinnen nicht länger zu. Dennoch kann nicht übersehen werden, daß noch immer erheblich mehr verheiratete Männer mit Kindern als verheiratete Frauen mit Kindern dem Bundestag angehören. Familienpflichten erschweren demnach auch heute noch ein politisches Engagement von Frauen.(33)

2.4.4 Zusammenfassung

Die Entwicklung des weiblichen Abgeordnetenanteils auf kommunaler, Landes- und Bundesebene zeigt für die 70er und 80er Jahre eine leicht ansteigende Tendenz:
- In den Kommunalparlamenten erhöhte sich der durchschnittliche Frauenanteil von 8,3% im Jahr 1973 auf 14,4% im Jahr 1985.
- In den Länderparlamenten bewegte sich der durchschnittliche Frauenanteil bis 1976 stets zwischen 6,7% und 7,9%. Nach 1976 ist ein Anstieg zu beobachten, der dazu führte, daß der weibliche Abgeordnetenteil 1980 bei 8,8%, 1982 bei 9,1% und 1984 bei 10,6% lag. Während 1980 nur vier Länderparlamente einen Frauenanteil von 10% und mehr erreichten, haben heute mit Ausnahme des Bundeslandes Baden-Württemberg alle Länderparlamente die 10%-Schwelle erreicht bzw. überschritten.
- Im Deutschen Bundestag lag der Frauenanteil bis zur 10.Wahlperiode zwischen 5,8% (7.Wahlperiode) und 9,8% (10.Wahlperiode). Mit der Wahl zum 11.Deutschen Bundestag ist es den weiblichen Parteimitgliedern erstmals gelungen, ihren Anteil im höchsten bundesdeutschen Parlament erkennbar zu steigern, und zwar auf 15,4%.

Gemessen an ihrer Mitgliederstärke aber sind Frauen weiterhin in allen Parlamenten unterrepräsentiert. Die hohen Zuwächse an weiblichen Parteimitgliedern - insbesondere zu Anfang bis Mitte der 70er Jahre - haben auch unter Berücksichtigung einer zeitlichen Verzögerung zu keinem entsprechenden Anstieg der parlamentarischen Vertretung geführt. Die insgesamt geringe parlamentarische Repräsentanz der Frauen findet ihre Fortsetzung in verschärfter Form auf der politischen Führungsebene. Spitzenpositionen wie das Amt

des Bundeskanzlers, des Bundespräsidenten oder eines Ministerpräsidenten wurden noch nie von einer Frau bekleidet. In den Länder- wie Bundesregierungen dominiert das „Gruppenbild mit Dame", d.h. in der Regel amtiert höchstens eine Frau als Ministerin eines zumeist frauentypischen Ressorts (Jugend, Familie, Gesundheit).Und nur neun Frauen sind bis heute in die Geschichte der Bundesrepublik als weibliche Bundesminister eingegangen.
Insgesamt verdeutlichen die in diesem Kapitel ausgebreiteten Daten zur Repräsentanz von Frauen in Parteien, innerparteilichen Ämtern, Parlamenten und Regierungspositionen ein umgekehrt proportionales Verhältnis von institutioneller Frauen-Partizipation und dem hierarchischen Rang sowie der damit verbundenen formellen Machtkompetenz im politischen System: Je höher die Entscheidungsposition in der politischen Hierarchie ist, um so geringer ist der Frauenanteil.

Ein wichtiger Einflußfaktor in diesem personellen Selektionsprozeß liegt in der Benachteiligung der weiblichen Parteimitglieder bei der Kandidatennominierung. Obwohl die Kandidaturbereitschaft der Frauen seit 1972 sprunghaft angestiegen ist und Frauen 1987 bereits ein Viertel aller Bundestagskandidaten stellen, ist ihre Erfolgschance geringer als die der Männer. Dieses erklärt sich daraus, daß Frauen zumeist auf den hinteren, unsicheren Listenplätzen aufgestellt werden. In Wahlkreisen werden sie zudem nur ausnahmsweise nominiert; dahinter steht das längst widerlegte, aber äußerst hartnäckige Vorurteil, daß Frauen keinen Wahlkreis erobern können, da sie von Männern wie Frauen nicht gewählt würden. Erwiesen ist dagegen, daß das Elektorat bei der Stimmabgabe weniger nach der Person des Kandidaten als vielmehr nach der Parteizugehörigkeit geht.(vgl. Christa Randzio-Plath 1980:19ff) Viel entscheidender als das Geschlecht ist für eine erfolgreiche Kandidatur zudem, ob es sich um einen sicheren oder aussichtslosen Wahlkreis handelt.
Neben diesen Verhinderungsmechanismen haben die referierten Daten zur Sozialstruktur der weiblichen Parlamentarier auch Restriktionen aus dem gesellschaftlichen Bereich erbracht. Das im Vergleich zu den Männern höhere Durchschnittsalter der Parlamentarierinnen (bis zur 7.Wahlperiode) sowie der erheblich größere Anteil alleinstehender Frauen (bis zur 8.Wahlperiode) weisen darauf hin, daß es für die ältere Frauengeneration typisch war, sich erst dann der Politik zuzuwenden, wenn keine dringenden Familienpflichten vorlagen. Dieses war zumeist der Fall, wenn sie alleinstehend waren bzw. wenn die Kinder nicht mehr ihre ständige Betreuung erforderten. Dieses Muster hat sich inzwischen geändert; die Angleichung des Durchschnittsalters von Männern und Frauen sowie die Zunahme des Anteils verheirateter Frauen mit Kindern im Bundestag verdeutlichen, daß sich die heutigen Politikerinnen früher engagieren und sich durch Familienpflichten weniger von der politischen Arbeit abhalten lassen als noch ihre Vorgängerinnen im Parlament.
Welche weiteren Einflußfaktoren im personellen Rekrutierungsprozeß für Frauen eine Rolle spielen, darauf wird im folgenden einzugehen

sein; zuvor soll jedoch der Versuch unternommen werden, die Bestimmungsgründe der Politisierung der weiblichen Bevölkerung in den 70er Jahren aufzuzeigen.

Anmerkungen

1 Vgl. Herrad Schenk 1981:37; für die USA siehe Eleanor Flexner 1978, darin besonders Teil III.

2 Dieses war auch in anderen Ländern der übliche Weg, d.h. das Parlament entschied über das Frauenwahlrecht. Anders verhält es sich dagegen in der Schweiz, wo hierzu eine Volksbefragung notwendig ist. In diesem plebiszitären Verfahren sieht Marga Bühring auch den Grund für die langjährige politische Rechtlosigkeit der Frauen in der Schweiz. Vgl. Marga Bühring/Anny Schmidt-Affolter 1969.

3 Es ist schon fatal, daß ein Krieg mit all seinen Schrecken und Leiden Wegbereiter für die Verwirklichung der politischen Rechte der Frauen war; auch für den amerikanischen Kampf um das Frauenwahlrecht betont Eleanor Flexner die Bedeutung des Krieges: „Vor allem die letzten zehn Jahre hatten einen raschen gesellschaftlichen Wandel erlebt; der Krieg hatte ihn noch beschleunigt und schließlich alle möglichen Tabus und Einschränkungen Frauen gegenüber nichtig werden lassen."(Eleanor Flexner 1978:340)

4 Hannelore Schröder beispielsweise spricht von der „Eroberung des Frauenwahlrechts"; vgl. Schröder 1983:474.

5 Frauen nahmen 1919 das erstemal an einer Wahl teil.

6 Die letzte Aussage läßt sich nicht halten; so war die Entwicklung des Frauenanteils in den Parlamenten in den letzten Jahren tendenziell steigend. Vgl. hierzu Kapitel 2.4 dieser Arbeit.

7 Der Einzug der GRÜNEN in die Länderparlamente und seit März 1983 auch in den Deutschen Bundestag mag hier einen Wandel mit sich bringen, da die weiblichen Abgeordneten zumeist aktiv in der Frauenbewegung sind und ihre Forderungen auch in die Parlamente einbringen. Eine andere Frage ist, inwieweit Forderungen nicht nur gestellt, sondern auch durchgesetzt werden können; hier dürfte es an parlamentarischen Mehrheiten fehlen.

8 Hans See sieht in dem geringen Anteil der Parteimitglieder gemessen an der Wahlbevölkerung im Vergleich zu ähnlich strukturierten westlichen Demokratien „die Schwäche der demokratischen Substanz in der deutschen Bevölkerung zum Ausdruck" (See 1972: 57) kommen.

9 Zur Kritik der Punkte 2 und 3 vgl.Hans See 1972:75f.

10 Die hohe absolute Zahl der weiblichen SPD-Mitglieder 1985 entspricht damit nahezu dem Stand von 1931; damals waren 230.331 Frauen Mitglied der SPD (=22,8%). Vgl. Werner Thönnessen 1969:131.

11 Angaben nach: Bericht über die Gleichstellung der Frauen in der Partei, Vorlage zum Parteitag der SPD in Nürnberg, 25.-29. 8.1986, S.18; vgl. auch Horst Becker/Bodo Hombach 1983:56.

12 Diesen Zusammenhang bestätigt auch Klaus G. Troitzsch, der aufgrund seiner Daten für alle Parteien die Schlußfolgerung zieht, „daß Frauen in den Städten zu den Parteien eher Zugang gefunden haben, als auf dem Lande, wo traditionelle Bilder von der Rolle der Frau in der Gesellschaft das Verhalten der Frauen noch stärker prägen als in der Großstadt." (Troitzsch 1980:91f)

13 Nach Angaben der SPD-Bundesgeschäftsstelle. Zu der Berufsstatistik der SPD wie auch der anderen Parteien ist anzumerken, daß sie nur eingeschränkt zu interpretieren ist; der Beruf des Mitglieds wird jeweils beim Eintritt erfragt, Änderungen werden im Laufe der Jahre kaum berücksichtigt. So sagt auch die Berufskategorie "Hausfrau" nur aus, daß die Frauen zum Zeitpunkt ihres Eintritts Hausfrauen waren; sie können durchaus eine abgeschlossene Berufsausbildung haben und ihren Beruf vielleicht auch später wieder ausüben. Vgl. hierzu auch Klaus G. Troitzsch 1980: 94.

14 Angaben nach: Statistischer Bericht der zentralen Mitgliederkartei der CDU für 1980, 1981 und 1982; für 1985 nach: Bericht der Bundesgeschäftsstelle, 1986:40.

15 Angaben nach: Statistischer Bericht der zentralen Mitgliederkartei der CDU für 1980, 1981 und 1982.

16 Angaben nach: Statistischer Bericht der zentralen Mitgliederkartei der CDU, Neumitglieder, 1980-82.

17 Nach Angaben der FDP-Bundesgeschäftsstelle.

18 Über die Mitgliederentwicklung bei den GRÜNEN kann aufgrund fehlender Daten keine Aussage getroffen werden. Der Frauenanteil bei den GRÜNEN wird auf ca.35% (1982/83) bzw. 33% (1985) geschätzt. Vgl. Frauen in der Bundesrepublik Deutschland, 1986:47.

19 Siehe hierzu auch die vergleichende Studie von Margaret L. Inglehart über das politische Interesse von Frauen in Westeuropa. Sie stellt für Deutschland fest: „Thus German responses in these surveys are a curious mix: while German women have a very high interest in politics, by cross-national standards, relatively large sex differences are still present."(Inglehart 1981:310)

20 Bemerkenswert sind hier die stärkeren Vorbehalte der Männer gegenüber einer politisch aktiven Frau.
Angemerkt sei noch, daß sich auch im unkonventionellen Bereich Frauen stark engagieren; vgl. hierzu: Samuel H. Barnes/Max Kaase u.a. 1979:134. Zeitreihenvergleiche lassen sich hier aber nicht anstellen, da keine früheren Erhebungen vorliegen.

21 Zur Erklärung dieser Politisierung vgl. Kapitel 3. dieser Arbeit.

22 Vgl. Bericht über die Gleichstellung der Frauen in der Partei, 1984:36ff.

23 Vgl. Infas-Report, Parteisoziologische Untersuchungen 1977,Zusammenfassung der Ergebnisse,1978:7.

24 Vgl. Die FDP von innen, in: Die neue Bonner Depesche,3/1984:7.

25 Nach Angaben der CDU-Bundesgeschäftsstelle.

26 Die übrigen Frauen verteilen sich auf die sonstigen Parteien bzw. Wählergruppen, die in der Statistik nicht weiter unterschie-

den werden. Es ist anzunehmen, daß ein Großteil der Frauen zu den GRÜNEN, Bunten oder Alternativen gehört, die in den letzten Jahren verstärkt Einzug in die Kommunalparlamente gehalten haben.

27 An derartigen Fallstudien mangelt es heute noch immer; die Bremer Untersuchung ist die erste dieser Art. Vgl. Kapitel 5. dieser Arbeit.

28 Berechnet aufgrund der Angaben jeweils zu Beginn der Wahlperioden.

29 Die Auszählung erfolgte nach Kürschner für den Beginn der Wahlperiode. Die Anzahl der Sternchen vor dem Namen der Abgeordneten im Volkshandbuch besagt allerdings nur, in wieviel Wahlperioden er/sie dem Bundestag angehörten; „dies bedeutet .. nicht unbedingt, daß das Mitglied jeweils einer vollen Wahlperiode angehört hat und auch nicht, daß der Abgeordnete entsprechend viele Wahlperioden hintereinander angehört hat."(Kürschners Volkshandbuch Deutscher Bundestag 1983:45)

30 Hildegard Hamm-Brücher (FDP) war während zwei Wahlperioden Parlamentarische Staatssekretärin.

31 Peter Schindler nennt für die 7.bis 9.Wahlperiode einen Hausfrauenanteil von 2,1%, 1,2% und 1,3%. Vgl. Schindler 1983:198.

32 Hier handelt es sich um Verlagskauffrau, Systemanalytikerin, Studienleiterin, Gewerkschaftssekretärin, Konrektorin, Bildtechnikerin, Hotelier, Rehabilitationsberaterin, Steuerberaterin, Programmiererin und Krankenschwester.(vgl.Kürschners Volkshandbuch Deutscher Bundestag 1983)

33 Eine Aufgliederung der Familienstands-Statistik nach Fraktionen erübrigt sich, da die auffälligen Unterschiede nicht zwischen den Fraktionen, sondern zwischen Männern und Frauen bestehen. (vgl. Peter Schindler 1983:190)

3. Erklärungsansätze zur Politisierung der Frauen

Es wurde bereits anhand verschiedener Indikatoren deskriptiv nachgewiesen, daß die Parteibeitrittswelle von Frauen - insbesondere zu Anfang bis Mitte der 70er Jahre - im Kontext einer allgemeinen Politisierung der Bevölkerung steht, wobei dieser Trend in der weiblichen Bevölkerung erkennbar ausgeprägter ist. Die hier interessierende Frage ist jetzt die nach den Bestimmungsgründen der weiblichen Politisierung. Der naheliegende Hinweis auf die Neue Frauenbewegung als Auslöser dieses Prozesses dürfte allerdings zu kurz greifen; zwar entstanden mit dem Ende der 60er, Anfang der 70er Jahre in allen westlichen Industrieländern feministische Frauengruppen, doch muß diese Bewegung als Folge vorausgegangener grundlegender sozialer Veränderungen begriffen werden. Die objektiven Voraussetzungen für eine politische Artikulation von Frauen wurden entscheidend verbessert. Die Betroffenheit der Frauen von den umfassenden sozialen Wandlungen läßt sich anhand folgender Bereiche aufzeigen: Bildungs- und Ausbildungssituation, Umfang und Art der Frauenerwerbstätigkeit, generatives Verhalten und Urbanisierung. Die Strukturwandlungen in diesen Bereichen während der 60er und 70er Jahre sollen jetzt dargestellt werden. Einschränkend muß aber hinzugefügt werden, daß aus dem statistischen Material zwar auf Zusammenhänge zur weiblichen Politisierung, nicht aber auf Ursache-Wirkungsverhältnisse geschlossen werden kann; dafür ist das Gesamtphänomen der weiblichen Politisierung zu komplex.

3.1 Bildungs- und Ausbildungssituation von Frauen in den 70er Jahren

Der Bildungs- und Ausbildungsstand von Frauen blieb lange Jahre hinter dem der Männer zurück. Der Frauenbericht der Bundesregierung (1972) stellte hierzu fest:

„Traditionsbedingte Vorurteile führen dazu, daß die Bedeutung der allgemeinen und insbesondere der beruflichen Bildung sowie der Berufswahl für die Lebensplanung vieler Frauen noch immer unterschätzt wird. Als Folge dessen ist die Bildungssituation der Frauen nach wie vor schlechter als die der Männer". (Bericht der Bundesregierung über Maßnahmen zur Verbesserung der Situation der Frau, 1972:1)

Trotz gleicher rechtlicher Bildungschancen wurden diese von Mädchen weniger als von Jungen wahrgenommen. Dadurch ergab sich als Konsequenz zwangsläufig sowohl eine Erschwerung des beruflichen Aufstiegs von Frauen (verbunden mit Einkommensbeschränkungen) als auch ihrer

Beteiligung am öffentlichen Leben. Gerade in dieser mangelnden öffentlichen Teilnahme von Frauen sieht Helge Pross die Notwendigkeit verstärkter Bildungsbemühungen für Frauen begründet:

„Das vielleicht stärkste Argument, das größere Bemühungen um die Mädchen- und Frauenbildung nicht nur rechtfertigt, sondern geradezu notwendig macht, bezieht sich auf die Sphäre der Politik."(Helge Pross 1976:95) Obwohl die Wahlbeteiligung der Frauen hoch ist, sind sie „notorisch desinteressiert und so uninformiert, daß die Wahlhandlung in vielen Fällen faktisch eine Farce ist."(ebd.)

Daß mit steigender Schulbildung auch das Interesse an der Politik und die Bereitschaft zu politischem Engagement ansteigen, ist hinreichend belegt.(vgl. Karl-Josef Does 1976; Walter Jaide 1965; Werner Kaltefleiter 1974) Unter der sozial-liberalen Koalition in den 70er Jahren wurde eine Reformierung des Bildungssystems angestrebt. Neben der stärkeren Förderung von Kindern aus Arbeiterfamilien standen besonders der Abbau des Bildungs- und Qualifikationsdefizits von Mädchen und jungen Frauen sowie eine Beseitigung geschlechtsspezifischer Lerninhalte im Vordergrund der Reformbemühungen. Das Ergebnis dieser Bildungsanstrengungen dokumentieren folgende Zahlen:

Tabelle 34: Anteil der weiblichen Schüler an den Schülern insgesamt an allgemeinbildenden Schulen (in Prozent)

Jahr	Gesamt	Grund-schulen	Haupt-schulen	Real-schulen	Gymna-sien	Gesamt-schulen	Abend-schulen
1960	48,0	48,7	50,2	52,0	39,9	-	15,9
1965	48,0	48,7	50,0	51,5	41,3	-	18,9
1970	48,2	49,0	49,1	52,9	43,9	-	25,1
1975	48,6	48,9	47,5	54,0	47,9	48,3	43,6
1978	48,8	48,8*	47,1*	53,9	49,3	48,3	46,2

*Zahlen für 1977

Quelle: Grund-und Strukturdaten 1979,hrsg. vom Bundesminister für Bildung und Wissenschaft

Mädchen stellten danach 1977 fast 49% der Schüler an den Grundschulen; an den Hauptschulen waren sie mit einem Anteil von rund 47% vertreten, an den Realschulen (1978) mit fast 54%, an den Gymnasien (Sekundarstufe I und II) mit über 49% und an den Gesamtschulen mit über 48%.

Betrachtet man die Entwicklung seit 1960, so fällt der prozentuale Rückgang des Mädchenanteils an den Hauptschulen auf, während ihr Anteil an den Realschulen leicht und an den Gymnasien stark angestiegen ist; hier liegt der weibliche Anteil 1978 um fast 10%-Punkte höher als noch 1960. Am auffallendsten allerdings ist der Anstieg

von jungen Frauen, die im Rahmen des zweiten Bildungsweges an Abendschulen und Kollegs allgemeinbildende Abschlüsse nachholen; während 1960 nur 15,9% aller Schüler an Abendschulen Frauen waren, stellen sie 1978 bereits 46,2%. Diese Zahlen verdeutlichen das hohe Bildungsinteresse bzw. den Nachholbedarf an Bildung bei Frauen, die aus dem Schulsystem bereits entlassen waren.
Im Laufe der 70er Jahre haben sich also die Beteiligungsquoten von Mädchen an den allgemeinbildenden Schulen gegenüber denen der Jungen angeglichen. Auch an den Hochschulen hat die Zahl der Studentinnen in diesem Zeitraum zugenommen; sie entspricht aber noch nicht dem Anteil der Männer. Eine Ausnahme bilden hier die Pädagogischen Hochschulen, die schon immer eine weibliche Domäne waren.(vgl.hierzu Florence Hervé:1973:55)

Tabelle 35: Anteil der weiblichen Studienanfänger an den Studienanfängern insgesamt nach Hochschularten (in Prozent)

Jahr / Wintersemester	Anteil der weiblichen Studienanfänger (Deutsche u.Ausländer)					
	Insgesamt	davon				
		Gesamthochschulen	Universitäten		Kunsthochschulen	Fachhochschulen
			Insgesamt	darunter Pädagogische Hochschulen		
1970/71	32,2	-	37,7	73,8	40,4	15,0
	(30,7)*	-	(34,5)	(62,8)	(39,4)	(11,8)
1975/76	36,6	35,0	41,5	67,6	44,0	24,1
	(33,7)	(31,0)	(36,2)	(64,9)	(41,9)	(22,7)
1978/79	39,8	34,6	43,7	74,9	46,6	30,9
	(35,3)	(30,5)	(37,8)	(66,9)	(45,1)	(26,3)

*Die Zahlen in Klammern geben den Anteil der weiblichen Studenten an den Studenten insgesamt an (in %).
Quelle: Grund-und Strukturdaten 1979, hrsg. vom Bundesministerium f. Bildung und Wissenschaft, Bonn

Vom Wintersemester 1970/71 bis zum Wintersemester 1978/79 stieg der Anteil der weiblichen Studienanfänger von knapp einem Drittel (32,2%) auf knapp zwei Fünftel (39,8%); unter den Studierenden erhöhte sich der Frauenanteil im gleichen Zeitraum von 30,7% auf 35,3%. Nach Hochschularten unterteilt finden sich im Wintersemester 1978/79 die meisten Studentinnen an den Kunsthochschulen (45,1%), gefolgt von den Universitäten (37,8%), den Gesamthochschulen (30,5%) und schließlich den Fachhochschulen (26,3%).(1)

Deutlich schlechter als im allgemeinbildenden Bereich sieht dagegen die Situation für junge Frauen in der beruflichen Bildung aus. Von 1970 bis 1978 stieg zwar unter den weiblichen Erwerbstätigen der Anteil der Frauen mit einer beruflichen Ausbildung von 38% auf 52%, bei den Männern aber erhöhte sich der entsprechende Anteil in der gleichen Zeit von 65% auf 69%.(2) Über die Beteiligung der Mädchen an den berufsbildenden Schulen gibt die nachstehende Tabelle Auskunft.

Tabelle 36: Anteil der weiblichen Schüler an den Schülern insgesamt an beruflichen Schulen nach Schularten (in Prozent)

	1965	1970	1976
Berufsaufbauschulen	25,3	32,6	28,4
Berufs-und Berufs-sonderschulen	44,1	41,9	40,2
Berufsfachschulen	63,3	60,7	66,9
Fachschulen	50,2	55,2	63,4
Fachoberschulen	-	20,3	31,6

Quelle: Frauen und Bildung, hrsg. vom Bundesminister für Familie, Jugend und Gesundheit, Bonn 1977:62f

Junge Frauen haben danach sichtbar schlechtere Chancen als junge Männer, einen Ausbildungsplatz im dualen System zu erhalten; ihr Anteil in den (Teilzeit-) Berufsschulen liegt 1976 bei nur 40% und ist gegenüber 1965 sogar rückläufig. In den beruflichen Vollzeitschulen sind die jungen Frauen dagegen überrepräsentiert. Diese überwiegend ein- bis zweijährigen Berufsfachschulen vermitteln in der Regel nur eine berufliche Grundbildung und führen zu keinem qualifiziertem Abschluß in einem anerkannten Ausbildungsberuf. (3)

3.2 Entwicklung der Frauenerwerbstätigkeit sei den 60er Jahren

Die Erwerbsquote der Frauen, d.h. der Anteil der Erwerbstätigen und arbeitslos Gemeldeten an der 15-65jährigen Wohnbevölkerung, als Indikator für die Bereitschaft der Beteiligung am Erwerbsleben ist zwischen 1963 und 1972 von 49,3% auf 47,6% gesunken, stieg dann in den folgenden Jahren bis 1981 auf 50,6% an.(vgl. Gerhard Engelbrech 1983:161) Dementsprechend blieb auch der Anteil der erwerbstätigen Frauen an den Erwerbstätigen insgesamt „in den letzten 20 Jahren verhältnismäßig konstant mit 37% im Jahre 1960, 36% im Jahr 1970 und 38% im Jahr 1980" (ebd.). Hinter diesem stagnierenden Frauenanteil verbergen sich allerdings einschneidende strukturelle Veränderungen. Die folgenden statistischen Befunde zeigen für weibliche Teilgruppen Abweichungen von der globalen Entwicklungstendenz:

- Die Differenzierung zwischen voll-und teilzeitbeschäftigten Frauen ergibt einen Anstieg der Teilzeitquote von 1960 bis 1980 um das Vierfache; sie lag 1980 bei ca.32%. (vgl.ebd.)

- Die Erwerbsquote verheirateter Frauen ist in der Zeitspanne zwischen 1960 und 1980 von 32,3% auf 40,6% kontinuierlich angestiegen. Im gleichen Zeitraum fiel die Erwerbsquote nicht verheirateter Frauen von 34,3% auf 22,5%. (vgl.ebd.:162)

- Hinsichtlich der Erwerbstätigkeit von Müttern mit Kindern unter 15 Jahren ist seit 1961 gleichfalls ein Anstieg zu verzeichnen. Bei Frauen mit einem Kind unter 15 Jahren stieg die Erwerbsquote von 37,2% (1961) auf 45,5% (1978); die Erwerbsquote von Frauen mit zwei Kindern erhöhte sich im gleichen Zeitraum von 31,7% auf 36%, während die Erwerbsquote von Frauen mit drei Kindern mit ca.31% gleichblieb.(vgl.Frauen '80,1980:23)

- Vergleicht man die Frauenerwerbsquoten je Altersstufe, so hat die Beteiligung der unter 20jährigen sowie die der über 60jährigen Frauen abgenommen gegenüber einem Anstieg bei den Frauen zwischen 25 und 45 Jahren um über 10%-Punkte.(4) (vgl.Gerhard Engelbrech 1983:163)

- Obwohl Frauen nur etwas mehr als ein Drittel aller Arbeitnehmer stellen, liegt ihre Arbeitslosenquote erheblich über der von Männern. Von 1970 bis 1979 erhöhte sich die Frauenarbeitslosenquote von 0,8% auf 5,2%, die der Männer von 0,7% auf 2,9%.(5) Der Frauenanteil unter den Arbeitslosen stieg von 38% im Jahr 1970 auf 52% im Jahr 1980. (vgl. Engelbrech 1983:162)

Im Zusammenhang mit dem erwähnten leichten Anstieg der Frauenerwerbsquote, die laut Definition auch die arbeitslos gemeldeten Frauen erfaßt, ist zu vermuten,

„daß der erhöhte Beteiligungswunsch der Frauen am Erwerbsleben zu einem nicht unbeträchtlichem Teil sich nur in der Arbeitslosigkeit realisieren ließ." (Gerhard Engelbrech 1983:162)

Trotz zunehmender Schwierigkeiten für Frauen auf dem Arbeitsmarkt hat ihre Nachfrage um einen Arbeitsplatz nicht ab-, sondern zugenommen. Auch das veränderte Erwerbsverhalten verheirateter Frauen mit Kindern scheint die Aussage zu bestätigen, daß für viele Frauen Heirat und Kindererziehung nicht mehr gleichbedeutend mit einem Verzicht auf Berufstätigkeit ist - auch, wenn sich Familie und Erwerbstätigkeit oftmals nur mit einer Teilzeitbeschäftigung vereinbaren lassen. (6) Hiermit deutet sich ein grundlegender Einstellungswandel im Erwerbsverhalten von Frauen an; diese Entwicklung läßt Gerhard Engelbrech die Frage stellen:

„Welcher gesellschaftliche aber auch bewußtseinsmäßige Wandel trat vor 10-15 Jahren ein, der trotz einer Verschärfung der Arbeitsmarktsituation dazu führte, daß verheiratete Frauen, einschließlich Frauen mit Kindern, sich stetig zunehmend am Erwerbsleben beteiligen bzw. beteiligen wollen?" (Engelbrech 1983:169)

Eine Antwort darauf gibt die Untersuchung des SOFI-Instituts; danach sahen 60% der befragten Arbeitnehmerinnen (weibliche Angestellte und Arbeiterinnen) vor allem zwei Vorteile in der Erwerbstätigkeit gegenüber einer Nicht-Erwerbstätigkeit:

Zum einen wollen sie „vielfach gar nicht mehr auf das selbstverdiente Geld verzichten, weil sie die Möglichkeit der Verfügung über eigene finanzielle Mittel als eine notwendige Voraussetzung für ihre Selbständigkeit und Unabhängigkeit betrachten. Ein zweites kommt hinzu: Nicht zuletzt vor dem Hintergrund eigener Erfahrungen sind offenbar viele erwerbstätige Frauen zu der Einsicht gelangt, daß die Beschränkung auf den familialen Bereich aufgrund der Abgeschlossenheit des Hausfrauendaseins keine befriedigende Alternative mehr darstellt. Sie sehen in ihrer außerhäuslichen Tätigkeit die Chance der sozialen Teilhabe an einem Stück Öffentlichkeit, weil sie nur in der Arbeitswelt eigene Kontakte knüpfen und neue Eindrücke gewinnen können." (Ilona Schöll-Schwinghammer/Lothar Lappe 1978:95)

In einer Gesellschaft, in der die Berufstätigkeit und -position im wesentlichen den sozialen Status bestimmen, hat für Frauen somit die eigenständige Berufstätigkeit an Bedeutung gewonnen. Die Erfahrungen in der Arbeitswelt können zudem zu einer Sensibilisierung für politische Probleme führen, und nicht selten zieht ein gewerkschaftliches Engagement auch eine parteipolitische Tätigkeit nach sich.(7)

3.3 Tendenzen des generativen Verhaltens von Frauen

Die Art und Weise der menschlichen Fortpflanzung war nie nur eine biologische, sondern immer zugleich eine kulturelle und soziale Frage. Auf dem Gebiet des generativen Verhaltens haben sich in den vergangenen Jahrzehnten einschneidende Veränderungen ergeben, die in ihren Folgen Frauen den Anspruch auf ein „Stück eigenes Leben" ermöglichten. Ausdruck dieses Wandels ist der langfristige Trend des Geburtenrückgangs in den westlichen Industrieländern im 19.Jahrhundert und neuerdings seit Mitte der 60er Jahre; so hat sich seit 1965 die jährliche Geburtenrate in etwa halbiert. „Ehen, die keine Kinder haben, nehmen seit Mitte der sechziger Jahre zu, ebenso Ehen mit einem Kind. Abgenommen haben Ehen mit zwei und drei, vor allem aber mit vier und mehr Kindern." (3.Familienbericht der Bundesregierung 1979:108)
Die Gründe für die generelle Beschränkung der Kinderzahl sind vielschichtig (8), doch eines ist sicher:

„es hat niemand biologische Ursachen des Geburtenrückgangs beweisen können, und es sind sich heute alle Sozialwissenschaftler darüber einig, daß der säkuläre Rückgang der Geburtenhäufigkeit der freiwilligen Geburtenbeschränkung, dem Übergang von großen zu kleinen Familiensystemen in den modernen Gesellschaftssystemen zuzuschreiben ist." (Kurt Mayer 1972:62)

Tabelle 37: Durchschnittliche Kinderzahl nach Ehejahrgängen

Ehejahrgang	Durchschnittliche Kinderzahl je Ehe
1900	4
1910	3
1920-1940	2,2
1947	1,9
1956	2,1
1971	1,5
1975	1,5

Quelle: Dritter Familienbericht der Bundesregierung 1979:107

Dem Phänomen der Geburtenbeschränkung ging in allen Ländern ein medizinisch- wie ernährungsbedingter Rückgang der Sterblichkeit und hier insbesondere der Kindersterblichkeit, voraus. Die Abnahme der Sterblichkeit bildete somit eine unerlässliche Voraussetzung für den Geburtenrückgang. (vgl. ebd.)

Wesentlich zum Fall der Geburtenrate hat die Transformation der ländlich-agrarischen Gesellschaft in eine industriell-urbanisierte Gesellschaft beigetragen. Die Entwicklung der Fabrikarbeit verdrängte die Heimarbeit und das Handwerk und führte zur Trennung von Wohn- und Produktionsstätte. Während für die bäuerliche Familie galt, je mehr Kinder, um so mehr Arbeitskräfte, standen viele Kinder und häufige Geburten einer Fabrikarbeit der Arbeiterfrauen im Wege. Zudem konnten die Kinder aufgrund des Verbots der Kinderarbeit nicht zu ihrem Unterhalt beisteuern und stellten daher vorrangig eine wirtschaftliche Belastung der Arbeiterfamilie dar. Auch die zumeist beengten Wohnverhältnisse in den Städten wirkten sich restriktiv auf die Familiengröße aus.(vgl.Kurt Mayer 1972:64)

Die Reduktion der Groß- zur Kleinfamilie setzte zugleich einen Individualisierungsprozeß in Gang; die Familie als Gruppe stand nicht länger im Vordergrund, sondern vielmehr die persönlichen Leistungen des einzelnen Individuums. (vgl.ebd.:65f) Die durch die Erwerbstätigkeit bedingte Herauslösung der Frauen aus der Familie bedeutet/e für ihre Biographie einen "Individualisierungsschub" oder, funktionalistisch ausgedrückt, den Übergang von "zugewiesenen" Rollen zu "erworbenen" Rollen. (vgl. Elisabeth Beck-Gernsheim 1983:309) Frauen waren nicht länger nur auf das Haus/die Wohnung und die Kinder verwiesen, sondern es eröffneten sich ihnen neue Möglichkeiten der eigenen Lebensgestaltung.

Begünstigt wurde der Trend zur Beschränkung der Kinderzahl auch durch die Entwicklung zuverlässiger empfängnisverhütender Mittel, mit deren Hilfe die bis dahin unzuertrennlichen Funktionen Sexualität und Fortpflanzung voneinander gelöst wurden. Die Praktizierung einer sicheren Empfängnisverhütung versetzt Frauen heute zudem in die Lage, den Gedanken an Kinder aus ihrem Denken und Planen entlassen zu können und ihre psychischen und physischen Energien auf andere Ziele zu richten.

3.4 Urbanisierung und ihre Folgen für den weiblichen Lebenszusammenhang

„Das Wachstum der Städte und die Verstädterung der Welt stellen eine der eindrucksvollsten Tatsachen der modernen Zeit dar. Zwar ist es unmöglich, genau festzustellen, welchen Anteil die urbane Bevölkerung an der gesamten Weltbevölkerung hat, ...doch sind in denjenigen Ländern, die zwischen Stadt und Land unterscheiden, 69,2% der Gesamtbevölkerung städtisch." (Wirth 1974:43)

Die Bedeutung der Urbanisierung für die Familiengröße wurde im vorangegangenen Abschnitt bereits erwähnt. Darüber hinaus hat die Übertragung wirtschaftlicher, erzieherischer und freizeitgestaltender Tätigkeiten auf spezialisierte Einrichtungen außerhalb des Hauses der Familie und insbesondere den Frauen einige ihrer charakteristischen Funktionen genommen.

„Die Familie als eine Einheit des gesellschaftlichen Lebens hat sich von der zahlreichen Verwandtschaft emanzipiert, die eine für ländliche Gegenden charakteristische Gruppe darstellt, und ihre einzelnen Mitglieder gehen im beruflichen und religiösen Leben, in Bildung, Politik und Freizeit ihren eigenen, divergierenden Interessen nach."(Wirth 1974:61)

Im Vergleich zur ländlichen Lebensform bietet die urbane Lebensform eine größere soziale und kulturelle Vielfalt; so gibt es in der Stadt mehr Wahlmöglichkeiten hinsichtlich des Arbeitsplatzes, mehr Informationsmöglichkeiten z.B. durch die Medienvielfalt, mehr Kontaktmöglichkeiten aufgrund einer Vielzahl politischer, wirtschaftlicher und kultureller Organisationen, und schließlich bewirkt die Heterogenität der Bevölkerung auch ein Nebeneinander von unterschiedlichen Normen und Werten.
Entsprechend der höheren Frauen- und Müttererwerbstätigkeit in der Stadt gegenüber dem Land findet sich auch ein stärkeres politisches Engagement der Frauen. (10) So stellen Thomas Held und René Levy in ihrer Untersuchung über die politische Beteiligung von Frauen in der Schweiz folgendes fest: „In den städtischen Kontexten nimmt rund ein Fünftel der Frauen in irgendeiner Weise am politischen Leben teil, in den ländlichen nur rund ein Zehntel" (Held/Levy 1974: 269f). Der Stadt/Land-Unterschied erklärt sich nicht nur aus dem unterschiedlichen Angebot an politischen Veranstaltungen, sondern er hängt auch mit der in ländlichen Kontexten stärker ausgeprägten sozialen Kontrolle zusammen, die sich hemmend auf die als nonkonform angesehene politische Partizipation von Frauen auswirkt. (vgl.ebd.) Das aufgeschlossenere politische Klima der Städte fördert somit das Partizipationsverhalten von Frauen.

3.5 Zusammenfassung

Das Verständnis über die Rolle der Frau (und auch des Mannes) hat sich in den vergangenen zwei Jahrzehnten durch das Zusammenspiel mehrerer Faktoren grundlegend gewandelt und mußte neu definiert werden.

- Das Aufholen des Bildungsdefizits hat Frauen bewußtseinsmäßig zur Reflexion über ihre Situation mit all ihren Beschränkungen und Besonderheiten verholfen. Von daher sind

„die objektiven Veränderungen im Bereich von Bildung ... eine zentrale Voraussetzung, um Bewußtwerdungsprozesse in Gang zu setzen, die einen aktiven Umgang mit der eigenen Lage erlauben." (Elisabeth Beck-Gernsheim 1983:313)

- Immer mehr verheiratete Frauen mit Kindern sind erwerbstätig bzw. wollen erwerbstätig sein; die "Nur-Hausfrau" scheint zur Ausnahme zu werden. Erwerbstätigkeit bedeutet für Frauen das Verlassen der "privaten" Sphäre und ein Sich-Behaupten in der Berufswelt; sie bedeutet weiter die Verfügung über selbstverdientes Geld.

„Das selbstverdiente Geld demonstriert auf ganz unmittelbare Weise den Wert der eigenen Arbeit und Leistung, gibt Selbstbestätigung und Selbstbewußtsein, verleiht Anerkennung nach den vorherrschenden Maßstäben." (Elisabeth Beck-Gernsheim 1983:319)

Und schließlich verleiht Geld auch ein Stück Unabhängigkeit, Durchsetzungsvermögen und Macht. Die Erfahrungen in der Arbeitswelt können zudem den Anstoß für ein gewerkschaftliches wie auch parteipolitisches Engagement geben.

- Mit der Entwicklung und Verbreitung sicherer Antikonzeptiva können Frauen den Zeitpunkt von Schwangerschaften in ihrer Lebensgestaltung planen bzw. ein kinderloses Leben führen, ohne auf Sexualität verzichten zu müssen.
- Die zunehmende Verstädterung begünstigte die oben angeführten Entwicklungen. Durch das Nebeneinander von unterschiedlichen Normen und Werten gab sie Impulse und Denkanstöße, die dazu führten, traditionelle Vorstellungen von der Rolle der Frau aufzubrechen und infrage zu stellen. So ist auch eine Teilnahme von Frauen am politischen Geschehen eher in den Städten als in ländlichen Gebieten zu finden.

Dem Anspruch vieler Frauen auf ein "Stück eigenes Leben" (Elisabeth Beck-Gernsheim 1983) steht aber, wie gezeigt, eine gesellschaftliche Realität gegenüber, die Frauen mittels offener oder auch subtiler Diskriminierungen auf ihren alten Platz verweisen will. Elisabeth Beck-Gernsheim stellt erst für eine Minderheit der Frauen ein politisches Bewußtsein fest, das über die Gleichberechtigungsforderungen hinaus die modernen Machtstrukturen insgesamt infragestellt.

„Aber es mehren sich die Signale: In den weniger etablierten, weniger machtverkrusteten politischen Gruppierungen - von Bürgerinitiativen bis Friedensbewegung bis zu den "Grünen" - haben Frauen sichtbaren

Anteil und Einfluß, und auch in den Parteien und Gewerkschaften wird der Druck aus der "Frauenecke" zunehmend spürbar." (Beck-Gernsheim 1983:336)

Die gegenwärtige Situation in der Bundesrepublik deutet darauf hin, daß Frauen diesen politischen Druck weiter verstärken müssen, wenn nicht das Rad in der Geschichte der Frauenemanzipation zurückgedreht werden soll. So warnt Evelyne Sullerot:

„Man kann absehen, daß, unter Hinweis auf scheinbare Notwendigkeiten, die egalitären Zielvorstellungen und die auf der Verneinung einer geschlechtsspezifischen Rolle begründete Selbstbestimmung der Frau im Zuge der neuesten krisenhaften Entwicklung vergessen und scheinbar überwundene Dichotomien wieder eingeführt werden." (Sullerot 1979: 598)

Anmerkungen

1 Bei der Fächerwahl treten zudem ausgeprägte geschlechtsspezifische Unterschiede zutage; vgl. hierzu Gaby Zipfel 1979:96-100.

2 Vgl.Frauen '80, hrsg. vom Bundesminister für Jugend, Familie und Gesundheit, Bonn 1980:8.

3 Die Benachteiligung junger Frauen bei der Vergabe von Ausbildungsplätzen zeigt sich zudem daran, daß ihr Anteil an den unversorgten Bewerbern um Ausbildungsplätze bei 60% liegt. Vgl.Frauen '80, a.a.O.:8; siehe hierzu auch Barbara Meifort 1979:56-68; Heide Mundzeck 1976:57-77; Herta Däubler-Gmelin 1978:108-128.

4 Die gesunkene Erwerbsquote der jungen Frauen erklärt sich vor allem aus dem längeren Verbleib im Bildungssystem.

5 Amtliche Nachrichten der Bundesanstalt für Arbeit, zitiert nach: Frauen '80, a.a.O.:18.

6 Dieser Trend zur Teilzeitbeschäftigung verdeutlicht zugleich die Benachteiligung von Arbeitnehmerinnen durch die Gesellschaft; vgl. hierzu Anna Borkowsky 1982:107-115.

7 Hier sei ein Ergebnis der Bremer Parteimitgliederbefragung vorweggenommen, das diesen Zusammenhang empirisch unterstützt; danach gehören von allen berufstätigen Parteimitgliedern 61% der Männer und rd.60% der Frauen einer Gewerkschaft an.

8 Eine zusammenfassende Darstellung des Themas "Geburtenrückgang" aus bevölkerungswissenschaftlicher und feministischer Sicht gibt Elisabeth Beck-Gernsheim 1982:243-274.

9 Die Kehrseite dieser Vielfalt ist die Anonymität in der Großstadt, die den/die einzelne/n geradezu zwingt, sich einer Organisation anzuschließen.

10 Vgl. hierzu die Ergebnisse von Horst Becker/Bodo Hombach in Kapitel 2.2.2 dieser Arbeit.

4. Barrieren und Chancen für Frauen im innerparteilichen Führungsauswahlprozeß

Die bisherigen Ausführungen zur Repräsentanz von Frauen in innerparteilichen Ämtern, Parlamenten und Regierungspositionen haben als Ergebnis eine generelle Schrumpfung des Frauenanteils in Abhängigkeit von Höhe und Zentralität der jeweiligen politischen Position erbracht. Als ein wichtiger Einflußfaktor in diesem personellen Selektionsprozeß hat sich die deutliche Benachteiligung der weiblichen Parteimitglieder bei der Kandidatenaufstellung erwiesen. Um herauszufinden, welche weiteren Barrieren einem politischen Aufstieg von Frauen im Wege stehen, aber auch, welche Aufstiegschancen es gibt, sollen zunächst die generellen politischen Aufstiegsmuster einer genaueren Betrachtung unterzogen werden. Im Anschluß daran wird der Beitrag der Frauenorganisationen von SPD und CDU für einen Aufstieg der weiblichen Mitglieder analysiert, und schließlich gilt es, auch auf der Einstellungs- und Verhaltensebene Widerstände gegenüber einer politischen Karriere von Frauen nachzuweisen.

4.1 Politische Aufstiegsmuster

In diesem Abschnitt werden in einem ersten Schritt die vorherrschenden innerparteilichen Aufstiegsmuster skizziert, um dann die Aufstiegsrestriktionen für Frauen herauszuarbeiten.

4.1.1 Die vorherrschenden Aufstiegsmuster: Ergebnisse der empirischen Eliteforschung

Die Analyse politischer Aufstiegsmuster stellt einen Teilbereich der Elitetheorie dar. Während sich die klassische Elitetheorie (1) vorrangig mit der Dichotomie von Elite und Masse aus gesamtgesellschaftlicher Sicht befaßte, bildet die Funktionselite den Focus der neueren Elitetheorie. (2) Nach der in den Sozialwissenschaften weitgehend Eingang gefundenen Definition von Otto Stammer sind Eliten

„die mehr oder weniger geschlossenen sozialen und politischen Einflußgruppen, welche sich aus den breiten Schichten der Gesellschaft und ihren größeren und kleineren Gruppen auf dem Wege der Delegation oder der Konkurrenz herauslösen, um in der sozialen oder politischen Organisation des Systems eine bestimmte Funktion zu übernehmen."(Otto Stammer 1951:1f; vgl.auch:ders.:1969:217-220)

Nach einem anfänglich stärker historisch ausgerichtetem Ansatz, der die Wandlungen deutscher Führungsschichten seit dem Ende des Kaiserreichs bis etwa Mitte der 60er Jahre untersuchte (3), sind die Gegenstandsbereiche der heutigen empirischen Eliteforschung vor allem die Prozesse der Kandidatenselektion (4), der Elitenrekrutierung (5) und die Elitenbefragung, die sich vorrangig auf die Erfassung der politischen Einstellungen des politisch-gesellschaftlichen Führungspersonals konzentriert.(6)
Nach Verfassungsintention und Gesetzeslage steht prinzipiell jedem deutschen Bundesbürger/jeder deutschen Bündesbürgerin der Zugang zu öffentlichen Wahlämtern offen.

„Doch formale Offenheit ist bekanntlich in allen demokratischen Systemen eine Fiktion, bestenfalls ein Postulat. In Wirklichkeit ist der Prozeß der politischen Führungsauswahl restriktiv."(Dietrich Herzog 1975:12)

Merkmale der „selektiven Disproportionalität" sind u.a. die steigende Tendenz der Verbeamtung der Parlamente, also die Überrepräsentation der aus dem öffentlichen Dienst kommenden Parlamentarier, die zunehmende Akademisierung der Parlamente sowie die Unterrepräsentation von Arbeitern/Arbeiterinnen und Frauen. Für die Analyse der Aufstiegsrestriktionen von Frauen ist der Elitenrekrutierungsprozeß zentral, dessen Rahmenbedingungen durch das System staatlicher Institutionen, das Parteiengesetz und das Wahlsystem gesetzt werden. Elitenrekrutierung meint jenen komplexen Vorgang, „durch den Personen in Führungspositionen gelangen" (Dietrich Herzog 1982:73). Die grundlegende Fragestellung ist hier, „wie sich der Prozeß der individuellen und kollektiven Rekrutierung innerhalb der Gesamtstruktur eines soziopolitischen Systems vollzieht."(Herzog 1982:76)
In der empirischen Forschung zeichnen sich vier unterschiedliche Ansätze ab (7); als erstes ist der stratifikationstheoretische Ansatz (8) zu nennen. Dieser Ansatz gibt der gesellschaftlichen Schichtung eine zentrale Bedeutung für die Elitenrekrutierung. Die soziale Herkunft bestimmt danach im wesentlichen die Aufstiegschancen des Einzelnen. Je höher der soziale Status des politischen Akteurs ist, um so größer sind auch die Chancen für einen Aufstieg in politische Führungsgruppen.
Der persönlichkeitstheoretische Ansatz streicht dagegen die Bedeutung psychischer Faktoren heraus; seine generelle Hypothese ist, „daß es bestimmte Persönlichkeitsmerkmale von Individuen sind..., die die wesentlichen Faktoren im Selektionsprozeß darstellen."(Herzog 1982:81) (9)
Der organisationstheoretische Ansatz erfaßt vor allem die Binnenstruktur der Parteien; als bestimmend für den personellen Auswahlprozeß werden die Mitarbeit in der Partei sowie die innerparteiliche Organisationswirklichkeit betrachtet.(10)
Der von Dietrich Herzog entwickelte karrieretheoretische Ansatz schließlich hat die Erfassung der Gesamtstruktur des politischen Rekrutierungsprozesses zum Ziel. Nicht die jeweils einzelnen Faktoren

werden hier untersucht, sondern im Mittelpunkt der Forschung stehen

„individuelle Lebensläufe, und zwar als dynamische Interaktion zwischen Personen und soziopolitischen Kontextverbindungen im Zeitverlauf des Lebenszyklus" (Herzog 1982:90).
Karriere wird als „eine Sequenz von Positionen verstanden, die ein Individuum sukzessiv durchläuft. Diese Positionen sind gewöhnlich ...in einer hierarchischen Rangordnung im Hinblick auf Einfluß, Prestige und/oder Einkommen gestaffelt." (Herzog 1975:44)

An dieser Stelle soll jetzt keine Diskussion der Tragfähigkeit und der Grenzen der vier Ansätze vorgenommen werden (11); vielmehr sollen im weiteren die Ergebnisse der Analyse des Führungsauswahlprozesses im Kontext der Parteiorganisationen im Mittelpunkt stehen. Denn den politischen Parteien kommt in der parlamentarischen Demokratie der Bundesrepublik als den personellen Rekrutierungskanälen eine zentrale Bedeutung zu.(12)

„Ihre interne Organisation in Verbindung mit ihrer externen Verkoppelung mit Verbänden und Institutionen bestimmt den Grad an "Offenheit" des politischen Führungsauswahlprozesses entscheidend." (Herzog 1975:13)

Bei der Rekrutierung des politischen Führungspersonals kann nach Herzog davon ausgegangen werden, daß es im „soziopolitischen System nicht beliebig viele, sondern nur jeweils bestimmte Aufstiegsmuster" (Herzog 1982:90) gibt. Nur in Ausnahmefällen gelingt heute noch einem einfachen Parteimitglied der direkte Sprung von der Mitgliedsebene in ein Parlament oder eine gouvermentale Position. Politischer Aufstieg muß vielmehr "hart erarbeitet" werden. Zwei generelle Muster des innerparteilichen Karrierestarts hat Herzog in seiner Untersuchung über Selektion und Professionalisierung politischer Führungsgruppen herausgefunden. Das erste Muster weist darauf hin, „daß die parteipolitische Karriere gewöhnlich in den Führungsgremien der Basisorganisationen beginnt" (Herzog 1975:68).(13) Die Positionen auf der lokalen Ebene werden zudem von den Politikern überraschend lange beibehalten.(vgl.Herzog 1975:68f)
Entsprechend dieser zentralen Bedeutung der Basisorganisationen üben die Bundes- und Landesvorstände der Parteien nur wenig Einfluß auf Wahlkreis- und Listenkandidaturen aus. Auch der personalpolitische Einfluß der Interessenverbände ist allenfalls indirekt. Die Kandidatennominierung liegt vielmehr in der Hand der lokalen Parteiorganisationen und Delegiertenversammlungen. (vgl.Herzog 1982:87) Entscheidende Voraussetzung für eine Nominierung sind die längere Bewährung als aktives Parteimitglied bzw. Abgeordnete/r sowie die Verankerung in einer partei-internen Hausmacht. (vgl.Herzog 1982:87) Das Prinzip der Ancienität dominiert somit in der politischen Praxis. Dietrich Herzog bezeichnet diesen empirischen Tatbestand auch als „Karrierisierung":

„Das heißt, Spitzenpositionen werden nur noch in seltenen Fällen

... ohne längere politische zumal parteipolitische Erfahrung ...er "unten", in örtlichen Leitungsgremien beginnende, konti-...che Aufstieg innerhalb der Partei, und zwar über Wahl- und ...ner über Angestelltenfunktionärspositionen, ist heute das gene-...le Muster der politischen Selektion." (Herzog 1982:94)

Dieser längere Verbleib in den lokalen Führungsgremien ermöglicht dem/der einzelnen Akteur/-in aber auch die Ausbildung spezifisch politischer Qualifikationen.

„Denn hier muß man sich, ob man will oder nicht, zuerst einmal an der sogenannten Basis im Ortsverband, im Wahlkreis bewähren. Hier lernt man von der Pike auf, Politik zu vermitteln in der Eckkneipe, auf der Straße, im unmittelbaren Kontakt. Und gerade auch die innerparteiliche Karriere scheint mir wie sonst nirgends die wichtigste Qualifikation des Politikers zu vermitteln: nicht nur die Fähigkeit, zu argumentieren und zu überzeugen ..., sondern eben auch Mehrheiten für die eigene Sache zu bilden und eine Vertrauensbasis zu erhalten." (Herzog 1979:72)

Neben dem Erwerb politischer Qualifikationen kann durch die langjährige politische Arbeit auf lokaler Ebene auch der Aufbau einer innerparteilichen Hausmacht betrieben werden. Den informell-organisierten Gruppen in den Parteien kommt bei der politischen Karriere eine besondere Stellung zu. Für die SPD fand Ferdinand Rommel heraus:

„Betrachtet man die Karriereverläufe einzelner prominenter Politiker in der SPD, so ist offensichtlich, daß die regelmäßige Beteiligung an Faktionssitzungen für viele Spitzenpolitiker ein Vorfeld für die spätere Karriere darstellt." (Rommel 1982:240)

Im zweiten Rekrutierungsmuster vollzieht sich der politische Aufstieg über „Positionen auf höherer Organisationsebene (Bezirk, Land, Bund), vor allem in Sonderorganisationen, Beiräten oder Fachausschüssen. Bei diesem Start sind ... folgende Voraussetzungen notwendig:
a) Eine einflußreiche Position in Verbänden oder Institutionen;oder
b) ein einflußreiches öffentliches Amt; oder
c) eine einflußreiche private Berufsposition; oder
d) Fachwissen aufgrund des privaten Berufs; oder
e) erfolgreiche Tätigkeit in studentischen oder sonstigen Jugendgruppen des vorpolitischen Raums." (Herzog 1975:74)

Dieses zweite Rekrutierungsmuster betont den erlernten Beruf sowie die Art der ausgeübten Tätigkeit. Gerade die **politiknahen** Berufe bilden eine privilegierte Voraussetzung für den Karrierestart. (14) Politiknähe meint, daß Berufe nicht nur auf das Binnenverhältnis von Organisationen beschränkt sind, sondern daß z.B. Pressekontakte, Verhandlungen mit staatlichen Stellen oder auch nationale wie internationale Verbindungen Gegenstand der beruflichen Tätigkeit sind. (vgl. Herzog 1982:78) Weiter bieten solche Berufe eine privilegierte Voraussetzung,

„deren Tätigkeitsmerkmale denen von politischen (Führungs-) Rollen entsprechen - also Verhandlungen mit Personen (statt Bearbeitung von Sachen), oder Lösung von Problemen (statt Bearbeitung von Routineaufgaben)." (Herzog 1982:79)

Und letztlich spielt die Frage der **Abkömmlichkeit** eine wichtige Rolle, da die politische Arbeit im Zuge des Aufstiegs immer weniger eine Feierabendtätigkeit ist, sondern sich zum Hauptberuf entwickelt.

„Da die Voraussetzungen für eine politische Kandidatur und ein politisches Avancement vornehmlich in einer intensiven, kontinuierlichen und langfristigen Mitarbeit liegen - und das nicht nur nach Feierabend -, sind die Inhaber derjenigen Berufspositionen von vornherein politisch privilegiert, die ein hohes Maß an beruflicher Abkömmlichkeit für politische Kommunikation bieten." (Herzog 1975:223)

Der überdurchschnittlich hohe Anteil verbeamteter Parlamentarier weist auf die äußerst günstigen Bedingungen dieser Personengruppe hin; die Dominanz der öffentlichen Bediensteten in den Parlamenten erklärt sich zum einen aus den beamtenrechtlichen Bestimmungen, die ihnen Freistellung, Versorgung und Rückkehrmöglichkeiten garantieren, und zum anderen aus den größeren Freiräumen, die Beamte des höheren Dienstes zur Verfügung haben und für ihre Karriereplanung nutzen können. Kein anderer Personenkreis kann heute so sorglos und ohne seinen Beruf und damit langfristig seine Existenz zu gefährden, ein Mandat im Bundestag oder auch im Landtag annehmen.(15)

Unabhängig davon, ob der politische Aufstieg dem ersten oder dem zweiten Rekrutierungsmuster folgt, ist mit dem sukzessiven innerparteilichen Aufstieg eine Professionalisierung verbunden; Professionalisierung bzeichnet die - bereits erwähnte - zunehmende Verberuflichung der politischen Arbeit. Mit dem Aufstieg in der politischen Hierarchie erhöhen sich auch die zeitliche Belastung sowie die Arbeitsintensität; die Folge sind eine wachsende Entfremdung zum erlernten Beruf. (vgl. Herzog 1982:96) Von daher haben Mandatsträger auch ein starkes Interesse an ihrem Verbleib in der Politik.(16)

Die von Dietrich Herzog herausgearbeiteten innerparteilichen Aufstiegsmuster verdeutlichen zudem das Zurücktreten des sogenannten "cross over", d.h. des direkten Wechsels von einer gesellschaftlichen in eine politische Führungsposition ohne gleichzeitige innerparteiliche Bewährung. (vgl. Herzog 1975:150ff) Dieses Muster war besonders für Frauen typisch; aus führenden Positionen in konfessionellen oder karitativen Organisationen kommend, übernahmen z.B. Änne Brauksiepe und Käthe Strobel ihr erstes Parteiamt sofort auf Landes- bzw. Bundesebene. Die Bewährung in den Basisorganisationen der Partei wurde hier durch die Verbandskarriere ersetzt. (vgl.Herzog 1975:72; siehe auch: Klaus von Beyme 1971:25) Für die jüngere Generation von Politikerinnen hat die Bedeutung der Frauen- und Kirchenorganisationen für den Karrierestart dagegen deutlich abgenommen.(vgl. Klaus von Beyme ebd.) (17)

Damit sind in den Grundzügen die vorherrschenden innerparteilichen Aufstiegsmuster sowie ihre Voraussetzungen skizziert; als wichtigste Ergebnisse können festgehalten werden:

- Begünstigende Voraussetzungen im gesellschaftlichen Bereich für einen erfolgreichen Karrierestart stellen ein politiknaher Beruf, eine einflußreiche berufliche Führungsposition einschließlich einer beruflichen Hausmacht und die Abkömmlichkeit dar; Beamte des höheren öffentlichen Dienstes vereinigen alle drei Voraussetzungen.
- Zu den innerparteilichen Karrierevoraussetzungen zählen die langjährige Bewährung in Führungsgremien der Basisorganisationen (Prinzip der Ancienität), die Ausbildung spezifischer politischer Qualifikationen wie Argumentations- und Überzeugungsfähigkeit, Bildung von Mehrheiten und Herstellung einer Vertrauensbasis; Rückhalt in einer innerparteilichen Hausmacht und schließlich die Bereitschaft zur Professionalisierung, d.h. zum Berufspolitiker/zur Berufspolitikerin zu avancieren.

Es ist offensichtlich, daß der politische Elitenselektionsprozeß weitestgehend auf die männliche Biographie zugeschnitten ist. Frauen haben von Anfang an erschwerte Startbedingungen. Ihre Ungleichheit im gesellschaftlichen Bereich setzt sich im Parteienbereich fort und zementiert die Unterrepräsentation.

4.1.2 Die Aufstiegsrestriktionen für Frauen: Männerwelt versus Frauenwelt

Bei den begünstigenden Voraussetzungen im gesellschaftlichen Bereich nimmt der Beruf, und zwar der politiknahe und möglichst in einer einflußreichen Führungsposition ausgeübte Beruf, eine Schlüsselposition ein. Zunächst muß festgestellt werden, daß diese Dominanz des Berufes als entscheidende Voraussetzung für einen politischen Aufstieg von vornherein alle nicht erwerbstätigen Frauen, und das sind in erster Linie Hausfrauen und Mütter, diskriminiert. Ihre Erziehungs- und Reproduktionsleistungen für die Familie, auf deren Grundlage das gesamte Wirtschaftsleben aufbaut, disqualifizieren sie nach diesem Verständnis für die Übernahme einer verantwortlichen politischen Tätigkeit. Je nach Partei haben ein Drittel bis die Hälfte aller weiblichen Mitglieder als Beruf den der Hausfrau angegeben; sie alle fallen aus dem männlichen Aufstiegsmuster heraus.

Einer außerhäuslichen Erwerbstätigkeit geht Anfang der 80er Jahre mehr als die Hälfte aller Frauen im Alter von 15 bis 59 Jahren nach. Von diesen sind 57,7% als Angstellte, 33,2% als Arbeiterinnen, 4,3% als Selbständige und 4,8% als Beamtinnen beschäftigt. (18) Ihre Stellung im Erwerbsleben läßt sich dahingehend zusammenfassen, daß sie vorwiegend auf den jeweils unteren Funktionsebenen tätig sind. (19) In einer Untersuchung über die Arbeitssituation von Frauen in den Bereichen des Produktions- und Dienstleistungssektors kommen Ilona Schöll-Schwinghammer und Lothar Lappe zu dem Schluß,

„daß sich die Mehrzahl der weiblichen Beschäftigten nach wie vor in Arbeitssituationen befindet, in denen das ausgesprochene niedrige Niveau der Qualifikationsanforderungen mit hohen physischen und psychischen Belastungsanforderungen korrespondiert und die kaum Spielräume für selbstverantwortliches und kooperatives Handeln bieten."(Schöll-Schwinghammer/Lappe 1978:47)

Während sich also das Gros der Arbeitnehmerinnen auf den unteren Stufen der beruflichen Hierarchie findet, sind Frauen in aufsichtsführenden und leitenden Berufspositionen nur in Ausnahmefällen anzutreffen. In der Führungsspitze deutscher Unternehmen sind sie mit einem Anteil von 2,7% krass unterrepräsentiert.(vgl. Helga Stödter 1986:111)
Wie sieht es jetzt mit dem Frauenanteil im öffentlichen Dienst aus? Gerade die Beamten des höheren öffentlichen Dienstes verfügen, wie gezeigt, über privilegierte Voraussetzungen für eine politische Karriere. Der Frauenanteil an den Vollzeitbeschäftigen im öffentlichen Dienst betrug 1983 rd.30%; Frauen stellten hier 55,3% aller Angstellten, 16,7% aller Arbeiter und 20,3% aller Beamten und Richter.(vgl. Werner Breidenstein 1984:923) „Das Beamten- und Richterverhältnis ist also eine Domäne der Männer." (Monika Langkau-Herrmann u.a. 1983:34) Die Gliederung der weiblichen Vollbeschäftigten nach Laufbahngruppen weist mehr als die Hälfte (53,3%) der Mitarbeiterinnen im mittleren Dienst aus. „Dieser Anteil dokumentiert typische Berufsfelder für Frauen im öffentlichen Dienst wie z.B. die Verwendung als Schreib- oder Bürokräfte sowie Krankenschwestern." (Werner Breidenstein 1984:923) Im gehobenen Dienst lag der Frauenanteil mit 32,4% leicht über dem Gesamtdurchschnitt, während er im höheren Dienst mit 18,6% deutlich zurückblieb.(vgl.ebd.) In Positionen, die sich durch einen eigenen Zuständigkeits- und Verantwortungsbereich kennzeichnen lassen, sind Frauen damit erkennbar unterrepräsentiert.
Festzuhalten bleibt, daß die überwiegende Mehrheit der erwerbstätigen Frauen weder einen politiknahen Beruf, noch eine einflußreiche berufliche Führungsposition vorweisen kann; auch im höheren öffentlichen Dienst sind Frauen extrem unterrepräsentiert. Zwangsläufig müssen Frauen daher auch beim Nachweis einer gesellschaftlichen Hausmacht passen.

„Da bisher nur wenige Frauen in leitenden Positionen der Wirtschaft, des öffentlichen Dienstes und der Verbände vertreten sind, können sie nur selten eine solche "Hausmacht" vorweisen. Diese Hausmachtsverbindung begünstigt daher eindeutig die männlichen Kandidaten." (Helga Schuchardt/Carola Rüger 1976:47; vgl. auch Lenelotte von Bothmer, 1976:24)

Auch die Mitgliedschaft in traditionellen Frauenverbänden, wie z.B. dem Deutschen Hausfrauenbund oder Landfrauenbund, gilt im personellen Rekrutierungsprozeß nicht als ein relevanter Einflußfaktor. (20)

Inwieweit erfüllen Frauen nun die innerparteilichen Karrierevoraussetzungen? Nach Herzog bildet eine intensive, kontinuierliche und langfristige Mitarbeit „nicht nur nach Feierabend" (1975:223) eine wesentliche Voraussetzung für eine politische Kandidatur. Hier wird deutlich, daß die politische Arbeit - gleich der Berufswelt - in ihrer Organisation von der familialen Situation der Akteure abstrahiert. Es hat den Anschein, als ob kein Parteimitglied neben beruflicher und politischer Tätigkeit auch noch Familienaufgaben zu erfüllen hätte. Für die meisten Männer trifft die Entlastung von familiären Belangen auch sicherlich zu; sie können sich auf ihre Ehe-Frauen verlassen, die als Karriere-Helferinnen für einen störungsfreien Ablauf des Alltags sorgen und bereitwillig das Los einer „politischen Witwe" auf sich nehmen.(vgl. Elisabeth Hachtel 1973)

Die weiblichen Parteimitglieder dagegen können „sich kaum je vor der Begegnung mit dem Hausfrauenalltag drücken. Sie haben nicht wie die Männer Ehefrauen, Freundinnen, Mütter oder Schwestern, die ihnen Dinge wie Einkaufen, Putzen, Wäschewaschen abnehmen, von der Erziehung der Kinder ganz zu schweigen." (Cornelia Schmalz-Jacobsen 1981:85, vgl. auch Eva Rath 1982:150)

Allein schon der regelmäßige Besuch von Parteiversammlungen stellt für viele Frauen ein Problem dar:

„So fällt es vor allem den durch Haushalt und Beruf doppelt belasteten Frauen und gleichermaßen den Müttern sehr schwer, regelmäßig an den Parteiveranstaltungen teilzunehmen."(Mechtild Fülles 1969:50f)

Auch Hannelore Mabry berichtet ähnliches in ihrer Untersuchung über weibliche Landtagsabgeordnete in Bayern.

„Wegen ihrer familiären Belastung widmeten sich zum Beispiel einige CSU-Frauen erst nachdem ihre Kinder das schulpflichtige Alter hinter sich hatten oder/und ihr Ehemann verstorben war, ausschließlich der Politik. Die Belastung durch Haushalt und Kindererziehung ist auch heute noch der größte Hemmschuh für junge und meist auch noch berufstätige Frauen, sich politisch aktiv zu betätigen."(Mabry 1971:67)

Und Helga Grubitzsch bermerkt zehn Jahre später:

„Trotz einiger Ansätze zur Veränderung der Lebenssituation von Frauen durch Wohngemeinschaften und Kinderläden stehen Frauen heute wie damals unter dem Druck, politische Arbeit mit Erwerbstätigkeit und Familien- bzw. Mutterpflichten vereinbaren zu müssen."(Grubitzsch 1981:16)

Und weiter führt sie aus:

„Aber auch, wo neue Formen der politischen Arbeit inzwischen entstanden sind, bleiben die Männer nur zu oft Patriarchaten, die sich zu Hause versorgen lassen. Den Frauen, die sich politisch betätigen wollen, sind dadurch erhebliche Schranken gesetzt."(ebd.:17)

Die als Voraussetzung für einen politischen Aufstieg immer wieder betonte, unabdingbare Abkömmlichkeit ist danach bei Frauen in geringerem Maße vorhanden als bei Männern. An dieser Stelle sei ein

Ergebnis der Bremer Parteimitgliederbefragung vorweggenommen, das diesen vermuteten Zusammenhang erstmals auf der Mitgliedsebene empirisch überprüft und zu einem entgegengesetzten Schluß kommt. So haben der Regressionsanalyse zufolge lebenssituative Faktoren (operationalisiert anhand von Familienstand, Berufstätigkeit, Zeitaufwand für Hausarbeit und Kinderbetreuung) keinen erklärenden Einfluß auf den Aktivitätsgrad der weiblichen Parteimitglieder; entscheidend sind vielmehr die Eintrittsmotivation sowie parteiinterne Sozialisationserfahrungen. Haben sich Frauen also erst einmal für ein politisches Engagement entschieden, dann spielen familiäre Belastungen demnach keine Rolle. Es ist zu vermuten, daß die Abkömmlichkeitsprobleme eher im Vorfeld wirksam werden und Frauen von einem Parteibeitritt abhalten, während sie für die weiblichen Parteimitglieder selbst kaum noch relevant sind.(21)

Eine weitere innerparteiliche Voraussetzung für einen Aufstieg stellt die langjährige Bewährung in Führungspositionen der Basisorganisationen dar. Hier wurde bereits in Kapitel 2.3 darauf hingewiesen, daß Frauen auch in den Vorstandspositionen auf der lokalen Ebene unterrepräsentiert sind. Insbesondere die aussichtsreichen und als Sprungbrett für eine politische Karriere geltenden Vorsitzendenpositionen auf lokaler Ebene sind fest in den Händen der Männer.
Fragt man schließlich nach dem geforderten Rückhalt von Frauen in einer innerparteilichen Hausmacht, so zeigt sich das gleiche Bild wie bei der gesellschaftlichen Hausmacht.

„Alle Bemühungen einzelner Frauen, ihre Arbeitsgemeinschaften zu politisch gewichtigen Gruppen zu machen, haben meist nur vorübergehend oder bei einzelnen Anlässen Erfolg."(Lenelotte von Bothmer 1976:32)

Und Helga Schuchardt stellt fest:

„Auch die Frauenverbände und -organisationen konnten ihren Einfluß innerhalb der Partei nicht soweit steigern, daß ihre Unterstützung etwa der einer Hausmacht gleichkommt."(Schuchardt 1976:47)

Ziel dieses Kapitels war es, Fragestellungen und Ergebnisse der empirischen Eliteforschung über Voraussetzung und Verlauf des personellen Führungsauswahlprozesses hinsichtlich ihrer Relevanz für politische Aufstiegschancen bzw. -restriktionen von Frauen aufzugreifen und zu erweitern.
Der politische Aufstieg, konzipiert als abhängige Variable, unterliegt danach ganz bestimmten Voraussetzungen im gesellschaftlichen wie im innerparteilichen Bereich. Es konnte nachgewiesen werden, daß diese Voraussetzungen an der männlichen Lebenswelt orientiert sind; die Betonung von politiknahen Berufen, einflußreicher gesellschaftlicher Führungsposition, Abkömmlichkeit, gesellschaftlicher wie innerparteilicher Hausmachtsverankerung, kontinuierlicher und intensiver Mitarbeit in innerparteilichen Führungsgremien der lokalen Ebene bedeutet von vornherein eine strukturelle Barriere und dra-

stische Reduktion der Chancen weiblicher Parteimitglieder für einen erfolgreichen Karrierestart. Die kausale Verklammerung von Gesellschaft und Partei hat die Fortschreibung der gesellschaftlichen Ungleichheit von Frauen in der Parteiorganisation zur Folge. Der Gegensatz von männlicher und weiblicher Lebenswelt, der seinen Ausdruck in der geschlechtsspezifischen Arbeitsteilung unserer Gesellschaft findet, wirkt somit restriktiv hinsichtlich einer aktiven politischen Partizipation von Frauen.

Im folgenden soll jetzt überprüft werden, inwiefern die Einschätzung von Politikerinnen zutreffend ist, wonach den Frauenorganisationen der Parteien - abgesehen von Einzelfällen - kein bedeutender Einfluß auf eine politische Karriere von Frauen zukommt.

4.2 Die Frauenorganisationen der Parteien

Eine organisatorische Sonderstellung der weiblichen Parteimitglieder findet sich heute bundesweit in den Volksparteien SPD und CDU; die Frauen-Union der CSU ist auf Bayern beschränkt, und die FDP verfügt über keine Frauenorganisation auf Bundesebene. Die Volksparteien setzen mit ihrer „Kompromißlösung" die Tradition der Weimarer Republik fort. Gabriele Bremme stellt für die damalige Zeit fest:

„Die organisatorische Form, die gewissermaßen als Kompromiss zwischen der Alternative der reinen Frauenarbeit mit der Gefahr der Isolierung der Frauen ausserhalb der Parteien und der anderen Alternative der völligen organisatorischen Integration der Frauen innerhalb der bestehenden Parteien mit der Gefahr des Verzichts auf jede eigene Gestaltungsmöglichkeit gefunden wurde, war die Bildung gesonderter Organisationsformen der Frauen innerhalb der Parteien. Diese Kompromisslösung wurde von allen Parteien, lediglich mit gewissen Abwandlungen, geschaffen oder nach dem Vorbild der anderen übernommen." (Bremme 1956:125)

Die Notwendigkeit einer separaten innerparteilichen Organisation für Frauen besteht nach Auffassung der Parteien auch heute noch, allerdings „auf Zeit". So führt Hanna-Renate Laurien, Mitglied des Bundesvorstandes der CDU, aus:

„Wenn Parteien nicht mehr "Männerbünde" sind, bedarf es gewiß keiner Frauenvereinigung mehr, sie sind Interessenvertretungen auf Zeit, aber sie sind gegenwärtig unerläßlich."(Hanna-Renate Laurien 1976: 443)

Die Arbeitsgemeinschaft sozialdemokratischer Frauen (AsF) hat sich „die Integration der Frauen in Partei und Gesellschaft"(22) zum Ziel gesetzt und begreift ihre Organisation u.a.„als Durchgangsstation auf dem Weg zur vollen Mitarbeit in allen Gremien der Partei" (23). Ist dieses Ziel erreicht, so entfällt auch für die SPD die Notwendigkeit einer gesonderten Frauenorganisation.

4.2.1 Die Arbeitsgemeinschaft sozialdemokratischer Frauen

Während nach 1945 die Frauenarbeit der SPD in Frauengruppen auf Ortsgruppenebene und in Frauenausschüssen auf Bezirks- und Unterbezirksebene geleistet wurde (vgl. Gabriele Bremme 1956:176.194),beschloß der Parteitag der SPD 1971 die Gründung der "Arbeitsgemeinschaft sozialdemokratischer Frauen", die - anders als die bis dahin existierenden Frauenausschüsse - ihre Vorstände demokratisch auf allen Ebenen selbst wählt.(24) In ca. einem Fünftel der über 10.000 Ortsvereine der SPD gibt es heute Arbeitsgemeinschaften sozialdemokratischer Frauen. (vgl. Ursula Pausch-Gruber 1978:79) Zur Mitgliedschaft der AsF zählen alle weiblichen SPD-Mitglieder.(25)
Die Tätigkeit der AsF erfolgt, wie die aller Arbeitsgemeinschaften, nach §10 des Parteistatuts und den vom Parteivorstand hierfür beschlossenen Grundsätzen. In diesen Grundsätzen heißt es:

„Die Arbeitsgemeinschaften sollen besondere Aufgaben in der Partei und Öffentlichkeit wahrnehmen. Sie sind auch Beratungsgremien für die Vorstände der Partei. Ihre Aufgaben werden vom Parteivorstand mit den Vertretern der einzelnen Arbeitsgemeinschaften festgelegt.... Die Arbeitsgemeinschaften sind unselbständige Teile der Partei. Sie sind keine Gliederung im Sinne des Organisationsstatuts. Sie sind keine Organe der politischen Willensbildung - entsprechend der Rolle der Organisationsgliederungen - im Sinne des Organisationsstatuts. Die jeweils zuständigen Vorstände der Partei sind hierfür verantwortlich, daß die Tätigkeit der Arbeitsgemeinschaften in ihrem Organisationsbereich im Rahmen der Statuten, Grundsätze und Richtlinien sich hält."(26)

Die AsF hat danach lediglich Beratungsfunktion für den Parteivorstand; ihre politische Tätigkeit ist an die Absprache mit den jeweiligen Vorständen gebunden; eine autonome Politik ist nicht möglich. Da die AsF keine Gliederung im Sinne des Organisationsstatuts ist, entfällt auch ein eigenes Antragsrecht zu Parteitagen.(vgl. Ursula Pausch-Gruber 1978:79)
Unter Mitarbeit einer Kommission erarbeitete der Bundesfrauenausschuß Richtlinien für die Arbeitsgemeinschaft sozialdemokratischer Frauen, die am 24.6.1972 vom Parteivorstand beschlossen wurden. Darin werden die Ziele und Aufgaben der AsF folgendermaßen beschrieben:

„Ziel und Aufgabe der Arbeitsgemeinschaft Sozialdemokratischer Frauen (ASF) ist die Integration der Frauen in Partei und Gesellschaft. Hieraus ergeben sich gemäß den Richtlinien der Arbeitsgemeinschaft Sozialdemokratischer Frauen folgende Aufgaben:
- Die Frauen mit der Politik und den Zielen der Partei vertraut zu machen, zur Änderung des gesellschaftlichen Bewußtseins beizutragen und weitere Mitglieder zu gewinnen.
- Die Interessen und Forderungen der Frauen in der politischen Willensbildung der Partei zu Geltung zu bringen und die politische Mitarbeit der Frauen in der Partei so zu verstärken, daß die politische Willensbildung gleichermaßen von Männern und Frauen getragen wird.

- Durch Kontakte zu Verbänden und Organisationen, die auf dem Boden des Grundgesetzes stehen, das Wirkungsfeld der Partei zu verbreitern."(Jahrbuch der SPD 1973-75:291f)

Diese Richtlinien setzen die Kontinuität der seit über 80 Jahren bestehenden Inhalte der Frauenarbeit in der SPD fort.(27) Auffallend ist allerdings, daß sich die AsF nicht die Gleichberechtigung bzw. Emanzipation der Frauen zum Ziel gesetzt hat, sondern ihre Integration, d.h. ihre Eingliederung in gesellschaftliche wie parteiorganisatorische Strukturen.
Die Notwendigkeit einer organisatorischen Sonderstellung der weiblichen Mitglieder wird wie folgt begründet:

„Den Frauen selbst fällt die Aufgabe zu, stärker als bisher in der Gesamtpartei aktiv mitzuarbeiten, ihre Interessen zu vertreten und sich in den Frauenarbeitsgemeinschaften intensiv vorzubereiten. Wir brauchen also auch und gerade in der SPD Arbeitsgemeinschaften Sozialdemokratischer Frauen .., die sich einerseits als Durchgangsstation auf dem Weg zur vollen Mitarbeit in allen Gremien der Partei begreifen und die andererseits interessierten Frauen erste Möglichkeiten der politischen Mitarbeit eröffnen."(28)

Aus diesem Selbstverständnis der AsF leiten sich auch die Schwerpunkte ihrer Tätigkeit her; neben Mitgliederwerbung und Schulungsmaßnahmen für Frauen stehen die Situation der Frauen in der Arbeitswelt, im Bildungsbereich, in der Familie sowie im Gesundheitswesen im Vordergrund. Die AsF fordert u.a. ein Recht auf Arbeit für Männer und Frauen; sie ist gegen eine Ausweitung der Teilzeitarbeit, da sie das Ziel einer allgemeinen Arbeitszeitverkürzung gefährdet; sie will die Benachteiligung der Mädchen bei der Berufsausbildung abbauen; beim Schwangerschaftsabbruch vertritt sie eine großzügige Fristenlösung, um das Selbstbestimmungsrecht der Frauen zu wahren und schließlich spricht sie sich für ein Gleichstellungsgesetz aus, um das Gleichberechtigungsgebot zu verwirklichen.(29) Zudem strebt die AsF eine enge Zusammenarbeit mit den gewerkschaftlich organisierten Frauen an, aber auch zur autonomen Frauenbewegung bestehen Kontakte. Nach Karin Hempel-Soos steigt die Zahl der Doppelmitgliedschaften von Frauen, die in der AsF und zugleich in der Frauenbewegung aktiv sind.(vgl. Karin Hempel-Soos 1980:113)

Ausgelöst durch die Aktion "Mehr Frauen in die Parlamente" führte die anhaltende Diskrepanz zwischen der Programmatik der SPD (so tritt sie seit bald 100 Jahren für die Gleichberechtigung der Frauen ein (30)) und den gesellschaftlichen wie innerparteilichen Benachteiligungen von Frauen im Orientierungsrahmen 1975-1985 zu folgenden Überlegungen:

„Die Gleichstellung der Frau ist ein gesellschaftliches Problem, das nur gemeinsam von Männern und Frauen bewältigt werden kann. Die Benachteiligungen und ihre Ursachen müssen aufgezeigt und begriffen werden. Eine Lösung der Probleme kann nicht allein durch neue Gesetze und materiellen Ausgleich erreicht werden. Der Erfolg wird vielmehr davon abhängen, ob es gelingt, den nötigen Umdenkungsprozeß in Gang zu setzen und damit eine Änderung im gesellschaftlichen Bewußtsein zu erreichen. Die SPD wird diese Politik nur glaubhaft vertreten können und für andere gesellschaftliche Gruppen beispielgebend sein, wenn sie in ihren eigenen Reihen mit der Gleichstellung der Frauen Ernst macht."(31)

Die Angst vor dem Verlust an politischer Glaubwürdigkeit - und damit als Konsequenz vor dem Verlust weiblicher Wählerstimmen - hat somit in der SPD eine verstärkte Thematisierung der Ungleichstellung ihrer weiblichen Mitglieder bewirkt.

Der AsF-Bundesvorstand nahm die Partei beim Wort und konnte 1977 die Einsetzung einer paritätisch vom Parteivorstand und der Arbeitsgemeinschaft sozialdemokratischer Frauen besetzten Arbeitsgruppe zur "Gleichstellung der Frauen in der Partei" erreichen. Ziel dieser Arbeitsgruppe war und ist es, Maßnahmen zur Veränderung der unbefriedigenden Beteiligung der Frauen in innerparteilichen Positionen zu erarbeiten.(32) Der Bericht dieser Arbeitsgruppe wurde 1979 vorgelegt und umfaßt sechs Maßnahmen, die zur innerparteilichen Gleichstellung der Frauen beitragen sollen. Fünf weitere Vorschläge stießen auf Ablehnung des Parteivorstandes und Parteirats. Im einzelnen wurden folgende Maßnahmen vorgeschlagen und auf dem Berliner Bundesparteitag der SPD 1979 als Antrag 325 angenommen:

„1. Arbeitsgruppen

Es wird empfohlen, auf allen Ebenen der Partei von den zuständigen Vorständen Arbeitsgruppen "Gleichstellung der Frau" einzurichten, die paritätisch besetzt sein sollen und die sich mit der Situation der jeweiligen Parteigliederung auseinandersetzen, um praktische Zielvorgaben für eine Realisierung zu finden. Die Erfahrungen solcher Parteigliederungen sollen den anderen Arbeitsgruppen helfen.

2. Berichte

Für den Zeitraum bis 1984 wird den Unterbezirks-, Bezirks-, Landes- und Bundesparteitagen jeweils im Rahmen des Rechenschaftsberichts ein Bericht über den Stand der Beteiligung von Frauen auf der jeweiligen Parteiebene vorgelegt. Der Bericht soll Aufschluß geben über Entwicklung der Mitgliederzahl, Vertretung in Parlamenten, Funktionen in Parlamenten, Funktionen in der Partei, Teilnahme an Parteiveranstaltungen, Zahl der weiblichen Vorstandsmitglieder, Zahl der Delegierten und Kandidaten auf aussichtsreichen Plätzen.

3. Bildungsmaßnahmen

In Zusammenarbeit mit den Bildungsobleuten, den Bildungsträgern und -einrichtungen sollen Überlegungen angestellt werden, wie - durch eine verstärkte und spezielle Förderung - Frauen zur Übernahme von Funktionen und Mandaten ermutigt werden können.(Motivationsseminare) Bei Bedarf ist das Angebot an Seminaren mit Kinderbetreuung zu erweitern (Wochenendseminare während der Schulferien, Familienseminare). Für die entsprechenden Bildungseinrichtungen sollen Zuschüsse bewilligt werden.

4. Einstellungen

Bei Einstellung von hauptamtlichen Mitarbeitern der Partei oder

SPD-nahestehenden Einrichtungen sollen - bei gleicher Qualifikation- verstärkt Frauen eingestellt werden.

5. Finanzielle Mittel
Den Organisationsgliederungen wird empfohlen, für die Frauenarbeit ausreichend Mittel bereitzustellen.

6. Mitgliederwerbung
Eine Mitgliederwerbung für Frauen muß ihre organisatorische Basis in den Ortsvereinen haben. Dabei sollten die Frauen differenziert angesprochen werden, da es keine homogene Gruppe "Frauen" in der Bevölkerung gibt. Besonders hervorzuheben sind bei der Werbung die vielfältigen Möglichkeiten des politischen Engagements. Frauen sollten das Angebot erhalten, an den gesellschaftspolitischen Aufgaben mitzuarbeiten."(Jahrbuch der SPD 1979-1981:573)

Dieser Maßnahmenkatalog verengt das Problem der unbefriedigenden innerparteilichen Gleichstellung der Frauen einseitig zu ihren Lasten und klammert das Verhalten der männlichen Mitglieder völlig aus. Frauen werden hier als defizitär begriffen und müssen, um ihre Integration in die Partei zu erreichen, speziell gefördert werden.
Dieses Verständnis tritt insbesondere bei den Bildungsmaßnahmen zutage. Hier ist zunächst die Frage zu stellen, worauf die Annahme einer fehlenden Motivation der Frauen zur Übernahme von Funktionen und Mandaten beruht. Weiter wäre nach den Gründen der mangelhaften Motivation zu fragen und ob Seminare und Schulungen überhaupt adäquate Maßnahmen zur Motivierung darstellen.
Der Vorschlag, für Kinderbetreuung während der Seminare zu sorgen, ist sicherlich angebracht; andererseits bleibt offen, warum nur bei Frauenseminaren dieses Angebot offeriert werden soll. Zwar ist es richtig, daß heute immer noch Frauen vorrangig für die Versorgung der Kinder zuständig sind, doch wenn „sozialdemokratische Politik die Möglichkeiten zur Überwindung traditioneller Arbeitsteilung zwischen Mann und Frau erweitern" will, wie es im Orientierungsrahmen '85 heißt, so müßte konsequenterweise bei allen Seminaren Kinderbetreuung angeboten werden; der Vorschlag der Arbeitsgruppe bedeutet dagegen eine Zementierung der bisherigen Arbeitsteilung zwischen Mann und Frau.
Der Maßnahmenkatalog erweckt zudem den Eindruck, daß das Problem der innerparteilichen Gleichstellung der Frauen in der SPD mit der Durchführung der Vorschläge zu lösen sei. Anke Riedel-Martiny hält allerdings dagegen, daß es wohl

"keine in der SPD aktive Frau (gibt), die nicht eine Typologie des Genossen Hinderlich zu entwerfen wüßte, der ihr in ihrer politischen Arbeit Schwierigkeiten bereitet."(Anke Riedel-Martiny 1975:733)

Sie fordert daher,

„daß sich die SPD stärker als andere Parteien darüber klar werden muß, wie stark die Männer (und durch sie die Struktur der Partei) die Emanzipation von Frauen in der Partei blockieren und in welchem

Maße die demokratische Qualität von Entscheidungsprozessen in der Partei darunter leidet."(ebd.:734)

Dieser entscheidende Gesichtspunkt wurde von der Arbeitsgruppe ausgeblendet; von daher bleibt ihr Maßnahmenkatalog einseitig und unvollständig.
Ein weiterer Mangel dieses Katalogs besteht darin, daß lediglich Empfehlungen und Aufforderungen ausgesprochen werden, die für die Adressaten weder bindend noch verpflichtend sind. Den Frauen bleibt letztlich nichts anderes übrig, als bei der Durchsetzung der Maßnahmen an die Solidarität der Männer zu appellieren und auf ihre Einsicht zu hoffen.(33) So mußte dann auch Willy Brandt zwei Jahre später auf dem Münchener Bundesparteitag 1982 feststellen, daß die Empfehlungen der Arbeitsgruppe zum überwiegenden Teil von den Parteigliederungen ignoriert wurden.(34)
Neben dem vom SPD-Bundesparteitag 1979 angenommenen Maßnahmenkatalog sind aber auch die Forderungen der innerparteilichen Arbeitsgruppe aufschlußreich, die nicht die Zustimmung des Parteivorstands und -rats fanden. Dabei handelt es sich um folgende Forderungen einschließlich der Begründung ihrer Ablehnung:
- Die Forderung nach verstärkter Behandlung frauenspezifischer Themen auf Parteitagen wurde abgelehnt, da davon auszugehen sei, „daß alle Themen sowohl Männer als auch Frauen gleichermaßen betreffen und daß bei einer Unterscheidung zwischen frauen- und männerspezifisch die Frauen in eine Ecke gedrängt werden."(Jahrbuch der SPD 1979-81:573)
- Die Einführung eines Quotensystems bei der Besetzung innerparteilicher wie öffentlicher Ämter „wird in Übereinstimmung mit der ASF-Bundeskonferenz und vielen Antragstellern abgelehnt."(ebd.:574)
- Die Forderung nach Beteiligung der AsF bei der Aufstellung von Programmen, Kandidaten und der Vorbereitung von Parteitagen wurde zurückgewiesen, da dieses „Aufgabe der Gesamtpartei (ist), wobei alle Arbeitsgemeinschaften in der Regel beteiligt werden."(ebd.)
- Ein Antragsrecht der Arbeitsgemeinschaft sozialdemokratischer Frauen zu Parteitagen kann nicht gewährt werden, da „die politische Willensbildung der Partei .. sich ausschließlich in den Organisationsgliederungen der Partei vollziehen" soll.(ebd.)
- Und schließlich wurde auch ein„Fonds für politische Frauenarbeit auf Bundesebene .. abgelehnt, da eine effiziente Verwendung der Mittel nicht gewährleistet werden kann."(ebd.)

Diese Forderungen sind, wie auch die vorangestellten beschlossenen Maßnahmen, so zu interpretieren, daß sie Inhalte und Strukturen der politischen Arbeit benennen, die bisher innerhalb der Partei nicht oder nur höchst unzureichend verwirklicht wurden. D.h. der Vorschlag, frauenspezifische Themen auf Parteitagen zu behandeln, beruht auf der Erfahrung, daß z.B. die ungleiche Entlohnung von Frauen oder die Diskussion um den §218 bisher keine bzw. nur selten Parteitagsthemen waren. Der Einwand, daß alle Themen Männer und

Frauen betreffen, ist theoretisch sicherlich richtig, die Praxis zeigt aber gerade, daß die Gesamtpartei den sogenannten Frauenthemen bisher nicht die gleiche Beachtung zukommen ließ, wie anderen Themen. (35) Auch die Forderung nach Beteiligung der AsF bei der Programmerstellung, Kandidatennominierung und Vorbereitung von Parteitagen kann umgekehrt gelesen werden als bisherige Nicht-Beteiligung oder mangelhafte Beteiligung der AsF. Gleichfalls bedeutet das verlangte eigene Antragsrecht der AsF, daß die bisherige Antragstellung von Seiten der Frauenarbeitsgemeinschaft über die Gesamtpartei unbefriedigend verlief.
Eine besondere Geschichte hat in der SPD die Diskussion der Quotierung; bereits 1908 beschloß der Nürnberger Parteitag, „daß Organisationen, denen weibliche Mitglieder angehören, diesen eine Vertretung im Vorstand einräumen" müssen.(36) Auch im Heidelberger Programm von 1925 wurde festgelegt, „daß in allen Leitungen der Organisationen die weiblichen Mitglieder im Verhältnis zu ihrer Zahl vertreten sein müssen."(37) Nach 1949 hielt man eine derartige Garantie für die Repräsentanz der Frauen in den Parteigremien nicht mehr für erforderlich. Allerdings gab es bis 1971 die Bestimmung, daß dem Parteivorstand und dem Parteirat eine gewisse Zahl von Frauen anzugehören hat.(vgl. Werner Thönnessen 1969:121) Als diese Schutzklausel 1971 entfiel, da sie nicht länger dem Selbstverständnis der Sozialdemokratinnen entsprach, wurden auf dem folgenden Parteitag nur zwei Frauen in den Parteivorstand gewählt; zuvor gehörten ihm fünf Frauen an.(vgl. Susanne Miller 1978:561) In den letzten Jahren wird die Frage der Quotierung in der SPD wieder diskutiert; während ein Teil der Mitgliedschaft in der Quotierung ein geeignetes Instrument sieht, Frauen Positionen zu öffnen, hat die AsF auf ihren Bundeskonferenzen 1977 und 1979 die Quotierung abgelehnt. Die Arbeitsgruppe zur innerparteilichen Gleichstellung sah aber in der Quotierung durchaus einen Weg, Frauen zu mehr Einfluß zu verhelfen. Der Parteivorstand aber blieb, unterstützt durch die AsF, bei seiner ablehnenden Haltung.(38)

Ausgangspunkt für die von der Arbeitsgruppe aufgestellten Forderungen war also das mangelnde Verständnis der Gesamtpartei - und die Gesamtpartei besteht in der Mehrzahl aus Männern - für die Situation der Frauen in der Gesellschaft wie in den eigenen Reihen. Die unverbindlichen Maßnahmen zur innerparteilichen Gleichstellung der weiblichen Mitglieder fanden die Zustimmung des Parteivorstands; die auf eine organisatorische Stärkung der unselbständigen AsF zielenden Forderungen, die eine innerparteiliche Integration nach eigenen Vorstellungen intendierten, stießen auf Ablehnung; diesen Weg mitzugehen, war der Parteivorstand nicht bereit. Die Zurückweisung dieser Forderungen wird vom Vorstand paradoxerweise mit dem "Verursacher" begründet, d.h. mit der Zuständigkeit der Gesamtpartei für die Anliegen der Frauen. Die Frage, wie die Gesamtpartei zu einem veränderten Bewußtsein kommen soll, bleibt unbeantwortet.
Insofern ist es auch nicht verwunderlich, daß die Arbeitsgruppe

„innerparteiliche Gleichstellung" auch 1986 in ihrem Bericht feststellen muß: „Auch nach sieben Jahren konkreter Beschlüsse zur Gleichstellung tut sich die Partei trotz steigendem Mitgliederanteil von Frauen noch schwer, Frauen in Führungspositionen auf Bundesebene zu wählen."(39) Von daher bleibt es das Ziel der SPD:

„1. bei allen Wahlen für Mandate, Ämter und Funktionen, Frauen mindestens entsprechend ihrem Mitgliederanteil zu berücksichtigen,

2. den Anteil der Frauen an Mandaten, Ämtern und Funktionen in der Partei so zu steigern, daß noch in den neunziger Jahren der Anteil der Frauen an allen Funktionen und Mandaten der SPD grundsätzlich dem Bevölkerungsanteil entspricht."(40)

Vor diesem Hintergrund erscheint die folgende Einschätzung der AsF-Bundesvorsitzenden als äußerst optimistisch:

„Wenn auch im einzelnen oft mühevolle Auseinandersetzungen in Kauf genommen werden mußten, so ist den Frauen in der Partei letztlich doch gelungen, den Freiraum der Eigenorganisation zu nutzen, um die Zielvorstellungen der SPD bestimmend zu beeinflussen."(Inge Wettig-Danielmeier 1983:139)

Zwischen Zielvorstellung und politischer Praxis besteht aber schon seit Bebel eine tiefe Kluft.

Zum Schluß sei noch auf das Verhältnis zwischen der Arbeitsgemeinschaft sozialdemokratischer Frauen und den Jungsozialistinnen eingegangen.(41) Die Juso-Frauenarbeit entwickelte sich 1970, ausgelöst durch die damalige Bundesfrauenkonferenz. Hier standen sich auf der einen Seite eine kleine Zahl aktiver SPD-Frauen, die zugleich in außerparlamentarischen-feministischen Gruppen arbeiteten und/oder auch einen marxistischen Ansatz vertraten, und auf der anderen Seite „eine biedere Strickstrumpf-AsF (gegenüber), die bemüht war, sowohl den Anforderungen des Parteivorstands, sich auf reine Fachberatung zu beschränken, als auch ihrer zunehmend rebellierenden Mitgliedschaft gleichzeitig zu genügen"(Ulrike Ries-Augustin 1983:155ff). Im Anschluß an diese Konferenz riefen die Jungsozialistinnen den bundesweiten "Arbeitskreis Emanzipation" ins Leben, der eine Analyse der gesellschaftlichen Situation von Frauen erarbeiten und in die Diskussion der Jungsozialisten einbringen sollte.(vgl.Vera Konieczka 1983:171)
Schwerpunkte der politischen Arbeit des Arbeitskreises waren die Beteiligung an der Revisionismusdebatte, die Aufarbeitung der Geschichte der Frauenbewegung, die Auseinandersetzung mit der Situation berufstätiger Frauen und ab 1974 verstärkt Schulungsarbeit für Frauen.(vgl. Ulrike Ries-Augustin 1983:158f) Auch die AsF vertrat in zunehmendem Maße diese Schwerpunktsetzung. Auf der Bundesfrauenkonferenz 1975 kam es dann allerdings „zum tränenreichen Ende der bislang so erfolgreichen AsF-Juso-Koalition"(ebd.:160). So waren der Mehrheit der AsF-Frauen die von Jungsozialistinnen und der AsF gemeinsam erarbeiteten Thesen in ihrer politischen Aussage zu einseitig. Die Absage an die Jungsozialistinnen dokumentierte sich

dann auch in dem Wahlergebnis zum AsF-Bundesvorstand (1975); keiner Vertreterin des linken Flügels gelang es, in den Vorstand gewählt zu werden. Personell wie inhaltlich vollzog sich damit ein Einschnitt in der AsF-Arbeit, in deren Folge sich die AsF nach Einschätzung der Jungsozialistinnen „zu einer konventionellen Frauen-Lobby ohne Wirkung in der SPD und nach außen"(Ulrike Ries-Augustin 1983:160) entwickelte.

Unabhängig von den inhaltlichen Differenzen stehen die Jungsozialistinnen als Frauen vor genau den gleichen Problemen wie die Vertreterinnen der AsF. So fragt Monika Buttgereit:

„Woran liegt es, daß Frauen auch bei den Jungsozialisten in der Regel unbeachtete Minderheit sind? Müßten nicht gerade die Jusos als marxistischer Teil der SPD die Bedeutung der Frauenfrage erkennen und sich mit den Frauen solidarisieren? Kann Mann wirklich links sein und gleichzeitig in der Familie und in der Partei Frauen unterdrücken?"(Monika Buttgereit 1983:184)

Eine Antwort hierauf gibt Ulrike Ries-Augustin; das Motto, „Was den Linken in der Partei nützt, nützt automatisch den Frauen" (1983: 156) hat sich nach ihren Erfahrungen als Irrtum erwiesen.

„Wenn linke Männer konservative Frauen in den Vorständen ersetzen, bedeutet das keineswegs automatisch ein Fortschritt für die Frauen. Eher ist das Gegenteil zu beobachten gewesen. Die Unterordnung frauenspezifischer Ansätze und Interessen unter eine traditionelle sozialistische Strategie war kurzsichtig, aber aufgrund der damaligen Erkenntnislage, die auch etwas mit dem Defizit marxistischer Theorie in der Frauenfrage zu tun hat, verständlich.
Heute wissen wir, daß Frauenkandidaturen in der SPD kein Rechts-Links-Problem darstellen, sondern daß sie in allen männlich geprägten Organisationen - auch in den Gewerkschaften oder bei den "Grünen"- ausschließlich unter Konkurrenzgesichtspunkten beurteilt und schon allein deshalb abgelehnt werden."(Ries-Augustin 1983:156)

Auch bei den Jungsozialistinnen existiert ein Forderungskatalog zur Verbesserung ihrer innerparteilichen Situation. Er umfaßt 15 Forderungen, deren breite Diskussion innerhalb der SPD noch aussteht. Zum Teil deckt er sich mit den von der Arbeitsgruppe zur Gleichstellung der Frauen erarbeiteten Maßnahmen und Forderungen, zum Teil geht er aber auch darüber hinaus. So werden gleichfalls jährliche Berichte über die Situation der Frauen in allen Gremien, die Einrichtung eines eigenen Etats für die Frauenarbeit, ein Antragsrecht der AsF auf allen Parteiebenen sowie die Befragung der AsF vor allen politischen Sachentscheidungen der Partei gefordert.Die weiteren sehr detaillierten Punkte beziehen sich vorrangig auf ein Abänderung des formalen Ablaufs sowie der inhaltlichen Gestaltung der Parteiversammlungen.(vgl. Sabine Brünig 1983:186ff) Eine Quotenregelung konnten die Jungsozialistinnen inzwischen durchsetzen.

4.2.2 Die Frauenvereinigung der Christlich-Demokratischen Union Deutschlands

Bereits am 1.5.1948 gründete die CDU - damals noch gemeinsam mit der CSU - die Frauenarbeitsgemeinschaft, in der die Frauenausschüsse der Zonen- und Landesverbände aufgingen. 1951 entstand daraus der Bundesfrauenausschuß der CDU, und schließlich wurde 1956 auf dem CDU-Bundesparteitag die Weiterentwicklung zur Frauenvereinigung erreicht.(42)

Die Frauenvereinigung ist heute eine der sieben Bundesvereinigungen der CDU. §39 des Parteistatuts in der Fassung vom 20.5.1980 regelt die Zuständigkeiten der Vereinigungen:

„(1) Die Vereinigungen sind organisatorische Zusammenschlüsse mit dem Ziel, das Gedankengut der CDU in ihren Wirkungskreisen (junge Generation, Frauen, Arbeitnehmer, Kommunalpolitik, Mittelstand, Wirtschaft, Vertriebene und Flüchtlinge) zu vertreten und zu verbreiten sowie die besonderen Anliegen der von ihnen repräsentierten Gruppen in der Politik der CDU zu wahren."(§39 des Parteistatuts der CDU)

Der organisatorische Aufbau der Frauenvereinigung entspricht dem der Partei; so bestehen auf lokaler, Kreis-, Landes- und Bundesebene Frauenausschüsse sowie meist hauptamtlich besetzte Frauenreferate.(43) Die Frauenvereinigung hat „das Recht zu eigenen Verlautbarungen, die den von der Partei festgelegten Grundsätzen nicht widersprechen dürfen."(§39 des Parteistatuts, Abschnitt 2) Alle weiblichen CDU-Mitglieder sind automatisch zugleich Mitglieder der Frauenvereinigung. Nicht-Parteimitglieder können - im Gegensatz zur Jungen Union, der Mittelstandsvereinigung oder den Sozialausschüssen - der Frauenvereinigung nicht beitreten. Finanziell ist die Vereinigung völlig von der Partei abhängig.(vgl.§10 der Satzung der Frauenvereinigung) Im Unterschied zur Arbeitsgemeinschaft sozialdemokratischer Frauen kommt ihr aber eine größere organisatorische Eigenständigkeit zu, da die Vorstände der Bundesvereinigung nach §6 der Geschäftsordnung der CDU vom 23.6.1975 ein eigenes Antragsrecht zu Bundesparteitagen besitzen.

Die Aufgaben der Frauenvereinigung werden in §1 ihrer Satzung wie folgt beschrieben:

„Die Frauenvereinigung hat die Aufgabe,
a) zu politischen Fragen Stellung zu nehmen und zur Willensbildung der Partei beizutragen,
b) das Gedankengut der CDU zu vertreten und zu verbreiten sowie für die sich vornehmlich aus den Lebensbereichen der Frauen ergebenden politischen Anliegen einzutreten und eine stärkere Beteiligung der Frauen an der Mitarbeit in der Partei zu erreichen,
c) sich für eine angemessene Vertretung der Frauen in den Organen der Partei und in den Parlamenten einzusetzen,
d) die Arbeit der Frauen in den Landes- und Kreisverbänden zu unterstützen und die politische Bildung der Frauen zu fördern."

Sie versteht sich zudem als „Vordenker", will Anstöße geben und „moderne Lösungen für dringende Fragen der Zeit .. erarbeiten." (Helga Wex 1983:5)

Anders als die AsF ist die Frauenvereinigung der CDU besonders stark in den politischen Vorfeldorganisationen verankert. So kann sie sich auf den Deutschen Frauenrat, „der überparteilichen Dachorganisation von über 50 traditionellen Frauenverbänden mit über zwei Millionen Mitgliedern verlassen."(Christa Randzio-Plath 1980:97) Zusammen mit der Frauen-Union der Christlich-Sozialen Union bildet die Frauenvereinigung die Europa-Sektion der Frauen der CDU/CSU. Diese Sektion soll die Politik im Europäischen Parlament, im Europarat und in der UNO mitgestalten. Die Frauenvereinigung gibt zudem für ihre Mitglieder monatlich das Informationsheft "Frau und Politik" heraus.

Im Unterschied zur SPD hat die programmatische Diskussion der Stellung der Frau in der Gesellschaft in der CDU keine „bis an die Ursprünge der Partei zurückgehende Tradition." (Marie-Luise Große-Peclum 1980:12) Frauenfragen wurden lange Zeit nicht als aktuelles politisches Thema verstanden, sondern man verwies

„bei erforderlichen Stellungnahmen dazu auf die Grundlagen der Partei, die christliche Soziallehre und Sozialethik mit der Betonung der menschlichen Würde und Personalität im Rahmen einer sozial gerechten Gesellschaft." (ebd.:13)

Auf Betreiben der Frauenvereinigung fanden programmatische Äußerungen zur gesellschaftlichen Lage der Frauen erstmals im Berliner Programm der CDU von 1971 ihren Niederschlag.(44) Auf dem 23.Mannheimer Bundesparteitag (1975) wurde das Frauenprogramm der CDU "Frau und Gesellschaft" verabschiedet.(45) In der Präambel wird das grundlegende Verständnis der Rolle der Frau dargelegt:

„Die Frau muß an der Gestaltung unseres politischen und wirtschaftlichen Lebens und aller gesellschaftspolitischer Maßnahmen vollen Anteil haben. Der Frau muß der Platz in unserer Gesellschaft gesichert werden, der sowohl dem Grundsatz der Gleichberechtigung als auch ihrem besonderen Lebenslauf entspricht."(46)

Kennzeichnend ist weiter die Betonung der "Wahlfreiheit" der Frau zwischen Beruf und Familie; die Tätigkeitsbereiche Haushalt und außerhäusliche Erwerbsarbeit werden hierbei in ihrer Wertigkeit gleichgesetzt. Die Leistungen im Haushalt und bei der Erziehung der Kinder sollen als "Berufstätigkeit" anerkannt werden.(47) Erziehungsgeld und Partnerrente sind weitere Stichworte des Beschlusses "Frau und Gesellschaft".
1978 verabschiedete die Frauenvereinigung ihr "Grundsatz-und Aktionsprogramm" mit dem Slogan: "Wahlfreiheit sichern - Partnerschaft verwirklichen", das auf dem Mannheimer Beschluß beruht und die Notwendigkeit einer „strategischen Weiterentwicklung der bewährten Programmatik der Frauenvereinigung der CDU"(48) hervorhebt.

Die zunehmende Hinwendung der CDU zur Frauenproblematik führte 1985 dazu, daß sie erstmals einen Bundesparteitag unter das Motto: „Die neue Partnerschaft - Frauen in Beruf, Familie und Politik" stellte. Danach ist es ihr Ziel, „die Gleichberechtigung zwischen Mann und Frau im Lebensalltag bis zum Ende dieses Jahrhunderts im wesentlichen zu erreichen" (Protokoll des 33.Bundesparteitags der CDU,1985:293).

Während sich lange Zeit nur vereinzelt Ansätze zur innerparteilichen Diskussion der Situation der weiblichen Parteimitglieder in der CDU fanden, geht die CDU in ihren 1985 verabschiedeten Leitsätzen „für eine neue Partnerschaft zwischen Mann und Frau" hierauf ausdrücklich ein. In den Leitsätzen heißt es:

„Die CDU fordert die Bundesregierung, die Landesregierungen und die Kommunen auf, bei der Besetzung von Gremien und leitenden Positionen Frauen stärker zu berücksichtigen. Es ist die gemeinsame Aufgabe von Männern und Frauen, das krasse Mißverhältnis zwischen der Mitgliederstärke der Frauen in Parteien und der Zahl weiblicher Mandats- und Funktionsträger zu beseitigen." (ebd.:304f)

Erreicht werden kann eine angemessene politische Repräsentanz der Frauen nach ihrem Verständnis nur,

„wenn Vorurteile abgebaut werden und in den Parteien ein Klima der Offenheit entsteht, das Frauen ermutigt, sich aktiver zu beteiligen. Die politische Gleichstellung der Frau darf aber nicht Angelegenheit der Frauen bleiben, sondern muß Parteithema werden. Maßnahmen müssen bewußter, intensiver und kontrollierbar umgesetzt und ergänzt werden." (ebd.)

Zudem wurde der Bundesvorstand aufgefordert, „Vorschläge zu erarbeiten, wie der Einfluß der Frauen in der CDU gestärkt werden kann." (ebd.;vgl.auch:Helga Wex 1986)
Zwar beklagen auch einige Christdemokratinnen, daß sie von Männern „bei der Nominierung abgeblockt werden" (Ursula Benedix-Engler 1985: 434), doch einer Quotierung stehen sie ablehnend gegenüber, da eine derartige Regelung ihren Vorstellungen von Partnerschaft zuwiderläuft.(vgl.ebd.) Hilfestellung zur Verbesserung der Beteiligung von Frauen in Führungspositionen verspricht sich die Frauenvereinigung der CDU eher von einer Änderung des Wahlrechts:

„Für die Verbesserung der von allen Seiten beklagten unbefriedigenden Repräsentanz von Frauen in den politischen Gremien könnte der Rückgriff auf den Vorschlag der Enquete-Kommission „Verfassungsreform" Hilfestellung leisten, in das Wahlrecht der Bundesrepublik das Kumulieren und Panaschieren einzuführen. Die positiven Erfahrungen, die in den Bundesländern Bayern und Niedersachsen mit diesem Wahlsystem bereits gemacht worden sind, sollten durchaus dazu angetan sein, diesen Vorschlag aufzugreifen und im Hinblick auf Länder-und Kommunalwahlgesetze, aber auch auf das Bundestagswahlgesetz zu diskutieren."(49)

Aber auch Überlegungen zu einer freiwilligen Mitgliedschaft in der Frauenvereinigung werden angestellt:

„Müssen wir uns nicht die Frage stellen, ob bei einer freiwilligen Mitgliedschaft und bei Mitgliedern, die zwar der Vereinigung, aber nicht unbedingt auch der CDU angehören, wir zwar zahlenmäßig weniger, aber in der politischen Auseinandersetzung dafür um so wirkungsvoller werden?" (Helga Wex 1983:5)

Indirekt bestätigt die langjährige Vorsitzende der Frauenvereinigung hier, daß die politische Arbeit der CDU-Frauenvereinigung bisher wenig wirkungsvoll war. Auch Peter Haungs zieht den Schluß, daß die Frauenvereinigung zwar eine „gewisse personalpolitische, aber sonst keine große Bedeutung hat" (Haungs 1983:53).

4.2.3 Vergleichende Zusammenfassung

Trotz der organisatorisch stärkeren Stellung der Frauenvereinigung der CDU stehen die AsF und die Frauenvereinigung innerparteilich grundsätzlich vor den gleichen Problemen. Diese Probleme resultieren auf einen Nenner gebracht aus ihrer doppelten Sonderstellung; organisatorisch wie inhaltlich bewegen sich die weiblichen Mitglieder innerhalb von Politikreservaten. Konflikte zwischen Gesamtpartei und Frauenorganisation sowie zwischen den weiblichen Mitgliedern sind damit vorprogrammiert.
Während sich in anderen Arbeitsgemeinschaften bzw. Vereinigungen die Parteimitglieder aufgrund eines fachlichen Interesses zusammenfinden, sind die Frauen qua Geschlecht "zwangsweise" Mitglied der Frauenorganisationen. Die Aussonderung der Frauen aus der Gesamtpartei wurde und wird u.a. mit ihrem Nachholbedarf an politischem Wissen und an Gewandtheit im öffentlichen Auftreten begründet; doch ist dieser Mangel an Routine und Schulung in der Regel nicht geschlechtsspezifisch, sondern eng verknüpft mit Erziehung, Bildung und Ausbildung und betrifft daher gleichermaßen Männer wie Frauen. „Da es keine Männergruppen in den Parteien gibt, sind Frauengruppen im Grunde diskriminierend" (von Bothmer 1976:31), stellt Lenelotte von Bothmer treffend fest. Die Praxis zeigt zudem, daß die Frauenorganisationen gerade nicht, wie sie entsprechend ihrem Selbstverständnis immer wieder beteuern, eine Übergangsstation für die weiblichen Mitglieder darstellen, sondern im Gegenteil meistens die Endstation bedeuten. (vgl.ebd.)
Die in Kapitel 2 referierten Daten zur Entwicklung des Frauenanteils in Parteien und Parlamenten lassen zudem unschwer erkennen, daß der Anspruch einer „angemessenen Vertretung der Frauen in den Organen der Partei und in den Parlamenten", wie es beispielsweise in der Satzung der CDU-Frauenvereinigung formuliert ist, in den bald vier Jahrzehnten seit Bestehen der Bundesrepublik nicht eingelöst wurde. Die gesonderte Organisation der Frauen verhindert geradezu ihre Integration, da sie es der Gesamtpartei ermöglicht, Fraueninteressen weiterhin als untergeordnete Gruppeninteressen zu behandeln, auch wenn in der SPD verbal die Unterscheidung in frauen- und männerspezifische Themenbereiche abgelehnt wird, da „alle Themen sowohl Männer als auch Frauen gleichermaßen betreffen"(Jahrbuch der SPD 1979/81:

573). Dennoch zeigt der politische Alltag, daß die sogenannten Frauenthemen, also Themen, die die Rechte der Frauen betreffen, direkt oder indirekt mit ihrer gesellschaftlichen Stellung zu tun haben und die sich aus ihnen zugeschriebenen Kompetenzen ergeben, von den männlichen Mitgliedern an die jeweilige Frauenorganisation delegiert werden und sie sich selbst entweder gar nicht oder bestenfalls nur am Rande mit diesen Themen beschäftigen.

Ein weiterer Gesichtspunkt ist die Belastung der Frauen durch die aufgebürdete doppelte Gremienarbeit; Frauen sollen sowohl in ihrer eigenen Organisation als auch in den Gremien der Gesamtpartei politisch tätig sein. Ein aktives Engagement in der Frauenorganisation bedeutet aber zwangsläufig - allein von der Arbeitskapazität her, daß Frauen in anderen Gremien und Arbeitsgemeinschaften/Vereinigungen weniger intensiv mitarbeiten und so auch weniger durchsetzen können. (vgl. hierzu auch: Wolfgang Pausch 1985:284) So ist es nicht verwunderlich, daß die Zahl der tatsächlich in den Frauenorganisationen aktiven Mitglieder äußerst gering ist, obwohl laut Satzung alle weiblichen Mitglieder zugleich Mitglieder der AsF bzw. der Frauenvereinigung sind. Kornelia Schild-Kreuziger stellt für die AsF fest:

„De facto ist eine Arbeitsgemeinschaft Sozialdemokratischer Frauen auf Ortsebene ein Vorstand, um den sich einige, an frauenspezifischen Themen interessierte SPD-Frauen scharen. Nicht einmal alle sonst in der Partei tätigen Frauen, Abgeordnete oder sonstige Mandatsträgerinnen, fühlen sich zur ASF zugehörig. Im Gegenteil, manche lehnen eine Frauenarbeitsgemeinschaft sogar ab."(Schild-Kreuziger 1980:47)

Für die CDU hat Wolfgang Falke herausgefunden:

„Förmliche Mitgliedschaft ist nicht identisch mit formaler Mitgliedschaft. So sind alle Frauen in der CDU durch Definition förmliche Mitglieder der Frauenvereinigung. Aber nur 31% .. aller weiblichen CDU-Mitglieder rechnen sich der Frauenvereinigung als Mitglied zu." (Wolfgang Falke 1983:170) (50)

Ein Indiz für die Karrierefilterfunktion der Frauenorganisationen stellen die Angaben der weiblichen Abgeordneten im Bundestagshandbuch dar. Von den 21 weiblichen SPD-Abgeordneten des 10.Bundestages geben 10 Frauen, also knapp die Hälfte,frühere oder noch ausgeübte Funktionen in der AsF auf Bezirks-, Landes- oder Bundesebene an; bei der CDU sind es 9 von 14 Frauen,also fast zwei Drittel, die eine Tätigkeit in der Frauenvereinigung nennen.(51) Diese Zahlen weisen darauf hin, daß die Frauenvereinigung der CDU für die politische Karriere der Christdemokratinnen eine größere Rolle spielt als die AsF für die Sozialdemokratinnen. Die Hälfte der weiblichen SPD-Abgeordneten hat ihren Aufstieg ohne die AsF vollzogen.

Zusammenfassend bleibt festzuhalten, daß in den 70er Jahren zwar die Zahlen der weiblichen Parteimitglieder in SPD und CDU z.T. erheblich angestiegen sind, doch haben sie zu keiner Stärkung der Frauenorganisationen geführt; vielmehr muß der Schluß gezogen werden, daß die Frauenorganisationen von CDU und SPD gemessen an ihrem Anspruch und ihren Zielen gescheitert sind:

- Sie sind keine Übergangsstationen, sondern in der Regel Endstation für ihre Mitglieder; Frauen, die sich hier aktiv beteiligen, können nur noch eingeschränkt in anderen Parteigremien mitarbeiten; es sei denn, sie sind hoch motiviert und karriereorientiert.
- Die Frauenorganisationen haben keine wesentliche Erhöhung der Frauenanteile in innerparteilichen Führungspositionen oder in den Parlamenten erreicht. Sie fordern "Berücksichtigung", anstatt ihre Repräsentanz als selbstverständlich einzuklagen.
- Das Verständnis von "Fraueninteressen" als allgemein-politische Fragen konnte in der Praxis aufgrund des Widerstands der Gesamtpartei - also in der Mehrzahl der Männer - nicht durchgesetzt werden. Frauenfragen werden wie eh und je unter dem Stichwort "Gruppeninteresse" abgehandelt und fallen in den Zuständigkeitsbereich der Frauenorganisationen.
- Es ist den Frauenorganisationen nicht gelungen, unter ihrer Mitgliedschaft eine Identität von förmlicher und formaler Mitgliedschaft herzustellen. Noch nicht einmal ein Drittel der weiblichen Mitglieder fühlt sich ihnen zugehörig.

Mit der organisatorisch wie inhaltlichen Zuweisung bestimmter Politikreservate für Frauen wird somit die Zementierung der Unterschiede im politischen Engagement der Geschlechter fortgeschrieben.
Abgesehen davon, daß die Beschlußlage der AsF stärker emanzipatorisch ausgerichtet ist als die der CDU-Frauenvereinigung und daß die AsF innerparteilich eine unbequemere und kritischere Frauenorganisation ist als die um Partnerschaft bemühte Frauenvereinigung, sind beide Organisationen in ihren Parteien relativ isoliert und wenig einflußreich. Schon Mechtild Fülles kam 1969 zu dem Ergebnis,

daß „die Frauenorganisationen ihr Ziel, die Frauen ... in die Parteien zu integrieren, nicht erreicht (haben). Tatsächlich ist .. statt der erstrebten Integration der Frauen eine noch stärkere Isolierung erreicht worden."(Fülles 1969:58)

Diese Einschätzung ist heute immer noch zutreffend; zudem erhalten die Frauen durch das vorherrschende Integrationsverständnis eine Objektstellung.

„Denn wer die Frau in Parteien, Gewerkschaften und Verbände integrieren will, bestimmt sie stets zum Objekt der Integration. Die Aufnahme in die bestehenden gesellschaftlichen Institutionen, die Macht ausüben und Entscheidungen treffen, erfolgt stets zu Bedingungen, die das Objekt der Integration nicht selbst bestimmen kann." (Marielouise Janssen-Jurreit 1976:716)

Aufgrund der relativ einflußlosen Stellung der Frauenorganisationen von CDU und SPD, der Nicht-Einlösung ihrer Zielvorstellungen und Ansprüche sowie des mangelhaften Rückhalts unter ihrer weiblichen Klientel erscheint es zulässig, zu argumentieren, daß die Frauenorganisationen der Parteien zwar in der Kampfzeit um gesellschaftliche und politische Rechte der Frau ihre Berechtigung hatten, heute aber jeder Legitimation entbehren. Bedenkt man zudem, daß der Bildungsstand der weiblichen Parteimitglieder dem der Männer entsprechen dürfte (52), dann erscheint es doch äußerst fragwürdig, Frauen heute noch immer als defizitär zu begreifen, ihnen politischen Nachhilfeunterricht erteilen zu müssen. Allein die Existenz der Frauenorganisationen dürfte aber gerade zur Verewigung dieser Vorstellung beitragen. Es stellt sich hier die Frage, ob nicht bei der Durchsetzung der innerparteilichen Gleichstellung der Frauen nach anderen Wegen und neuen Formen zu suchen wäre, die erfolgversprechender sind.

4.3 Männliches Diskriminierungsverhalten oder: „Die Unfrau als Politikerin"

Als strukturelle Barrieren für Frauen im politischen Führungsauswahlprozeß wurden die auf der männlichen Lebenswelt beruhenden innerparteilichen Aufstiegsmuster sowie die organisatorische als auch inhaltliche Verweisung der Frauen auf Politikreservate herausgearbeitet. Die Analyse der Aufstiegsbarrieren für weibliche Parteimitglieder ist damit noch nicht erschöpft; vielmehr tritt eine weitere Dimension hinzu, die bereits bei der Benachteiligung der weiblichen Mitglieder im Kandidatenauswahlprozeß deutlich wurde. Gemeint sind hier auf der Einstellungs- und Verhaltensebene Vorurteile und Behinderungen gegenüber politisch aktiven Frauen.
Trotz des anerkannten Gleichberechtigungspostulats besteht auch heute noch z.T. die Perzeption von der Politikunfähigkeit der Frau, die auf einem Syndrom aus tradierten gesellschaftlichen, individuellen und innerparteilichen Rollenzuweisungen beruht.(53) Die Berichterstattung der Medien, die fast ausschließlich mit Männern besetzten Diskussionsrunden im Hörfunk wie im Fernsehen, kurz das Fehlen von Frauen auf der öffentlichen Bühne scheint implizit die Auffassung von der weiblichen Politikunfähigkeit nur zu bestätigen. Die breite öffentliche Diskussion der Gleichberechtigung in den letzten Jahren hat allerdings dazu beigetragen, daß heute kaum noch offen frauenfeindliche Einstellungen geäußert werden.

„Die negative Einstellung Frauen gegenüber aber ist keineswegs verschwunden, sondern nur oberflächlich verdeckt worden und beeinflußt weiterhin entscheidend unser gesamtes Denken und Handeln." (Angelika Wagner 1973:124)

Solange das weibliche Rollenverhalten in den Parteien den Erwartungen der männlichen Mitglieder entspricht, d.h. eine eher passive Nutzung der Mitgliedsrolle vorherrscht, die sich in dem überwiegenden Verhalten der Frauen als Zuhörerin bzw. als Zuarbeiterin für die Männer dokumentiert, solange kommt die negative Einstellung Frauen gegenüber kaum zum Tragen (54); denn diese Frauen bedeuten keine Konkurrenz bei der Auseinandersetzung um die finanziell wie prestigemäßig interessanten politischen Ämter und Mandate. Ein aktives und aufstiegsorientiertes Verhalten von Frauen dagegen wird oftmals als Bedrohung empfunden und kurzerhand als ein von der traditionellen Rolle "abweichendes" Verhalten definiert, das eine innerparteiliche Sanktionierung zur Folge hat.

„Wenn Frauen sich politisch betätigen, so tun sie es gegen die gesellschaftlichen Erwartungen, die an ihr Verhalten gestellt werden. Und sie tun es unter ganz anderen und viel stärkeren materiellen und psychischen Belastungen als die Männer, weil sie nicht so einfach aus ihrer gesellschaftlichen Rolle aussteigen können." (Helga Grubitzsch 1981:13)

Die geschlechtsspezifische Diskriminierung äußert sich in vielfältiger Weise. Eine Form besteht darin, daß die Parteimitglieder ihr gewohntes Nominierungs- und Abstimmungsverhalten zugunsten der Männer beibehalten.

„Bei der Nominierung sind die Männer Meister der Absprache. Das große Handicap der Frauen ist .., daß man auf Ortsebene und auf Verbandsebene Partner für eine Absprache suchen muß. ...Da haben uns die Männer eins voraus: Man trifft sich am Biertisch, man trifft sich bei bestimmten Vereinen an der Bar, und dann läßt sich das mal so schnell kameradschaftlich, persönlich miteinander absprechen. Und schon sind gewisse Koalitionen da, und die Frau kann die Hürde der Nominierung nicht mehr nehmen." (Ursula Benedix-Engler 1985:434)

Auch Lenelotte von Bothmer (SPD) mußte diese Erfahrung machen. Sie war als Nachrückerin in den niedersächsischen Landtag eingezogen. Am Ende der Legislaturperiode wurde sie aber trotz intensiver Wahlkreisarbeit nicht wieder als Wahlkreiskandidatin aufgestellt.

„In meinem Fall machte man mir von seiten der Funktionäre in der örtlichen Organisation, der die Aufstellung der Kandidaten obliegt, deutlich, daß ich als Frau einfach nicht in Frage komme. Es wurde ein anderer Kandidat gesucht und auch endlich gefunden, einer von dessen politischer Arbeit noch niemand etwas gehört hatte. Er hatte den einen Vorteil, daß er ein Mann war." (Lenelotte von Bothmer 1976:18)

Eine weitere Variante geschlechtsspezifischer Diskriminierung stellen die unterschiedlichen Maßstäbe dar, die an die politischen Qualifikationen von Männern und Frauen angelegt werden.

„Ich habe immer wieder erfahren, wieviel höhere Anforderungen an meine Kolleginnen und mich gestellt wurden als an männliche Kollegen; vor allem aber, daß Anforderungen gestellt werden, die nicht gleichzeitig leistbar sind: treusorgende Mutter, aber gleichzeitig immer präsent in der Parteiarbeit. Treue Ehegattin, aber zu jedem Abenteuer bereit. Angenehm und angepaßt, aber durchsetzungsfähig."(Inge Wettig-Danielmeier 1984b:31; vgl. auch: Lenelotte von Bothmer 1976:22)

Insbesondere Frauen in politischen Spitzenpositionen werden oftmals gnadenloser zensiert als ihre männlichen Kollegen; dieses widerfuhr auch Marie Schlei, die im zweiten Kabinett Schmidt Ministerin für wirtschaftliche Zusammenarbeit war und damit eine traditionelle Männerdomäne okkupierte:

„Als Staatssekretärin im Kanzleramt hatte ich eine Presse, wie man sie sich nur wünschen kann. Jahrelang. Das war schlagartig vorbei, als ich Ministerin wurde. Dann ging es los mit zum Teil bösartigen Angriffen. ...Für Männer ist die alte Ordnung gestört, wenn eine Frau ganz oben ist, beispielsweise als Ministerin."(Marie Schlei 1982; vgl. auch: Lieselotte Berger 1976:80)

In diesen Zusammenhang gehört auch, daß Frauen eher als Männern Inkompetenz vorgeworfen wird. So wehrte sich beispielsweise Geraldine Ferraro in einer Fernsehdiskussion mit George Bush gegen dessen Belehrungen:

„Let me just say, first of all, that I almost resent, Vice President Bush, your patronizing attitude that you have to teach me about foreign policy."(55)

Auf der anderen Seite ist die Anerkennung der Leistungen von Politikerinnen nicht selten von männlicher Herablassung geprägt. So wurde z.B. der Bundesministerin Rita Süssmuth auf einer Wahlkampfveranstaltung vom örtlichen CDU-Parteivorsitzenden attestiert, ihre Rede sei „von großer Sachkenntnis geprägt".(56)

Daß Politikerinnen noch immer nicht in gleicher Weise wie Männer ernst genommen werden, zeigt sich auch bei den Bundestagsdebatten. Steht eine Frau am Rednerpult, so steigt der Geräuschpegel, während die Zwischenrufe an Qualität ab- und an Quantität zunehmen.(57) Die weiblichen Bundestagsabgeordneten müssen sich Zwischenrufe wie: „Zur Sache, Schätzchen!", „Sie sehen besser aus, als Sie reden!", „Hat die aber eine spitze Nase!" oder „Küßchen, Küßchen!" anhören. (58) Eine weitere Erfahrung vieler Politikerinnen ist die, daß ein von ihnen in der Diskussion vorgebrachtes Argument ignoriert, dasselbe Argument aber etwas später von einem Mann eingebracht, lebhaft diskutiert wird.(59) Lenelotte von Bothmer hat angesichts dieser Tatsache zur Strategie des Fragestellens gegriffen:

„Zu Fragen griff ich .. auch, wenn ich einen Einwand zu machen hatte, denn ich hatte bemerkt, daß Männer es nicht gerne haben, wenn Frauen etwas besser zu wissen scheinen."(von Bothmer 1976:17)

Und eine CDU-Bundestagsabgeordnete verfährt so:

„Wenn ich Vorschläge habe innerhalb unserer Stadtratsfraktion, dann bitte ich einen Mann, der links oder rechts von mir sitzt, schlagen Sie das doch mal vor. Dann läuft das gewöhnlich. Dann tut er das. Wenn ich das jedesmal selbst vortragen würde, dann sagen die Kollegen schließlich, die redet auch zu allem und jedem. Auf diese Weise komme ich am besten durch."(60)

Hinter der männlichen Unaufmerksamkeit gegenüber der Rede von Frauen steht die Erwartung,

„daß wir nichts Wichtiges, Relevantes, Vernünftiges zu sagen haben oder jedenfalls, daß das, was wir sagen, nicht so klug, durchdacht, rational, diszipliniert und logisch ist wie das, was ein Mann sagt. Auch bei Frauen in gehobenen Positionen hat das, was sie sagen, trotz ihrer Position nicht das gleiche Gewicht, wie wenn es von Männern kommt."(Senta Trömel-Plötz 1982:28)

Auch hier gelten also wieder zweierlei Maßstäbe. Das Verhängnisvolle an derartigen negativen Erwartungen ist ihr Einfluß auf das tatsächliche Rede- und Diskussionsverhalten von Frauen. Symptomatisch ist, daß Frauen in Diskussionsrunden seltener von sich aus das Wort ergreifen, auch seltener das Wort erteilt bekommen und häufiger in ihrem Redebeitrag unterbrochen werden als die männlichen Diskussionsteilnehmer. (vgl. Senta Trömel-Plötz 1982:171-195)

Schließlich sei noch auf die sexuelle Belästigung von Frauen in den Parteien eingegangen. Die öffentliche Diskussion dieses Themas wurde im Sommer 1983 durch den "Fall Hecker" ausgelöst. Damals hatte der Bundestagsabgeordnete der GRÜNEN, Klaus Dieter Hecker, eine Fraktionsangestellte sexuell belästigt und wurde deswegen zur Aufgabe seines Mandates bewegt. Die Frauen der grünen Bundestagsfraktion nahmen diesen Fall zum Anlaß, das bisher tabuisierte Problem sexueller Belästigung am Arbeitsplatz umfassend zu untersuchen. Auch an die Fraktionsangestellten der Bonner Parteien wurden Fragebögen dazu verteilt, die allerdings lediglich von den SPD-Fraktionsangestellten ausgefüllt wurden. Die CDU/CSU sowie die FDP bestritten grundsätzlich das Vorkommen von sexuellen Belästigungen in ihren Fraktionen.(61)
Es mag dahingestellt bleiben, ob diese grundsätzliche Verneinung der Realität entspricht; unklar bleibt, warum nicht auch die Abgeordneten in die Befragung einbezogen wurden. Für die einfachen Parteimitglieder gibt es bisher keine Untersuchung der sexuellen Beziehungen zwischen ihnen, obgleich hier durchaus ein nicht unwichtiger Zusammenhang mit dem Parteiengagement und der innerparteilichen Integration zu vermuten ist.
Daß der Umgang zwischen Männern und Frauen in der Politik aber keineswegs unproblematisch ist, belegen die folgenden Zitate. Eine SPD-Bundestagsabgeordnete äußerte sich so:

„In der Politik macht man eine ganz schöne Schule mit. Man soll hier Spaß verstehen und nicht zu prüde reagieren. Und man muß froh sein, wenn ein Kollege einen noch in den Arm nimmt. Wenn das keiner mehr tut, dann weiß man, wo man hingehört, in die Ecke der Möbel. Bei den Kollegen ist es nicht beliebt, wenn man auf Distanz geht." (zitiert nach Marielouise Janssen-Jurreit 1976:338)

Die Ausführungen dieses Kapitels haben verdeutlicht, daß es neben den strukturellen Barrieren auch auf der Einstellungs- und Verhaltensebene hohe Barrieren für politisch aktive Frauen gibt. Die geschlechtsspezifische Diskriminierung äußert sich u.a.
- in der Beibehaltung des gewohnten Abstimmungs- und Nominierungsverhaltens zugunsten der Männer,

- in der Anwendung unterschiedlicher und Frauen benachteiligender Maßstäbe bei Kandidaturen wie auch in politischen Diskussionen und
- in der Diffamierung von Politikerinnen, die auf die Zerstörung ihres Selbstwertgefühls abzielt.

Geschlechtsspezifische Diskriminierung hat letztlich die Funktion, die weibliche Konkurrenz in der Auseinandersetzung um politische Ämter und Mandate zu dezimieren.

Die Zitate der Politikerinnen zeigen ihre hohe Sensibilisierung für die feinen Formen der geschlechtsspezifischen Diskriminierung (62); doch ihre Erfahrungen führten bislang nicht zu lautstarkem Protest, sondern sie haben sich verblüffenderweise damit arrangiert. Die Männer mögen es nicht, daß Frauen etwas besser wissen, also werden Argumente in Fragen verwandelt; die Männer haben etwas gegen Frauen, die viel reden, also wird der Kollege gebeten, das vorzutragen, was der Frau auf der Zunge liegt; es ist bei Männern nicht beliebt, wenn Frauen auf Distanz zu ihnen gehen, also nehmen Frauen Körperkontakt hin, auch wenn es ihnen unangenehm ist.

Es ist „erstaunlich, daß Frauen sich in solchem Maße nach maskulinen Normen ausrichten und das System der männlichen "Werte" akzeptieren, statt "Gegenwerte" aufzustellen, eine politische Gegenkultur zu schaffen, also andere Seins-, Denk- und Reaktionsweisen in der Politik zu zeigen."(R.-G.Schwartzenberg 1980:97)

Neben dem Minderheitenstatus der Frauen dürften bei ihrer Anpassung auch psychologische Faktoren mit eine Rolle spielen. Auch die Frage nach der Frauensolidarität in Parteien und Parlamenten ist bisher ungeklärt. Während einerseits die Auffassung vertreten wird, daß vor allem Frauen andere Frauen verhindern, gibt es auch die entgegengesetzte Auffassung einer unkritischen Solidarität unter den Frauen. (vgl. Marielouise Janssen-Jurreit 1976:335)

Festzuhalten bleibt, daß sich trotz aller verbalen Gleichberechtigungsbekenntnisse in den Parteien und Parlamenten sexistische Strukturen finden, die einen politischen Aufstieg von Frauen behindern. Nach Schwartzenberg wird dieser Sexismus

„erst dann verschwunden sein, wenn auch ganz mittelmäßige Frauen, nach dem Bilde der vielen mittelmäßigen Männer, die Ministerämter innehaben, sich auf den Ministersesseln niederlassen können." (Schwartzenberg 1980:98)

4.4 Politische Karrieren von Frauen: Rückblick und Perspektiven

Trotz der angeführten Barrieren haben dennoch einige Frauen den innerparteilichen Aufstieg geschafft und sind im Besitz von Mandaten oder Regierungsämtern. Ihr politischer Karriereverlauf ist bis heute in der wisenschaftlichen Literatur nicht systematisch untersucht worden.(63) Im Hinblick auf weitergehende Überlegungen seien hier die wesentlichen Merkmale ihres politischen Karriereverlaufs angeführt.

1. Während Frauen seit 1949 im Durchschnitt stets älter als ihre männlichen Kollegen waren, hat sich die Differenz seit der 7.Wahlperiode erheblich verringert und ist heute unbedeutend.
2. Während früher weit über die Hälfte der weiblichen Bundestagsabgeordneten alleinstehend war, beträgt ihr Anteil heute nur noch etwa ein Drittel; entsprechend ist der Anteil der verheirateten Frauen mit Kindern angestiegen.
3. Der Bildungsstand der Parlamentarierinnen, der bis zur 7.Wahlperiode erheblich unterdurchschnittlich war, hat sich deutlich erhöht; rund 78% aller Frauen des 10.Deutschen Bundestages besaßen eine Hochschulbildung.
4. Bis auf eine Ausnahme verfügen alle Frauen zu Beginn des 10. Deutschen Bundestages über eine qualifizierte Berufsausbildung; ein Drittel von ihnen kann zudem auf ausgesprochen politiknahe Berufe wie Journalistin, Rechtsanwältin, Politologin oder Gewerkschaftssekretärin verweisen.(vgl.Peter Schindler 1983:187ff)

Diese Daten deuten auf eine Angleichung zwischen den Geschlechtern im sozialstrukturellen Bereich hin. Im Vergleich zu ihren Vorgängerinnen im Parlament engagieren sich Politikerinnen heute zudem früher und lassen sich durch Familienpflichten weniger von der politischen Arbeit abhalten. Hinter dieser Entwicklung steht ein genereller Einstellungswandel hinsichtlich des Rollenverständnisses zwischen Mann und Frau. So spielt auch eine partnerschaftliche Beziehung als Voraussetzung für eine weibliche politische Karriere eine ganz entscheidende Rolle. Christa Randzio-Plath hat in Gesprächen mit Spitzenpolitikerinnen herausgefunden:

„Alle Frauen, die eine politische Karriere gemacht haben ... betonen, daß sie ohne die rückhaltlose Unterstützung ihrer Familie ihren Job nicht durchgehalten hätten."(Randzio-Plath 1980:53)

Die Teilung der innerfamilialen Aufgaben, aber auch die Einstellung einer Haushälterin oder eines Kindermädchens sind - allerdings teure- Hilfsmittel, um Frauen ein politisches Engagement zu ermöglichen. (vgl.Elisabeth Beck-Gernsheim 1980:220)

- Eine gewisse Bedeutung beim politischen Aufstieg kommt den Frauenorganisationen zu. Ein Engagement in den Frauengremien und deren Unterstützung bei einer Kandidatur sind zwar keine Garantie, können aber die Chancen für einen Aufstieg verbessern. Dies trifft vor allem auf die Frauenvereinigung der CDU zu, während die AsF für einen politischen Aufstieg von geringerer Bedeutung ist.

- Während für die ältere Generation von Politikerinnen das Karrieremuster des „cross over" durchaus typisch war, d.h. des direkten Wechsels von einer gesellschaftlichen in eine politische Führungsposition, hat die Bedeutung der außerparlamentarischen Frauen- und kirchlichen Organisationen für den Karrierestart abgenommen.

- Der Weg, auf dem Frauen heute wie früher in den Bundestag gewählt werden, führt vorrangig über die Landeslisten der Parteien. Vier Fünftel aller Parlamentarierinnen des 10.Bundestages haben auf diese Weise ihr Mandat erlangt, und nur ein Fünftel konnte aufgrund einer erfolgreichen Direktkandidatur in einem Wahlkreis in den Bundestag einziehen. Während alle weiblichen Abgeordneten von CSU, FDP und den GRÜNEN über die Landeslisten gewählt wurden, gelang drei Sozialdemokratinnen und sieben Christdemokratinnen die Eroberung eines Wahlkreises. (64)

- Mit diesen überwiegenden Listenkandidaturen von Frauen hängt auch die Tatsache zusammen, daß mehr Frauen als Männer durch Nachrücken in ein Parlament der Landes- oder Bundesebene gelangen. Da Frauen - mit Ausnahme der grünen Frauen - von den örtlichen Delegiertenkonferenzen zumeist auf den hinteren, wenig aussichtsreichen Listenplätzen aufgestellt wurden, ermöglichte oft erst der Tod oder Wegzug eines Abgeordneten Frauen den Einzug in das Parlament. Die Anzahl der Frauen auf den hinteren Listenplätzen weist aber auch darauf hin, daß es nicht an für eine Abgeordnetentätigkeit geeigneten Frauen mangelt, wohl aber an Entscheidungschancen für sie.(vgl. Randzio-Plath 1980:19)

Die Karrieremuster der Politikerinnen, die den Sprung in die politische Elite geschafft haben, lassen zusammengefaßt den Schluß zu, daß insgesamt nur noch graduelle Unterschiede zu den männlichen Mustern bestehen - abgesehen von der gewissen Bedeutung der Frauenorganisationen und den vorwiegenden Listenkandidaturen von Frauen. Die heutigen Spitzenpolitikerinnen haben gleich den Männern sowohl die gesellschaftlichen wie die innerparteilichen Voraussetzungen für ihre Karriere erbracht. So verfügen sie zum überwiegenden Teil über eine akademische Ausbildung, sie haben z.T. berufsständische Verbände hinter sich und haben sich zudem in den Basisorganisationen ihrer Parteien bewährt. Dank der Unterstützung ihrer Familien konnten sie zudem das Problem der Abkömmlichkeit lösen und so ihre politische Tätigkeit als Vollzeit-Beruf ausüben. Neben Ehrgeiz, Fachwissen, Beziehungen, Selbstbewußtsein und sicherem Auftreten (65) haben sie aber auch das "Glück" gehabt, Frauen zu sein und sind so zugleich als Aushängeschilder der Parteien zu ihren Positionen gekommen.
Wie bereits ausgeführt wurde, ist die gleichberechtigte innerparteiliche Beteiligung von Frauen und damit zusammenhängend ihre Aufstellung für öffentliche - und hier insbesondere für höhere öffentliche Wahlämter - keine Selbstverständlichkeit. Von daher können im Grunde alle Politikerinnen als Alibifrauen bezeichnet werden, ohne damit ihre Fähigkeiten und Qualifikationen zu schmälern. Das Paradoxe an ihrer Situation ist vielmehr, daß sie trotz der wesentlich strengeren Maßstäbe, die an ihre berufliche Kompetenz gelegt werden, für die Parteien die Funktion von Alibifrauen erfüllen.
So sagt die frühere Bundesministerin und heutige Bundestagsabgeordnete Anke Fuchs (SPD) von sich:

„Ich wurde nicht als Mann gewählt, ich war immer eine "Alibifrau". Nur weil ich eine Frau war, wurde ich Bürgerschaftsabgeordnete, nur weil ich eine Frau war, wurde ich Bezirkssekretärin der IG-Metall, nur weil ich eine Frau war, schaffte ich den Sprung in den Vorstand der IG-Metall nach Frankfurt."(zitiert nach:Christa Randzio-Plath 1980:55)

Auch Lenelotte von Bothmer(SPD) stellt fest:

„Ich habe einen Landeslistenplatz als einzige Frau meines Bundeslandes in meiner Fraktion. Meine Situation ist also nicht eine, die der Emanzipation oder der Gleichberechtigung in der Partei oder in der Politik zu verdanken wäre. Ich bin eine Alibifrau."(von Bothmer 1976:37f)

Die Politikerinnen sind also einerseits Alibifrauen, andererseits entspricht ihr Karriereverlauf (fast) dem der männlichen Kollegen; das sind die zwei Seiten ein und derselben Münze. Die Anpassung an die vorherrschenden Karrieremuster war bisher nur einem äußerst kleinen Teil privilegierter Frauen möglich; ihnen ist es aber in all den Jahren seit dem Bestehen der Bundesrepublik nicht gelungen, mehr Frauen in die Parlamente nachzuziehen. Sie sind Alibifrauen geblieben.

Welche Perspektiven ergeben sich hieraus jetzt für die Verwirklichung der politischen Gleichberechtigung von Frauen? Die vorherrschenden Karrieremuster provozieren die Frage nach dem Preis für eine politische Karriere. Alle empirischen Untersuchungen über Berufskarrieren belegen, daß mit einer 40-Stunden-Woche keine Karriere zu machen ist.

„Wer aufsteigen will, muß sich den offiziellen Vorgaben und inoffiziellen Erwartungen, den Spielregeln der ...Auslese fügen -und die lassen oft keine Freizeit zu, greifen in Feierabend und Wochenende über. Der Karriereberuf fordert "ganzen Einsatz", stetige Verfügbarkeit, Flexibilität, Mobilität. Er abstrahiert von familialen und privaten Belangen. ...Er ist eine alles verschlingende Aktivität, die man rückhaltlos verfolgen, der man alle Ziele unterordnen muß." (Elisabeth Beck-Gernsheim 1985:137)

Eine Karriereverweigerung aufgrund dieser Strukturen und Anforderungen erscheint auf den ersten Blick als durchaus vernünftige Konsequenz: Warum „sich einspannen ...lassen in das Räderwerk der Männerkarriere?"(ebd.:140)

Die Ablehnung jeglicher institutioneller politischer Partizipation aber führt letztlich in eine politische Sackgasse; sich außerhalb der politischen Institutionen zu stellen, trägt zur Zementierung der bestehenden Entscheidungsstrukturen und Machtverhältnisse bei und konserviert somit die Machtlosigkeit der Frauen. Denn wie sollen beim gleichzeitigen Rückzug ins Private, in die feministische Subkultur, gesellschaftliche Veränderungen im Sinne der Frauen erreicht werden?

Zwei weitere konzeptionell unterschiedliche Ansätze zeichnen sich in der Diskussion über die Forderung nach mehr Frauen in politischen Führungspositionen ab. Zu unterscheiden ist hier zwischen einem eher pragmatisch ausgerichtetem Defizitansatz und einem eher gesellschafts- und berufspolitisch kritischem Ansatz.(vgl.Rita Süssmuth 1983:135ff) Nach dem Verständnis des ersten Ansatzes gründet sich die Unterrepräsentation von Frauen in der Politik vorrangig auf sozialisationsbedingte und sozialstrukturelle Defizite. Da die Entwicklung einer langfristigen Aufstiegs- und Karriereplanung kein integraler Bestandteil des weiblichen Sozialisationsprozesses ist, zeigten zu wenig Frauen Interesse an einem aktiven politischen Engagement. Zudem fehle vielen Frauen aufgrund insgesamt schlechterer Schul- und Berufsausbildung sowie ihrer überwiegend untergeordneten Position in der Arbeitswelt die berufsbedingte Politiknähe und das Training notwendiger politischer Fähigkeiten. Hinzu trete ihre vorrangige Zuständigkeit für Haushalt und Kindererziehung, die ihnen kaum Zeit für politische Aktivitäten lasse. (66)

Folgt man dieser Ursachenanalyse, so ließe sich mithilfe einer verstärkten Motivation, beruflichen Qualifizierung und tatkräftigen Unterstützung durch den Ehemann bzw. Partner das Problem der politischen Unterrepräsentation von Frauen lösen.(67) Abgesehen davon, daß derartige Defizithypothesen einer empirischen Überprüfung nur eingeschränkt standhalten (68), wird hier eine einseitige Verengung des Problems zu Lasten der Frauen vorgenommen. Denn die unkritische Orientierung an bestehenden Leistungs- und Verhaltensnormen bedeutet die Fortschreibung der männlichen Karrieremuster.
Und genau dagegen wendet sich der zweite Ansatz. Um die Aufstiegschancen für Frauen zu verbessern, müssen sich nicht in erster Linie die Frauen, sondern die Formen, in denen Politik stattfindet, ändern. (69) Immer weniger Frauen sind bereit, sich die Bedingungen ihrer Integration in die politischen Institutionen weiterhin diktieren zu lassen. Sie halten es nicht länger für erstrebenswert, unter den gleichen entfremdeten und inhumanen Bedingungen wie die Männer in Parteien und Parlamenten zu arbeiten und die Karriereleiter mühsam und unter ständiger Einübung von Verzichtsleistungen emporzusteigen.

Eine dritte Alternative zu „stillem Rückzug" und „totaler Karriere" nimmt hier langsam Gestalt an. Elisabeth Beck-Gernsheim hat sie „Karriere mit begrenzten Ambitionen" genannt. Sie soll mehr Freiraum „für die eigene Person wie für ein bewußtes Abwägen der Ziele und Maßstäbe" lassen.(70) Zugleich wird der Versuch unternommen, verkrustete politische Strukturen aufzubrechen und neue Lösungsmuster zu entwickeln. Die Etablierung eines solchen Karrieremusters setzt allerdings voraus, daß sich Frauen in Führungspositionen aus ihrer bisherigen Vereinzelung lösen und sich stärker gegenseitig unterstützen, absprechen und ermutigen. Der Aufbau kleiner Netzwerke, wie sie in einigen Berufsfeldern bereits praktiziert werden, könnte hierbei eine wichtige Hilfe sein.(71)

4.5 Zusammenfassung

Ziel dieses Kapitels war die Herausarbeitung der Verhinderungsmechanismen sowie der Chancen für einen politischen Aufstieg von Frauen. Die Aufstiegsbarrieren lassen sich in strukturelle und psychische unterteilen. Zu den strukturellen Barrieren zählen die vorherrschenden politischen Aufstiegsmuster sowie die organisatorische Sonderstellung der Frauen.
Die Ergebnisse der empirischen Eliteforschung über innerparteiliche und gesellschaftliche Voraussetzungen sowie den Verlauf des personellen Führungsauswahlprozesses haben eine ausschließliche Orientierung an der männlichen Lebenswelt erbracht, deren Grundlage die Abstraktion von der familialen Situation bildet.
- Aufgrund ihrer gesellschaftlichen Ungleichheit kann das Gros der weiblichen Parteimitglieder weder den erforderlichen bzw. eine Karriere begünstigenden Beruf noch eine einflußreiche berufliche Führungsposition vorweisen. Im höheren öffentlichen Dienst, der das Rekrutierungsfeld für politische Akteure ist, sind Frauen zudem deutlich unterrepräsentiert.
- Ihre vorrangige Zuständigkeit für Familie und Kindererziehung erschwert eine kontinuierliche und arbeits- wie zeitintensive Mitarbeit in den lokalen Führungsgremien der Parteiorganisationen, die aber eine unabdingbare Voraussetzung für einen politischen Aufstieg bildet. Ein Teil der weiblichen Parteimitglieder dürfte somit aufgrund der bestehenden Doppel- und Dreifachbelastung an der erforderlichen Abkömmlichkeit scheitern.(72)
- Da die Frauenorganisationen nicht als innerparteiliche Hausmacht gelten, haben Frauen keine einflußreiche Gruppe hinter sich, die ihre Kandidatur wirkungsvoll unterstützen und durchsetzen könnte. Die Folge ist, daß die Mehrzahl der an einem Mandat interessierten Frauen von den örtlichen Delegiertenkonferenzen auf die hinteren, wenig aussichtsreichen Listenplätze verwiesen wird.
Die dominierenden politischen Karrieremuster machen somit für viele Frauen einen Aufstieg nahezu unmöglich.

Die eingehende Auseinandersetzung mit den bundesweiten Frauenorganisationen von CDU und SPD hat ergeben, daß die organisatorische Sonderstellung kein geeigneter Weg für die Integration der Frauen in die Parteien ist, sondern im Gegenteil diese Integration verhindert, da die weiblichen Mitglieder organisatorisch wie inhaltlich in Politikreservate verwiesen werden.
- Die Einflußlosigkeit der AsF ist, im Gegensatz zur Frauenvereinigung der CDU, bereits satzungsgemäß festgeschrieben, da sie keine Gliederung im Sinne des Parteistatuts darstellt und somit weder als Organ der innerparteilichen Willensbildung gilt, noch ein eigenes Antragsrecht zu Bundesparteitagen besitzt.
- Die doppelte Gremienarbeit, also aktives Engagement in der Frauenorganisation wie in den anderen Parteigremien, bedeutet eine besondere arbeitsmäßige Belastung der weiblichen Mitglieder. Die Frauen-

organisationen sind daher für die dort aktiven Frauen oftmals keine Übergangsstation, sondern die Endstation ihrer politischen Arbeit.
- Auch gemessen an ihrem Anspruch einer wesentlichen Erhöhung der Frauenanteile in innerparteilichen wie öffentlichen Ämtern sind die Frauenorganisationen gescheitert. Letztendlich dienen sie lediglich dem Erhalt des unbefriedigenden status quo.

Neben diesen strukturellen Barrieren behindern aber auch auf der Einstellungs- und Verhaltensebene Vorurteile gegenüber Frauen in der Politik das politische Engagement von weiblichen Parteimitgliedern. Die Vorurteile basieren auf der Auffassung, daß Politik im Grunde Männersache sei, da Frauen ihrem Wesen nach für die 'harte' politische Auseinandersetzung ungeeignet und damit politikunfähig seien.
Die geschlechtsspezifische Diskriminierung äußert sich u.a.
- in der Beibehaltung des gewohnten Abstimmungs- und Nominierungsverhaltens zugunsten der Männer,
- in der Anwendung unterschiedlicher, Frauen benachteiligender Maßstäbe bei der Auswahl der Kandidaten,
- in der Ignoranz gegenüber Redebeiträgen von Frauen und
- in der Diffamierung von Politikerinnen,die einen Angriff auf deren Selbstwertgefühl darstellt.

Die dennoch erfolgreichen Politikerinnen haben ihren Aufstieg durch Anpassung an die dominierenden Karrieremuster erreicht. Diese Anpasung wird jedoch von den weiblichen Parteimitgliedern zunehmend in Frage gestellt. Die jahrzehntelange Akzeptanz der politischen Karrieremuster ist brüchig geworden: Inhalte und Formen von Politik stehen zur Disposition. Inwiefern Frauen die Durchsetzung ihres Anspruches auf politische Machtpositionen bei gleichzeitiger Feminisierung der Politik gelingt, bleibt abzuwarten. Eine durchgreifende Veränderung geschlechtsspezifischer Machtverhältnisse wird allerdings nicht allein durch den Verzicht einer männlichen Minderheit auf Privilegien zu erreichen sein, vielmehr bedarf es hierzu grundlegender gesellschaftlicher Lern - und Wandlungsprozesse.

Anmerkungen

1 Klassische Elitetheoretiker sind: Gaetano Mosca, Vilfredo Pareto und Robert Michels. Eine zusammenfassende Darstellung der klassischen Elitetheorie findet sich bei B.T.Bottomore (1969).
2 Einen Überblick über ältere und neuere Elitetheoretiker gibt Wilfried Röhrich, 1975.
3 Vertreter dieses ehemaligen „Tübinger Kreises" waren Ralf Dahrendorf (1968) und Wolfgang Zapf (1964 sowie 1965).
4 So z.B. Karlheinz Kaufmann/H.Kohl/P.Molt 1961; Bodo Zeuner 1970.
5 So Dietrich Herzog 1975; Edu Enke 1974; Mechtild Fülles 1969; Hannelore Mabry 1971.
6 Zu dieser „Mannheimer Schule" um Rudolf Wildenmann gehört auch Ursula Hoffmann-Lange (1976).

7 Vgl. hierzu die Darstellung von Dietrich Herzog 1982:76-101.

8 Vertreter dieses Ansatzes sind u.a.: Donald R. Matthews (1954) und Robert Putnam (1976).

9 Als Vertreter dieses Ansatzes sind vor allem Harold D. Lasswell (1960) und Lewis J. Edinger (1967) zu nennen.

10 Dieser Ansatz geht auf die klassische Studie von Robert Michels (1957) zurück.

11 Vgl. die Diskussion bei Herzog 1982:76-101. Zu den Grenzen der empirischen Eliteforschung vgl. auch Ursula Hoffmann-Lange 1976: 23ff.

12 Nach §1 des Parteiengesetzes haben die Parteien die Aufgabe, „zur Übernahme öffentlicher Verantwortung befähigte Bürger heranzubilden" sowie „sich durch Aufstellung von Bewerbern an den Wahlen in Bund, Ländern und Gemeinden (zu) beteiligen."

13 Dem innerparteilichen Karrierestart vorgelagert ist die politische Sozialisation; sie hat aber für eine spätere Parteikarriere nur eine geringe Bedeutung. Vgl. Herzog 1982:92.

14 Zur Politiknähe von Berufen vgl. Heino Kaack 1979:427ff.

15 So stellten die Beamten ein Drittel aller Abgeordneten des 9. Bundestages; vgl. Peter Schindler 1983:198; Heino Kaack 1981: 165ff; siehe auch Friedrich Karl Fromme 1978.

16 Nachrückern wird dadurch der Zugang zu politischen Spitzenpositionen erschwert. Siehe hierzu auch Heino Kaack's Ausführungen zur Führungselitenrotation, 1979:443-448.

17 Eine Ausnahme bildet die derzeitige Bundesministerin Rita Süssmuth; aus einer führenden Position im Wissenschaftsbereich wechselte sie direkt in das Regierungsamt.

18 Vgl. Frauen in der Bundesrepublik Deutschland, hrsg. vom Bundesminister für Jugend, Familie und Gesundheit, Bonn 1986:24. Die Prozentangaben beziehen sich auf 1982.

19 Vgl. hierzu: Ingrid Preikert 1977:65ff; siehe auch Claus Offe 1983:499.

20 Zur politischen Einflußlosigkeit der Hausfrauen, wie auch beispielsweise der Arbeitslosen oder Schüler und Studenten, vgl. Claus Offe 1972:147.

21 Diesen Zusammenhang bestätigt auch Karin Schmidt-Urban für die SPD; sie vermerkt: „Frauen sind zwar eine Minderheit in der SPD. Wenn sie sich jedoch zur Mitgliedschaft entschließen, dann sind sie eher als Männer aktiv."(1981:77).

22 Jahrbuch der SPD 1973-1975:291.

23 Arbeitsheft für Arbeitsgemeinschaften sozialdemokratischer Frauen, hrsg. von Annemarie Renger und Elfriede Eilers,o.J.

24 Zuvor wurden die Vorsitzende des Bundesfrauenausschusses sowie die Mitglieder dieses Ausschusses von den jeweiligen Parteivorständen berufen bzw. entsandt. 1973 fand erstmals eine Bundesfrauenkonferenz mit gewählten Delegierten statt. Vgl. Ursula Pausch-Gruber 1978:78; siehe auch Wolfgang Pausch 1985.

25 Vgl. die zusammenfassende Darstellung der Arbeit der AsF von Inge Wettig-Danielmeier 1984:168-174; siehe auch Katrin Fuchs/ Ursula Pausch-Gruber 1981:13-25.

26 Zitiert nach: Kornelia Schild-Kreuziger 1980:42f.

27 So fand die erste Konferenz sozialdemokratischer Frauen bereits 1900 in Mainz statt; vgl. Antje Arold/Sylvia Schenk 1980.

28 Arbeitsheft für Arbeitsgemeinschaften sozialdemokratischer Frauen, hrsg. von Annemarie Renger/Elfriede Eilers, o.J.:4.

29 Vgl. hierzu Frau und Gesellschaft, Dokumente Nr.20, hrsg. von AsF, 1983; siehe auch die Stellungnahme der AsF zum Antidiskriminierungsgesetz, in: Sachverständigenanhörung am 21./22.Januar 1982:131-122.

30 Zur Frauenprogrammatik der SPD vgl. Gerda Hollunder 1976:20-25.

31 Orientierungsrahmen '85, Abschnitt 4.6.4.

32 Diese Arbeitsgruppe zur Gleichstellung der Frau scheint zu einer dauerhaften Einrichtung zu werden; so wurde sie sowohl auf dem SPD-Bundesparteitag 1982, als auch auf dem von 1984 und 1986 erneut eingesetzt. Begründet wird diese Wiedereinsetzung gleichfalls mit wahltaktischen Überlegungen: So muß, „wer heute von Frauen gewählt werden will, sichtbare Erfolge bei der Beteiligung von Frauen erreichen" (Jahrbuch der SPD 1982-83:297). Vgl. auch Inge Wettig-Danielmeier 1984a:10ff.

33 Hier läßt sich durchaus eine Parallele zur gewerkschaftlichen Situation von Frauen ziehen; Claudia Pinl stellt fest: „Die ständigen Appelle an die männliche Solidarität, hinter denen keine Macht und wenig Druck der Basis stehen, beantworten die Männer mit tröstenden, unverbindlichen Worten und bestenfalls mit gutgemeinten Absichtserklärungen." (Claudia Pinl 1977:107).

34 Willy Brandt konstatiert: „Viele haben die Berichte für ihren Bereich nicht vorgelegt. Allzuviele haben aber auch nichts weiter getan, als uns die häufig trostlosen Zahlen vorzulegen."(Brandt 1982:47; Anlage).

35 Daß die männlichen Parteimitglieder kaum Interesse an frauenspezifischen Themen haben, belegt auch die Bremer Befragung. Vgl. Kapitel 5. dieser Arbeit.

36 Zitiert nach: Antje Arold/Sylvia Schenk 1980:108.

37 Ebd.; vgl. auch Werner Thönnessen 1969:121.

38 Inzwischen hat die AsF hier allerdings einen Sinneswandel vollzogen, und auf ihr Betreiben faßten Parteirat und Parteivorstand einen Quotierungsbeschluß, wonach Frauen bei der Bundestagswahl ein Viertel aller Kandidaten stellen sollten.

39 Bericht über die Gleichstellung der Frauen in der Partei, Vorlage zum SPD-Bundesparteitag in Nürnberg 1986:4.

40 Ebd.:14. Zur Erreichung dieses Ziels bekräftigte der Nürnberger Parteitag den Parteitagsbeschluß 596 von Essen in allen Punkten. Danach sollen u.a. die Parteigliederungen weiter über die Beteiligung von Frauen in den Gremien berichten; eine steigende Zahl von Frauen soll chancenreich für politische Ämter und Positionen vorgeschlagen und nominiert werden; es soll dafür gesorgt werden, daß mehr Frauen Tätigkeiten ausüben, die Qualifizierungschancen bieten, und auch an der Außendarstellung der Partei sollen mehr Frauen mitwirken.(Vgl. Frau und Gesellschaft, Nr.22,1984:39f).

41 Einen Überblick über den Diskussionsstand der Jungsozialistinnen gibt der Band "Frauen und Sozialismus", 3/4 1983.

42 Vgl. Hanna-Renate Laurien 1976:443. Die CSU führte ihre Frauenarbeitsgemeinschaft 1968 in die Frauen-Union über.

43 Die finanzielle und personelle Ausstattung der Frauenarbeit war aber lange Zeit mangelhaft. Vgl. hierzu Wolfram Höfling 1980:140f.

44 Eine Zusammenstellung der wichtigsten christdemokratischen Frauenprogramme findet sich in: CDU-Frauenvereinigung (Hrsg.),Der Beitrag der Frauen in der CDU zur Politik für eine neue Partnerschaft zwischen Mann und Frau.Eine Auswahl in Dokumenten 1973-1985, Bonn 1985.

45 Abgedruckt in: Die Frau in der offenen Gesellschaft 1/1976:27f.

46 Ebd.

47 Ebd.; siehe auch Hanna-Renate Laurien 1976:447; zum Frauenbild der CDU/CSU vgl. Anke Riedel-Martiny 1976:295-299.

48 Zusammenfassung des Aktionsprogramms der CDU-Frauenvereinigung in: Informationen für die Frau 6/1978:10.

49 Stellungnahme der CDU-Frauenvereinigung zum Antidiskriminierungsgesetz in: Sachverständigenanhörung am 21./22.Januar 1982:134. Angemerkt sei hier, daß die geforderte Wahlrechtsänderung lediglich eine indirekte Möglichkeit darstellt, mehr Frauen in die Parlamente zu bringen; denn das geltende Wahlrecht ist an sich nicht frauenfeindlich, wohl aber die Praxis der Parteien, Kandidatinnen überwiegend auf wenig aussichtsreichen Listenplätzen aufzustellen.

50 Die Prozentangabe bezieht sich auf das Jahr 1977.

51 Bei der SPD nennen 2 Abgeordnete Funktionen auf Bezirksebene, 6 Frauen geben Funktionen auf Landes- und 2 Frauen auf Bundesebene an. Von den weiblichen CDU-Abgeordneten waren/sind 3 Frauen auf Landesebene und 6 Frauen auf Bundesebene tätig.

52 So hat die Bremer Mitgliederumfrage hinsichtlich des Bildungsstandes keine signifikanten geschlechtsspezifischen Unterschiede erbracht. Vgl. Kapitel 5. dieser Arbeit.

53 Siehe: Susan Gluck Mezey 1978:492-501; Marcia M. Lee 1977:118ff; Vera Werner/Claudia Bernadoni 1985:56ff.

54 Ein solches passives Verhalten ruft höchstens ironische Kommentare hervor. So schrieb der Spiegel über den Hagener Bundesparteitag der GRÜNEN von 1982: „Ihre Versammlung, bei der Frauen auffällig in der Minderheit waren, lief schön nach herkömmlichem Muster: Männer reden und machen Politik, Frauen stricken und hören zu." (Der Spiegel vom 22.11.1982).

55 Zitiert nach: Time vom 22.10.1984.

56 Zitiert nach: Frankfurter Rundschau vom 14.1.1987.

57 Vgl. Renate Schmidt in: DAS PARLAMENT vom 13.10.1984.

58 Ebd.

59 Senta Trömel-Plötz beschreibt diesen Sachverhalt für schwedische Politikerinnen; vgl. Trömel-Plötz 1982:28.

60 Zitiert nach: Marielouise Janssen-Jurreit 1976:34f.

61 Vgl. Frankfurter Rundschau vom 27.4.1984.

62 Hier gibt es aber auch andere Erfahrungen; so bemerkt Lieselotte Berger (CDU): „In Klagelieder, daß Männer die politische Karriere von Frauen systematisch behindern, kann ich nur mit Vorbehalt einstimmen. In meiner Partei habe ich selbst nie Schwierigkeiten gehabt, die von Dauer waren."(Berger 1976:62).

63 Es wurde bereits darauf hingewiesen, daß auch bei Herzog's Untersuchung biographischer Profile von Politikern Frauen ausgeklammert bleiben. Nicht nur für den politischen Bereich, sondern generell fehlt es an empirischen Untersuchungen über weibliche Berufskarrieren. Vgl. für das Wirtschaftsleben Margaret Hennig/ Anne Jardim 1978; siehe auch Elisabeth Beck-Gernsheim 1980, Kapitel 4.

64 Interessant ist hier die herausragende Stellung der CDU; die Hälfte ihrer weiblichen Abgeordneten ist somit aufgrund einer Direktkandidatur in den Bundestag gekommen; bei der SPD gelang das nur einem Siebtel.

65 Diese fünf Eigenschaften nennt Anke Fuchs als Voraussetzung für eine politische Karriere. Vgl.Christa Randzio-Plath 1980:55.

66 Siehe z.B. N.Rempt-Halmanns de Jongh 1983:99-110.

67 Diese Auffassung ist insbesondere in der CDU verbreitet; statt kritischer Infragestellung der Karrieremuster wird Anpassung gefordert. Vgl. Renate Hellwig 1984:131-153.

68 Vgl. hierzu Kapitel 5. der Arbeit.

69 Vgl. Inge Wettig-Danielmeier 1984b:33; Anke Martiny 1986:239ff; Helga Wex 1986:134-145. Als Beispiel für die inhumanen Arbeitsbedingungen der Bonner Politikwelt siehe: Gunter Hofmann 1982: 57f.

70 Elisabeth Beck-Gernsheim 1985:141; siehe hierzu auch: Claudia Bernadoni/Vera Werner 1985; Hildegard Hamm-Brücher 1986:13ff.

71 Siehe z.B. Carol Kleimann 1980.

72 Es wurde bereits darauf hingewiesen, daß der Einfluß durch Abkömmlichkeitsprobleme in der Praxis für die weiblichen Parteimitglieder geringer ist als vielfach angenommen.

5. Frauen in den Bremer Parteien. Eine Darstellung und Analyse ihres Sozial-, Einstellungs- und Partizipationsprofils

5.1 Einleitung

Der nachgewiesene Anstieg der weiblichen Parteimitglieder in den 70er Jahren hat bislang bei den etablierten Parteien kaum dazu geführt, die Praxis der Ämter- und Mandatsvergabe an Männer zu verändern. Die daraus resultierende Unterrepräsentation der weiblichen Mitglieder in innerparteilichen wie öffentlichen Ämtern wurde in den vorangegangen Kapiteln anhand einer Sekundäranalyse belegt; zudem wurden die (vermuteten) Partizipations- und Aufstiegsrestriktionen von Frauen aufgezeigt. Auf der Basis einer 1982 von der Forschungsgruppe Parteiendemokratie durchgeführten repräsentativen Befragung von Parteimitgliedern in Bremen steht in diesem Kapitel jetzt die empirische Überprüfung der herausgearbeiteten Annahmen zur Erklärung des Präsenzdefizits von Frauen in der politischen Elite im Vordergrund.
Läßt man noch einmal die in der Literatur vertretenen Erklärungsansätze Revue passieren, so können diese in fünf Hypothesen zusammengefaßt werden, die sich zum einen stärker auf die gesellschaftliche Verankerung der weiblichen Parteimitglieder, zum anderen eher auf den parteiorganisatorischen Kontext beziehen.

1. Sozialstrukturthese oder: Frauen sind nicht kompetent

Dieser Erklärungsansatz betont die sozialstrukturelle Ungleichheit der Frauen als Ursache ihrer politischen Benachteiligung. Aufgrund insgesamt schlechterer Schul- und Berufsausbildung sowie ihrer überwiegend untergeordneten beruflichen Position fehle danach vielen Frauen die berufsbedingte Politiknähe, das Training notwendiger politischer Fähigkeiten, wie z.B. Argumentationsfähigkeit, Durchsetzungsvermögen, sicheres Auftreten und Führungsqualitäten.(vgl. Mechtild Fülles 1969; M.Kent Jennings/Barbara C.Farah 1981:462ff; Eleanor Main/Beth Schapiro 1979) Die unzureichende berufliche Kompetenz disqualifiziere Frauen von der Teilhabe an der politischen Macht und mache das ohnehin geringe weibliche Kandidatenpotential für Führungspositionen zu einer Quantité négligeable.

2. Sozialisationsthese oder: Frauen sind nicht motiviert

Nach dem Verständnis dieses Ansatzes ist die Entwicklung einer langfristigen Aufstiegs- und Karriereplanung kein integraler Bestandteil des weiblichen Sozialisationsprozesses. So zeigten zu wenig Frauen Interesse an einer aktiven politischen Mitarbeit wie auch an einer Kandidatur für ein innerparteiliches oder öffentliches Amt. Die

Mehrheit der weiblichen Mitglieder bevorzuge dagegen eine passive Mitgliedsrolle. (siehe: Hannelore Mabry 1974; Mechtild Fülles 1969; Marianne Githens/Jewell L. Prestage 1977:3ff; Anthony M. Orum u.a. 1977:17ff; Dean Jaros 1973) Letztlich sei das politische Desinteresse der Frauen ein Produkt überlieferter, erlernter und internalisierter Erziehungsmuster, wonach die 'richtig' definierte gesellschaftliche Rolle der Frau politische Aktivitäten ausschließe.

3. Abkömmlichkeitsthese oder: Frauen haben keine Zeit

Da der weibliche Lebenszusammenhang bestimmt ist durch Haushalt, Kindererziehung und Berufstätigkeit, fehlt nach dem Verständnis dieses Ansatzes der Mehrheit der weiblichen Mitglieder ganz einfach die für ein politisches Engagement erforderliche Zeit. (vgl. Helga Grubitzsch 1981:11ff; Hannelore Mabry 1974; Dietrich Herzog 1979: 63ff; Vicky Randall 1982; Melville E. Currell 1974; Cynthia Fuchs Epstein 1981:124ff) Das Argument des Zeitmangels korrespondiert zumeist mit einer Überzeugung, die für sich beansprucht, definitiv und übereinstimmend mit den gesellschaftlichen Normen zu wissen, wo und wie Frauen ihre Zeit zu verbringen haben, was sich in der parteipolitischen Praxis als äußerst restriktiv erweist. Dabei steht eine parteipolitisch aktive Frau vor einem doppelten Dilemma: Nimmt sie ihre familiären Aufgaben genau so wichtig wie bisher, wird die Ernsthaftigkeit eines dauerhaften politischen Engagements angezweifelt. Räumt sie dagegen ihren politischen Ambitionen oberste Priorität ein, fällt sie unter das vernichtende Verdikt, ihre Familie sträflich zu vernachlässigen.

4. Isolationsthese oder: Frauen sind Außenseiter

Vertreter/-innen dieser These heben hervor, daß die weiblichen Parteimitglieder infolge ihres Minderheitenstatus sowie fehlender Hausmacht nicht in gleicher Weise wie die Männer innerhalb und außerhalb der Parteiorganisation politisch relevant integriert seien; vor allem die Mitarbeit in den Frauenorganisationen isoliere sie vom eigentlichen Parteigeschehen.(vgl. Mechtild Fülles 1969; Virginia Sapiro 1983) Auch wenn sich die weiblichen Mitglieder nicht ausschließlich in die Frauenorganisationen abdrängen ließen oder mangels Alternativen auf ein separates, institutionalisiertes Tätigkeitsgebiet angewiesen seien, gäbe es dennoch innerparteilich informelle Kommunikations- und Entscheidungsstrukturen, zu denen Frauen nur selten einen Zugang haben.

5. Diskriminierungsthese oder: Frauen sind nicht politikfähig

Die fünfte These schließlich beruht auf einem Syndrom aus tradierten gesellschaftlichen, individuellen und innerparteilichen Rollenzuweisungen. Trotz des anerkannten Gleichheitspostulats, werde die Perzeption von der Politikunfähigkeit der Frauen unverändert beibehalten. Diese Art der offenen und versteckten Diskriminierung diene letztlich dem Zweck, die männerbestimmte organisationsinterne Hierarchie abzusichern, innerhalb derer weibliche Parteimitglieder vor allem als 'lower level participants'gebraucht würden. Sollte dennoch eine Abweichung davon aus Zufall, Opportunität oder Legitimationsgründen gelegentlich unumgänglich sein, bestätige die erforderliche Ausnahme in Form der Akquisition einer 'Alibifrau' lediglich die Regel von der Unantastbarkeit des innerparteilichen Status quo. (siehe: Marielouise Janssen-Jurreit 1976:329ff; Lenelotte von Bothmer 1976:7ff; Cornelia Schmalz-Jacobsen 1981; Susan Gluck Mezey 1978: 429ff; Marica M. Lee 1977:118ff)

Diese Hypothesen sind zwar in Öffentlichkeit und Wissenschaft ausgiebig diskutiert, aber empirisch für die Bundesrepublik Deutschland bisher nicht überprüft worden; denn die Auseinandersetzung mit den Bedingungen und Formen institutioneller politischer Partizipation von Frauen gehört, wie bereits erwähnt, bis heute zu den defizitären Bereichen der Politikwissenschaft.

Die Darstellung der Untersuchungsergebnisse beruht auf der deskriptiven Statistik sowie der Regression als einem multivariaten Analyseverfahren. Die Entscheidung fiel auf diese Methode der schrittweisen multiplen Regression, da sie der Problemstellung - welchen Einfluß haben das Geschlecht, individuelle Voraussetzungen und parteiorganisatorische Bedingungen auf die Disposition zur Wahrnehmung innerparteilicher Mitarbeitsformen? - am angemessensten ist.(vgl. Christiane Schuchard-Ficher u.a. 1982:40-104) Das partizipative Verhalten der Mitglieder als zu erklärende Variable der Regressionsanalysen wurde anhand folgender Indikatoren operationalisiert: Politisches Interesse und politische Kommunikation stellen Indikatoren für die erste Stufe der Hinwendung zur Politik dar und beschreiben die individuelle Disposition, sich mit politischen Problemen auseinanderzusetzen. Die generelle Bereitschaft zur innerparteilichen Mitarbeit findet in der Zeitopferbereitschaft ihre Operationalisierung, und die Aktivitätsselbsteinschätzung verdeutlicht die subjektive Teilnahmeintensität. Der regelmäßige Besuch von Mitgliederversammlungen gibt Auskunft über die tatsächliche Beteiligung am Parteileben. Unter dem Gesichtspunkt der Rekrutierung des politischen Führungspersonals kommen schließlich der Bereitschaft zur Amtsübernahme, der Amtsinhabe und dem individuellen Aufstiegsinteresse entscheidende Bedeutung zu.

Zur Erklärung des Teilnahmeverhaltens der Mitglieder wurden für die unabhängigen Variablen folgende Operationalisierungen gewählt: Dem Einfluß der individuellen Voraussetzungen auf eine aktive Ausgestaltung der Mitgliedsrolle soll anhand von sozio-demographischen (Geschlecht, Alter, Bildung, Berufstätigkeit), lebenssituativen (Familienstand, Zeit für Hausarbeit, Zeit für Kinderbetreuung) und sozialisationsbedingten Merkmalen (politische Gespräche im Elternhaus, bewußt politische Erziehung, geschlechtsspezifische Erziehung, Schulaktivität) nachgegangen werden. Da zudem der einem Verhalten zugrundeliegenden Motivation eine große Wirkung zukommt (vgl. hierzu:

Schaubild 4: Determinanten des Partizipationsverhaltens weiblicher Parteimitglieder: Abhängige und unabhängige Variablen der multiplen Regressionsanalysen

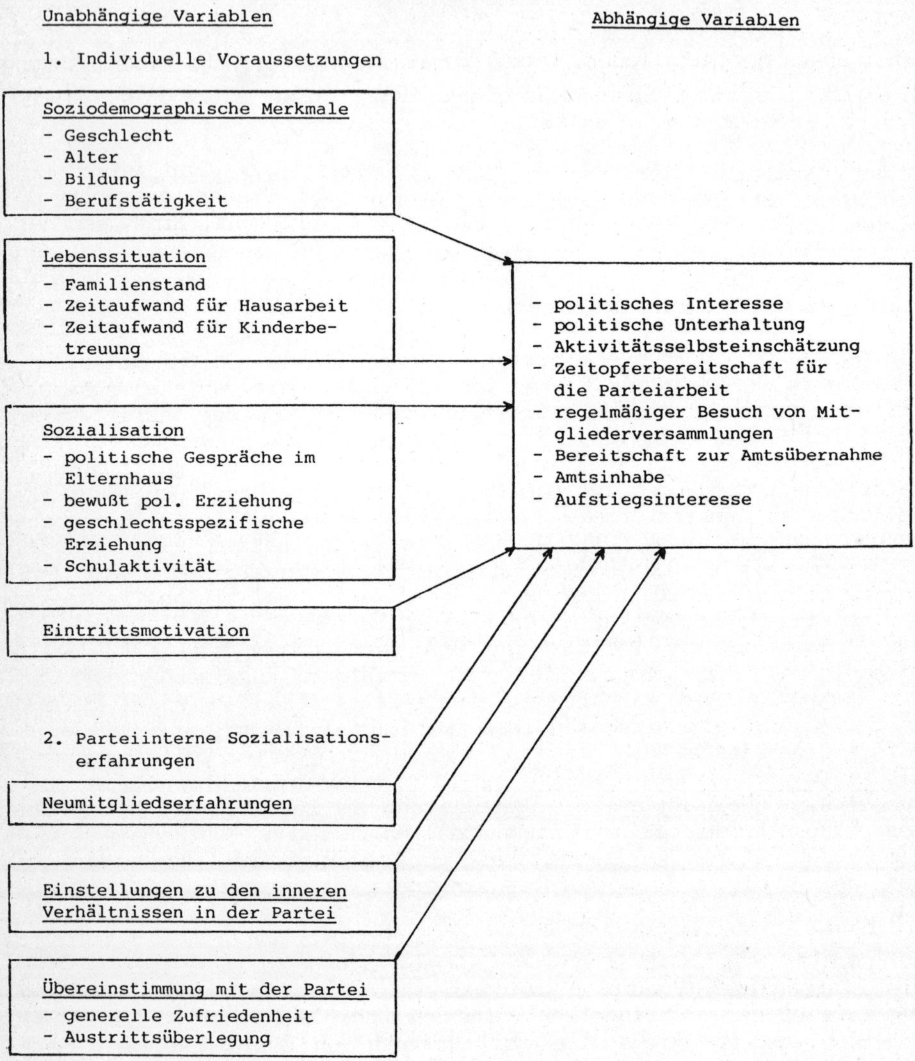

Michael Buse u.a. 1978:55ff; Klaus Simon 1978:75ff), wird in unserem Kontext auch die Parteieintrittsmotivation als unabhängige Variable in ihrem Einfluß auf das Partizipationsverhalten zu untersuchen sein. Neben diesen von den Mitgliedern eingebrachten Voraussetzungen prägt auch die Parteiorganisation selbst das Verhalten und die Einstellungen der Mitglieder. Diese parteiorganisatorische Eigenleistung wird anhand der Neumitgliedserfahrungen, der Einstellung zu den inneren Verhältnissen in den Parteien und der generellen Zufriedenheit mit der Partei erfaßt.
Alle Regressionen wurden fünfmal gerechnet; und zwar einmal für alle Parteimitglieder, dann für Männer und Frauen getrennt und schließlich auch für SPD- und CDU-Mitglieder getrennt. Eine gesonderte Analyse nur für FDP-Mitglieder war wegen der zu geringen Fallzahl nicht möglich. Aus dem gleichen Grund konnte auch bei SPD und CDU nicht nach Geschlecht getrennt werden. Da in dieser Arbeit in erster Linie die Determinanten des partizipativen Verhaltens der weiblichen Mitglieder im Vergleich zu denen der Männer interessieren, werden stets nur diese beiden Tabellen präsentiert. An den Stellen, wo das Geschlecht einen erklärenden Einfluß ausübt, wird im Text darauf Bezug genommen.

Zum Verständnis der Regressionstabellen sei darauf hingewiesen, daß jeweils nur die Variablen aufgeführt sind, die bei der schrittweisen multiplen Regression auf 95%-Niveau signifikante Zuwächse an reduzierter Varianz erbringen. Die in den Tabellen verwandten Abkürzungen seien hier noch erläutert:
- "GP" bezeichnet die Gründe für den Parteibeitritt. Den Befragten wurde hierzu eine Liste mit 19 Beweggründen vorgelegt, aus der sie die für ihren Beitritt zutreffenden heraussuchten.
- "PE" bezeichnet die Parteieintrittserfahrungen der Mitglieder auf Parteiversammlungen und im Umgang mit anderen Mitgliedern. Den Befragten wurden hierzu 15 Aussagen vorgelesen, die sie ablehnen oder denen sie zustimmen konnten.
- Mit "PV" sind Aussagen zu den inneren Verhältnissen und dem Verhalten der Parteien gekennzeichnet. Die Befragten konnten diesen Statements differenziert zustimmen (+1 bis+3) oder sie ablehnen (-1 bis -3).

Im einzelnen gliedert sich dieses Kapitel wie folgt:
Ausgehend von den eingangs formulierten Hypothesen werden zunächst die sozialstrukturellen Merkmale der weiblichen Parteimitglieder nach den Kriterien Geschlecht, Alter, Bildung, Beruf, Einkommen, Wohnsituation, Konfession und Familienstand dargestellt. Soweit möglich, werden dabei Vergleichsdaten der Bremer Bevölkerung hinzugezogen, um zu prüfen, ob die weiblichen Parteimitglieder tatsächlich so unzureichende schulische und berufliche Voraussetzungen für die Politik mitbringen, wie ihnen allgemein unterstellt werden.
Danach werden in Kapitel 5.3 und 5.4 der politische Standort, die Wertorientierung, das Gesellschaftsverständnis, das politische Inter-

esse und die Kommunikationsgewohnheiten behandelt, also Faktoren, die als sozial-kulturelle Normen politische Beteiligung beeinflussen. Kapitel 5.5 beschäftigt sich mit den Bedingungen und der Eigenleistung der Parteiorganisation an der Mitgliedersozialisation: Warum werden Frauen Mitglieder in einer Partei und was sind ihre Eintrittsmotive? Wie sieht ihr Mitgliedsengagement aus? Welche Erfahrungen machen sie als Neumitglieder? Welche Aktivitäten nehmen sie wahr und wie verhalten sie sich? Wie steht es mit ihrer Bereitschaft zur Übernahme eines innerparteilichen Amtes und mit ihrem Aufstiegsinteresse?
In Kapitel 5.6 wird nach der Verankerung der weiblichen Mitglieder in sozialen Vorfeldorganisationen sowie nach Art und Umfang der innerparteilichen Kontakte gefragt, um Aufschluß über den Integrationsgrad zu gewinnen.
Die Mitgliederpartizipation über inhaltliche Fragen wird in Kapitel 5.7 anhand der Themenwünsche und -prioritäten aufgezeigt. Kapitel 5.8 untersucht, wie die weiblichen und männlichen Mitglieder die Situation der Frauen in den Parteien insgesamt beurteilen. Im Schlußkapitel wird dann der Versuch unternommen, eine zusammenfassende Bilanz der wichtigsten Befunde zu geben.
Als Vergleichsgruppe werden jeweils die männlichen Parteimitglieder herangezogen. Befragt wurden insgesamt 560 Personen, davon waren 363 männliche und 197 weibliche Parteimitglieder.(siehe dazu die Anlage) Alle Angaben beziehen sich, soweit nicht anders erwähnt, ausschließlich auf die Mitglieder von SPD, CDU und FDP in der Stadt Bremen.

5.2 Soziodemographische Merkmale der weiblichen Mitglieder

5.2.1 Geschlecht

Ende 1981 betrug der Mitgliederbestand in den Bremer Parteien SPD, CDU und FDP insgesamt 14.991; darunter befanden sich 3.836 weibliche Mitglieder, was einem Frauenanteil von 25,8% entspricht. Damit lag die Quote der weiblichen Mitglieder 1981 um 4,1 Prozentpunkte über dem bundesweiten Anteil.
Von den 3.836 weiblichen Mitgliedern gehörten 2.742 der SPD, 914 der CDU und 180 der FDP an. Damit betrug der Frauenanteil in der CDU 30%, SPD 24,5% und FDP 24%. Im Vergleich zu den bundesweiten Anteilen der weiblichen Parteimitglieder liegt die CDU deutlich darüber (30% zu 21,2%), während die Anteile der weiblichen Mitglieder in SPD (24,5% zu 23,3%) und FDP (24% zu 24,6%) in etwa der Bundesebene entsprechen.

5.2.2 Alter

Mit dem Alter verbinden sich in der Generationenfolge gemeinsame politische Erfahrungen während bestimmter Lebensabschnitte. Die Bremer Parteien haben ihren Schwerpunkt in der Nachkriegsgeneration, d.h. in der Altersgruppe der 41-50jährigen (SPD:23,2%; CDU:21,8%

Tabelle 38: Altersgliederung der Parteimitglieder (31.12.81) und Wohnbevölkerung (31.12.82) (in Prozent)

	SPD			CDU	FDP	Wohnbevölkerung		
Jahre	Ges.	Frauen	Männer	Ges.	Ges.	Ges.	Frauen	Männer
16-30	11,7	13,9	10,9	12,8	12,4	27,3	24,8	30,3
31-40	23,1	23,6	22,9	19,7	21,4	15,3	14,0	16,8
41-50	23,2	19,9	24,3	21,8	27,0	17,5	16,1	19,2
51-60	19,9	17,5	20,8	18,5	14,0	13,3	13,6	13,0
61-70	12,4	12,8	12,3	13,9	12,0	11,7	13,3	9,8
71 und älter	9,7	12,3	8,7	12,5	8,7	14,8	18,1	10,9
ohne Angaben	-	-	-	0,8	4,5	-	-	-
N=	15339	3940	11399	3042	734	468270	253868	214402

Erläuterung: Die SPD-Daten beziehen sich auf das Land Bremen, die Daten von CDU, FDP und Wohnbevölkerung auf die Stadt Bremen.

Quellen: Altersgliederung der Parteimitglieder nach Angaben der Landesgeschäftsstellen der Parteien; Altersgliederung der Wohnbevölkerung aus: Statistisches Landesamt Bremen, Die Bevölkerung nach Altersjahren, Altersgruppen und Geschlecht 1982, ausgegeben im Dezember 1983:2

und FDP 27%); bei der SPD ist zudem die Gruppe der 31-40jährigen gleich stark besetzt (23,1%). Die am geringsten vertretene Altersgruppe ist - verständlicherweise - die der über 71jährigen.
Unterteilt man die Mitglieder in jüngere (bis 40), mittlere (41 bis 60) und ältere (61 und älter), so gehört ca. ein Drittel der Mitglieder aller Parteien zur Gruppe der jüngeren (SPD:34,8%; CDU: 32,5% und FDP 33,8%); rd. 40% stellen die mittlere Altersgruppe (SPD:43,1%; CDU:40,3% und FDP:41%); und gut ein Fünftel (SPD:22,1%; FDP:20,7%) bzw. ein Viertel (CDU:26,4%) zählt zu den älteren Mitgliedern. Die Altersstruktur der Mitglieder von SPD, CDU und FDP ist also insgesamt sehr ähnlich. Auch zwischen den weiblichen und männlichen SPD-Mitgliedern zeigen sich keine nennenswerten Differenzen. Im Vergleich zur Wohnbevölkerung sind allerdings die bis 30jährigen Parteimitglieder deutlich unter-, die 31-40jährigen und die 41-50jährigen überrepräsentiert.

5.2.3 Bildungsstand

Qualifizierte Schul- und Berufsausbildung gelten als zentrale Voraussetzungen für einen politischen Aufstieg. Von allen Bremer Parteimitgliedern besitzen als höchsten Abschluß rd. 30% einen Hauptschul-

abschluß, 17,3% die mittlere Reife und 7,5% das Abitur; 10% haben eine abgeschlossene Lehre und 20% ein abgeschlossenes Hochschulstudium.
Im Vergleich zur Wohnbevölkerung sind die Parteimitglieder mit einem Hauptschulabschluß und mit einer Lehre deutlich unterrepräsentiert. Während mehr als zwei Drittel (69,2%) der Bremer einen Hauptschulabschluß vorweisen kann, beträgt ihr Anteil an den Parteimitgliedern weniger als ein Drittel. Über die Hälfte der Wohnbevölkerung (54,1%) hat nur eine Lehre, aber lediglich ein Zehntel der Parteimitglieder befindet sich in dieser Kategorie. Deutlich überrepräsentiert sind in den Parteien dagegen die Mitglieder mit einem Universitätsabschluß; hier stehen 15,3% einem Anteil von 4,3% in der Wohnbevölkerung gegenüber. Bei der mittleren Reife, dem Abitur und dem Fachhochschulabschluß gibt es jedoch nur geringe Unterschiede. (Tabelle 39 und 40)

Tabelle 39: Bildungsabschluß der Mitglieder nach Partei (in Prozent)

Abschluß	Ges.	SPD	CDU	FDP
Hauptschule	29,5	33,9	18,9	1,9
Mittlere Reife	17,3	15,2	25,3	17,5
Abitur[1)]	7,5	6,3	11,6	9,4
Lehre	10,1	10,7	9,5	3,3
Meisterprüfung	1,7	2,1	0,5	-
Fachhochschule	4,7	3,2	7,7	16,5
Examen	15,3	15,7	11,9	24,1
Promotion	2,3	1,9	2,8	7,2
ohne Abschluß[2)]	7,2	7,1	7,1	7,3
Sonstiges	4,3	3,9	4,3	12,6
N=	560	297	195	68
P=	0.0033			

1) Hier sind Fachabitur und allgemeine Hochschulreife zusammengefaßt.

2) Hier sind alle Schultypen, die ohne einen Abschluß verlassen wurden, zusammengefaßt.

Die Bildungsstruktur der Mitglieder in den Parteien ist somit kein Spiegelbild der Bremer Bevölkerung, sondern beweist die Dominanz gehobener Schulabschlüsse. Der Eintritt in eine Partei ist danach auch eine Frage der formalen Ausbildung.

Tabelle 40: Bildungsstand der Parteimitglieder und Wohnbevölkerung im Land Bremen (Mai 1982) (in Prozent)

	Ges.	F	M	Frauen/Männer in:			Wohnbevölkerung:[1]		
				SPD	CDU	FDP	Ges.	Frauen	Männer
Haupt-	29,5	28,0	30,1	32,6	16,2	7,9	69,2	67,7	70,6
schule				34,4	20,0	-			
Mittlere	17,3	20,1	16,2	16,4	31,9	24,3	20,3	21,5	18,8
Reife				14,8	22,6	15,4			
Abitur[2]	7,5	5,8	8,2	5,5	5,7	13,0	10,4	13,4	7,9
				8,0	14,1	8,2			
Lehre	10,1	9,2	10,3	9,6	9,1	5,1	54,1	45,8	63,8
				11,1	9,6	2,7			
Meister-	1,7	-	2,2	-	-	-	3,1	-	6,7
prüfung				2,7	0,7	-			
Fachhoch-	4,7	3,3	5,1	2,7	3,9	11,8	1,6	-	3,5
schule				3,4	9,3	18,0			
Examen	15,3	13,7	15,9	13,7	14,3	-	4,3	3,0	5,9
				16,3	10,4	31,8			
Promotion	2,3	2,3	2,5	3,3	-	-	-	-	-
				1,4	3,9	9,5			
ohne Ab-[3]	7,2	11,6	5,7	11,8	10,9	13,3	-	-	-
schluß				5,7	6,1	5,4			
Sonstiges	4,3	6,0	3,7	4,3	8,0	24,5	-	-	-
N=	560	197	363	122	52	23	546100	295900	250200
				175	143	45			
P=	0.0690			0.0900	0.5075	0.7848			

1) Die Prozentangaben der Wohnbevölkerung addieren sich auf über 100 Prozent, da nicht nur der höchste Schulabschluß angegeben wurde.

2) Hier sind Fachabitur und allgemeine Hochschulreife zusammengefaßt.

3) Hier sind alle Schultypen, die ohne einen Abschluß verlassen wurden, zusammengefaßt.

Anmerkung: Wohnbevölkerung nach Angaben des Statistischen Landesamtes Bremen für die Wohnbevölkerung ohne noch nicht schulpflichtige Kinder und noch in der Ausbildung stehende Personen.

Zwischen den höchsten Schulabschlüssen weiblicher und männlicher Parteimitglieder zeigen sich insgesamt nur geringfügige Differenzen. Bei Frauen wie Männern kommt an erster Stelle der Hauptschulabschluß (28% zu 30,1%), gefolgt von der mittleren Reife (20,1% zu 16,2%), dem Hochschulexamen (13,7% zu 15,9%), der abgeschlossenen Lehre (9,2% zu 10,3%), dem Abitur (5,8% zu 8,2%), dem Fachhochschulabschluß (3,3% zu 5,1%) und der Promotion (2,3% zu 2,5%). Dieser sehr ähnliche Ausbildungsstand von Frauen und Männern widerlegt die verbreitete Auffassung, daß die weiblichen Parteimitglieder aufgrund von Bildungsdefiziten für gehobene Positionen nicht geeignet seien.
Die Differenzierung nach Parteizugehörigkeit zeigt allerdings einige Unterschiede in der Bildungsstruktur der weiblichen Mitglieder; so hat die SPD mit Abstand den höchsten Anteil an weiblichen Mitgliedern mit einem Hauptschulabschluß (SPD:32,6%; CDU:16,2% und FDP:7,9%) und kann zudem bei der Promotion als einzige Partei einen Frauenanteil von 3,3% aufweisen; die CDU führt bei der mittleren Reife (CDU: 31,9%; FDP:24,3% und SPD:16,4%) und die FDP beim Abitur (FDP:13%; CDU:5,7% und SPD:5,5%) sowie dem Fachhochschulabschluß (FDP:11,8%; CDU:3,9% und SPD:2,7%). Bei der abgeschlossenen Lehre sind die zwischenparteilichen Differenzen nur gering (SPD:9,6%; CDU:9,1% und FDP:5,1%).
In den Parteien ist der Bildungsstand zwischen Frauen und Männern in der SPD am ausgeglichensten. In der CDU und FDP besitzen deutlich mehr weibliche als männliche Mitglieder die mittlere Reife (CDU:31,9% zu 22,6%; FDP:24,3% zu 15,4%), während die CDU-Männer beim Abitur (14,1% zu 5,7%) und die Männer der FDP beim Examen (31,8%) dominieren.

5.2.4 Berufsstruktur

Stärker noch als der Schulbildung kommt der beruflichen Qualifikation für den innerparteilich verwertbaren Erfahrungshorizont und die Rekrutierung des politischen Führungspersonals entscheidende Bedeutung zu. Trifft man zunächst die Unterscheidung zwischen erwerbstätig und nicht erwerbstätig, so zeigt sich, daß die männlichen Parteimitglieder zu 70% und mehr erwerbstätig sind, während dieser Anteil bei den Frauen insgesamt lediglich 47,9% beträgt (CDU:37%; FDP:49,2% und SPD:51,6%). Nimmt man als Vergleichsgruppe die Wohnbevölkerung, so sind allerdings die erwerbstätigen Männer wie Frauen in den Parteien überrepräsentiert. Die größte Berufsgruppe stellen unter den berufstätigen Parteimitgliedern die Angestellten dar (38,7%); mehr als ein Viertel steht im Beamtenverhältnis (26,3%); zu den Arbeitern zählen lediglich 15,4% und selbständig sind 13,8%.
Im Vergleich zur erwerbstätigen Bevölkerung sind damit Angestellte und Beamte sowie die Selbständigen in den Parteien überrepräsentiert, während Arbeiter und Arbeiterinnen extrem unterrepräsentiert sind. So zählen von allen erwerbstätigen Frauen fast 30% zu den Arbeiterinnen, unter den berufstätigen weiblichen Parteimitgliedern aber beträgt ihr Anteil nur 10,3%. Diese Berufsstruktur verdeutlicht die Mittelschichtsorientierung aller Parteien.(vgl. Tabelle 43)

Tabelle 41: Berufe der Bremer Parteimitglieder (Nur Erwerbstätige) (in Prozent)

	Ges.	Frauen	Männer	Frauen/Männer in: SPD	CDU	FDP
Arbeiter	15,4	10,3	16,6	13,8	-	7,3
				19,5	8,7	-
Angestellte	38,7	53,3	35,2	56,8	45,9	47,8
				36,1	37,3	20,5
Beamte	26,3	20,4	27,7	22,2	6,9	35,1
				31,3	14,5	19,8
Selbständige	13,8	7,5	15,4	2,0	26,0	9,8
				9,0	34,0	52,5
Berufssoldaten	0,8	-	1,0	-	-	-
				0,7	2,6	-
Ohne Angaben/	4,8	8,5	3,9	5,2	21,2	-
Sonstiges				3,4	2,9	7,1
N=	407	117	290	80	25	12
				146	108	36
P=	0.0241			0.0614	0.1490	0.4644

Während die männlichen Mitglieder etwas stärker als die Frauen unter den Arbeitern (16,6% zu 10,3%), den Beamten (27,7% zu 20,4%) und den Selbständigen (15,4% zu 7,5%) vertreten sind, dominieren die berufstätigen Frauen bei den Angestellten (53,3% zu 35,2%).

Eine Differenzierung der weiblichen Mitglieder nach Parteizugehörigkeit zeigt, daß die SPD sich stärker als die anderen Parteien aus den weiblichen Angestellten (SPD:56,8%; CDU:45,9% und FDP:47,8%) und den Arbeiterinnen (SPD:13,8%; FDP:7,3%) rekrutiert; die CDU ist besonders bei den selbständigen Frauen erfolgreich (CDU:26%; FDP:9,8% und SPD:2,0%), und die FDP kann den höchsten Anteil weiblicher Beamter aufweisen (FDP:35,1%; SPD:22,2% und CDU:6,9%).
Unter den nicht berufstätigen weiblichen Mitgliedern findet sich der höchste Anteil der Rentner und Pensionäre in der SPD (SPD:21,4%; FDP:18,2% und CDU:15,5%), während der Hausfrauenanteil in der CDU am höchsten liegt (CDU:27%; FDP:22,8% und SPD:17,1%). Kaum Unterschiede zeigen sich beim Anteil der noch in der Ausbildung stehenden weiblichen Mitglieder (FDP:6,3%; CDU:4,7% und SPD:4,2%).

Faßt man diese Ergebnisse zusammen, so ist die SPD vor allem die Partei der berufstätigen Frauen; mehr als die Hälfte der weiblichen

Tabelle 42: Parteimitglieder nach Erwerbstätigkeit (in Prozent)

	Ges.	Frauen	Männer	Frauen/Männer in: SPD	CDU	FDP
Erwerbstätig[1)]	66,7	47,9	73,2	51,6	37,0	49,2
				73,8	72,2	74,1
Nicht-Erwerbs-tätig[2)]	25,7	43,5	19,6	42,7	47,2	47,3
				19,5	20,7	15,9
Sonstiges/[3)] ohne Angaben	7,5	8,7	7,1	5,8	15,7	3,5
				6,7	7,1	10,0
N=	560	197	363	122	52	23
				175	143	45
P=	0.0000			0.0000	0.0004	0.3978

1) Hier wurden Arbeiter, Angestellte, Beamte und Selbständige zusammengefaßt.

2) Hier wurden Rentner/Pensionäre, Hausfrauen/-männer und Schüler/Studenten/Lehrlinge zusammengefaßt.

3) Unter "Sonstiges" fallen z.B. Mithelfende Familienangehörige und Arbeitslose.

Tabelle 43: Berufsstruktur der erwerbstätigen Parteimitglieder und Bevölkerung (in Prozent)

	Erwerbstätige Parteimitglieder, Stadt Bremen[1)]			Erwerbstätige im Land Bremen (2)		
	Ges.	Frauen	Männer	Ges.	Frauen	Männer
Arbeiter	15,4	10,3	16,6	36,4	29,0	40,9
Angestellte	38,8	53,3	35,2	45,9	62,0	36,0
Beamte	26,3	20,4	27,7	10,5	4,6	14,2
Selbständige	13,8	7,5	15,4	7,1	4,3	8,9
N=	407	117	290	269700	102000	167700
P=	0.0241					

1) Da bei den erwerbstätigen Bremer Parteimitgliedern die Kategorien "Berufssoldaten" und "Sonstiges" fehlen, addieren sich die Angaben nicht auf 100 Prozent.

2) Ohne Auszubildende und Mithelfende Familienangehörige

Anmerkung: Erwerbstätige im Land Bremen nach Angaben des Statistischen Landesamtes Bremen für 1982.

Tabelle 44: Berufe der Bremer Parteimitglieder (in Prozent)						
	Ges.	Frauen	Männer	Frauen/Männer in:		
				SPD	CDU	FDP
Arbeiter	10,8	5,4	12,7	7,5	-	3,6
				14,9	6,5	-
Angestellte	27,1	27,9	26,8	30,9	21,6	23,5
				27,6	27,8	16,4
Beamte	18,4	10,7	21,1	12,1	3,2	17,3
				23,9	10,8	15,8
Selbständige	9,9	3,9	11,9	1,1	12,2	4,8
				6,9	25,2	41,9
Berufssoldaten	0,7	-	0,5	-	-	-
				0,5	1,9	-
Rentner/ Pensionäre	17,4	19,6	16,7	21,4	15,5	18,2
				17,0	16,9	9,4
Hausfrauen/ -männer	5,3	19,5	0,3	17,1	27,0	22,8
				0,4	-	-
Schüler/Studenten/Lehrlinge	3,0	4,4	2,6	4,2	4,7	6,3
				2,1	3,8	6,5
Sonstiges/ ohne Angaben	7,5	8,7	7,1	5,8	15,7	3,5
				6,7	7,1	10,0
N=	560	197	363	122	52	23
				175	143	45
P=	0.0000			0.0000	0.0004	0.3978

Mitglieder ist abhängig erwerbstätig (50,5%). Zählt man auch die inzwischen in den Ruhestand getretenen Frauen hinzu, so sind bzw. waren rd. 72% berufstätig. Die CDU ist demgegenüber in erster Linie die Partei der Hausfrauen und der selbständigen Frauen; das sind zusammen 39% aller weiblichen Mitglieder. Abhängig erwerbstätig ist in der CDU knapp ein Viertel der Frauen; zählt man auch hier die Rentnerinnen hinzu, so ergibt sich ein Anteil von 40,3% gegenüber 72% bei der SPD. Die FDP ist in der Mitte anzusiedeln; von ihren weiblichen Mitgliedern sind bzw. waren rd.67% abhängig erwerbstätig; das sind mehr als in der CDU, aber weniger als in der SPD. Umgekehrt liegt ihr Hausfrauenanteil über dem der SPD, aber unter dem der CDU. Das gleiche gilt für die selbständigen Freidemokratinnen.

5.2.5 Nettofamilieneinkommen und Wohnsituation

Die berufliche Etablierung der Parteimitglieder spiegelt sich auch in ihrer finanziellen Situation wider. Parteimitglieder mit einem

Haushaltsnettoeinkommen bis zu 2.500 DM sind danach im Vergleich zu ihrem Anteil in der Gesamtbevölkerung extrem unterrepräsentiert; umgekehrt sind die gut verdienenden Mitglieder, vor allem diejenigen mit mehr als 3.000 DM, deutlich überrepräsentiert.

Tabelle 45: Haushaltsnettoeinkommen von Parteimitgliedern und Wohnbevölkerung (in Prozent)

DM	Parteimitglieder Stadt Bremen	Wohnbevölkerung Land Bremen
bis 2.500	38,5	66,0
2.500 - 3.000	17,5	10,5
3.000 und mehr	44,0	23,5
N=	560	321.900

Anmerkung: Wohnbevölkerung nach Angaben des Statistischen Landesamtes Bremen für 1982.

Nur 10% der Mitglieder haben ein Nettofamilieneinkommen bis zu 1,500 DM; zwischen 1.500 und 2.500 DM stehen rd. 29% monatlich zur Verfügung; bis zu 3.000 DM haben 17,5% und über 3.001 DM und mehr können 44% aller Parteimitglieder verfügen. Die Differenzen zwischen Männern und Frauen sind bis auf eine Ausnahme gering; so sind die weiblichen Mitglieder in der Kategorie 1.501 bis 2.000 DM erkennbar überrepräsentiert. Diese Annäherung erklärt sich aus der Fragestellung; so wurde nicht nach dem individuellen Nettoeinkommen, sondern nach dem der Familie gefragt.

Die Differenzierung der weiblichen Mitglieder nach Parteizugehörigkeit ergibt folgendes: Über ein Haushaltsnettoeinkommen von bis zu 1.000 DM verfügen 4,8% der Sozialdemokratinnen und 3,1% der Christdemokratinnen; zwischen 1.001 und 2.000 DM stehen 37,1% der Frauen aus der SPD, 18,8% der Frauen aus der FDP und 9,3% der Frauen aus der CDU zur Verfügung. Ein Nettohaushaltseinkommen bis zu 3.000 DM gaben 28,4% der SPD-Frauen, 32,9% der CDU-Frauen und 37,4% der FDP-Frauen an. Über ein monatliches Haushaltsnettoeinkommen von über 3.000 DM können mehr als die Hälfte der Frauen der CDU (54,7%), knapp die Hälfte der liberalen Frauen (48,8%), aber weniger als ein Drittel der Sozialdemokratinnen (29,7%) verfügen. Ihr durchschnittliches Nettohaushaltseinkommen ist im Vergleich zu den Christ- und Freidemokratinnen deutlich geringer.

Mit diesem Sachverhalt, daß in den Parteien vor allem die gut verdienenden Mittelschichten vertreten sind, korrespondiert auch der hohe Anteil an Immobilienbesitzern. 44,1% der Parteimitglieder wohnen im eigenen Haus und 5,8% in einer Eigentumswohnung. In der Gesamt-

Schaubild 5

Monatliches Nettofamilieneinkommen nach dem Geschlecht (in Prozent)

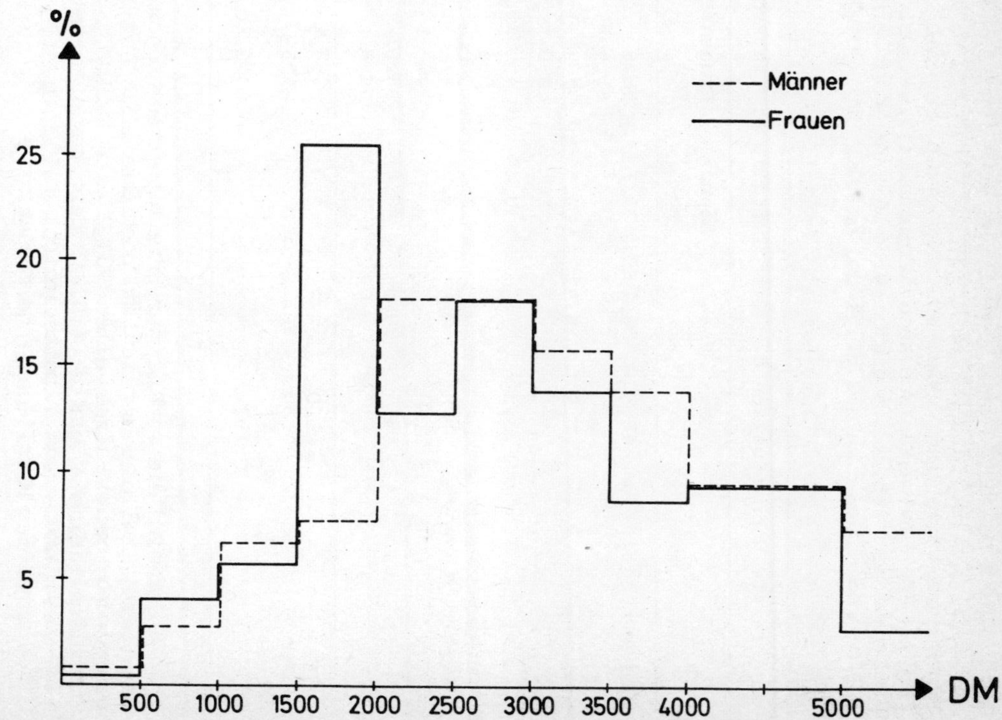

bevölkerung beträgt dieser Anteil dagegen nur rd. 38%. (Nach Angaben des Statistischen Landesamtes Bremen für 1982)
Eigentumsbildung ist zudem vorrangig ein Merkmal der Frauen der CDU und FDP (und natürlich auch der Männer); zwei Drittel der Christdemokratinnen (66,7%) besitzen eine Wohnung oder ein Haus; bei der FDP beträgt dieser Anteil 51,5% und bei der SPD lediglich 35,5%.

Tabelle 46: Wohnsituation der Parteimitglieder (in Prozent)

	Ges.	Frauen	Männer	Frauen/Männer in: SPD	CDU	FDP
Mietwohnung	42,0	50,1	39,1	56,5	33,3	40,1
				41,5	31,4	29,1
Miethaus	7,8	5,9	8,5	7,9	-	8,4
				8,0	8,2	9,3
Untermiete	0,3	-	0,4	-	-	-
				0,4	0,6	-
Eigentumswohnung	58	5,2	6,0	1,0	17,4	7,0
				5,3	7,5	10,6
Eigenes Haus	44,1	38,8	46,0	34,5	49,3	44,5
				44,8	52,2	51,0
N=	560	197	363	122	52	23
				175	143	45
P=	0.1926			0.0478	0.2475	0.9599

Abgerundet wird dieses Bild zur privilegierten ökonomischen Situation der Parteimitglieder schließlich noch durch die Angaben zur Schichteinordnung; die Hälfte aller Mitglieder (49,4%) fühlt sich der Mittelschicht, ein Fünftel (19,8%) der oberen Mittelschicht zugehörig. Der Unter- und Arbeiterschicht hat sich insgesamt nur knapp ein Viertel der Mitglieder zugerechnet.

5.2.6 Konfession

Ebenso wie die Bremer Bevölkerung sind die Bremer Parteimitglieder überwiegend evangelisch (57,3%), und nur 13% sind katholisch. Auffallend ist allerdings, daß mehr als ein Viertel (28,9%) der Mitglieder, aber lediglich 5,6% der Wohnbevölkerung keiner Religionsgemeinschaft angehören. Parteimitglieder, und zwar Frauen wie Männer, stehen der Kirche somit deutlich distanzierter gegenüber.
Unter den weiblichen Mitgliedern ist die Ablehnung der Kirche bei den Frauen der SPD am deutlichsten; fast ein Drittel (32,4%) von ihnen gehört keiner Kirche an. Bei der FDP beträgt dieser Anteil nur 12% und bei der CDU 7,1%.

Tabelle 47: Religionszugehörigkeit der Parteimitglieder und der Wohnbevölkerung (in Prozent)

	Ges.	F	M	Frauen/Männer in: SPD	CDU	FDP	Wohnbevölkerung Ges.	Frauen	Männer
prote-stantisch	57,3	60,3	56,3	55,0 55,7	69,3 57,1	83,2 57,6	80,6	82,3	78,7
römisch/kath.	13,0	14,7	12,4	12,5 9,6	23,6 26,1	4,8 5,5	10,2	10,0	10,4
andere	0,8	-	1,1	- 0,9	- 0,8	- 4,6	3,7	4,0	3,5
N=	560	197	363	122 175	52 143	23 45	582275	309117	273158
P=	0.3339			0.6413	0.4975	0.6696			

Anmerkung: Wohnbevölkerung (Stadt Bremen 1970) nach: Statistische Mitteilungen, Freie Hansestadt Bremen, Volkszählung am 27.5.1970, Teil 1, Gemeinde- und Ortsteilergebnisse, Statistisches Landesamt Bremen, H.31, Juni 1974,S.52f.

Tabelle 48: Häufigkeit des Kirchgangs nach Partei und Geschlecht (nur Kirchenmitglieder) (in Prozent)

Frage: „Wie oft gehen Sie zur Kirche?"

	Ges.	Frauen	Männer	Frauen/Männer in: SPD	CDU	FDP
ein-oder mehrmals die Woche	5,1	5,6	4,9	2,4 1,5	13,5 17,2	- -
ein-oder mehrmals im Monat	8,5	10,7	7,7	3,2 6,5	22,6 11,8	24,0 -
ein-oder mehrmals im Jahr	30,1	32,3	29,3	32,2 26,1	33,4 33,6	31,9 55,8
seltener	23,1	19,4	24,5	22,3 27,3	12,8 18,2	24,5 18,9
nie	33,1	32,0	33,5	38,7 38,7	17,6 18,8	19,6 25,3
N=	416	152	264	84 114	48 120	20 30
P=	0.6754			0.6863	0.8829	0.5211

Die Mehrheit der Parteimitglieder, die einer Religionsgemeinschaft angehören, geht nie (33,1%) oder seltener als einmal im Jahr zur Kirche (23,1%). Männer und Frauen unterscheiden sich darin nicht. Von den weiblichen Mitgliedern gehen die christdemokratischen Frauen am häufigsten zur Kirche; im Vergleich zu den anderen Frauen führen sie vor allem beim wöchentlichen Kirchenbesuch. Am zweithäufigsten suchen die liberalen Frauen die Kirche auf, während für die sozialdemokratischen Frauen der Kirchenbesuch einen deutlich geringeren Stellenwert hat. 39% der weiblichen Mitglieder der SPD gehen nie zur Kirche (CDU:18,8%; FDP:25,3%). (vgl. Tabelle 47 und 48)

5.2.7 Familienstand

Fast drei Viertel der Bremer Parteimitglieder sind verheiratet (73,3%), und lediglich 1,7% leben mit ihrem Partner/ihrer Partnerin ohne Trauschein zusammen. Unter den Alleinlebenden stellen die Ledigen (12,7%) die größte Gruppe, gefolgt von den Verwitweten (5,9%), den Geschiedenen (4,5%) und den in Trennung Lebenden (1,6%).

Tabelle 49: Familienstand der Parteimitglieder (in Prozent) Stadt Bremen

	Ges.	F	M	Frauen/Männer in:			Wohnbevölkerung Land Bremen (31.12.1982)		
				SPD	CDU	FDP	Ges.	Frauen	Männer
verheiratet	73,3	59,1	78,2	59,5	62,1	39,5	54,4	51,4	57,8
				79,4	77,0	61,0			
ledig	12,7	11,7	13,1	10,0	17,0	13,5	28,1	23,4	33,5
				11,9	17,4	18,0			
geschieden	4,5	6,3	3,8	7,0	3,4	12,5	5,8	6,3	5,2
				4,3	1,4	6,6			
geschieden u.wieder verheiratet	0,3	0,5	0,2	0,4	-	3,5			
				-	0,7	2,0			
getrennt lebend	1,6	2,0	1,5	2,3	-	8,4			
				1,5	0,8	3,7			
verwitwet	5,9	17,1	2,1	17,5	15,8	22,6	11,7	18,8	3,5
				2,1	2,7	-			
mit Partner zusammenlebend	1,7	3,3	1,1	3,3	1,7	-			
				-	8,7	-			
N=	560	197	363	122	52	23			
				175	143	45	584395	313411	270984
P=	0.0000			0.0000	0.1623	0.4011			

Anmerkung: Wohnbevölkerung, ab 16 Jahre, nach Angaben des Statistischen Landesamtes Bremen.

Vergleicht man zwischen den männlichen und weiblichen Parteimitgliedern, so ist der Anteil der verheirateten Frauen deutlich geringer (Frauen: 59,1%; Männer: 78,2%), während ihr Anteil an den Verwitweten höher liegt (Frauen:17,1%; Männer:2,1%).
Unter den weiblichen Mitgliedern weist die FDP mit 57% den höchsten Anteil an alleinlebenden Frauen auf; in der SPD beträgt dieser nur 36,8% und in der CDU 36,2%.
Im Vergleich zur Wohnbevölkerung sind die verheirateten Männer und Frauen in den Parteien überrepräsentiert, während die ledigen Parteimitglieder unterrepräsentiert sind. Bei den männlichen Mitgliedern ist dieses Verhältnis noch ausgeprägter als bei den Frauen.
Die Tatsache, daß deutlich mehr alleinstehende Frauen als Männer Parteimitglied sind, gibt Anlaß zu der Vermutung, daß Familienpflichten eher einem politischen Engagement von Frauen als von Männern im Wege stehen. Die Ergebnisse der Regressionsanalysen zum partizipativen Verhalten der weiblichen Mitglieder weisen aber an keiner Stelle den Familienstand als erklärende Variable aus. Verheiratete Frauen sind danach nicht weniger aktiv als alleinstehende Frauen. Dennoch könnte die Antizipation von möglichen Koordinationsproblemen (Haushalt, Kinder, Berufstätigkeit und politisches Engagement) bereits im Vorfeld wirksam werden und eher verheiratete Frauen als Männer von einem Parteibeitritt abhalten.

5.3 Politischer Standort, Wertorientierung und Gesellschaftsverständnis

Das politische Verhalten von Frauen in Parteien wird nicht nur durch sozialstrukturelle Faktoren bestimmt, sondern auch von Einstellungen, Wertorientierungen und Wünschen, die nicht allein auf die Zugehörigkeit zu einer Berufs-, Einkommens- oder Altersgruppe zurückzuführen sind. Gesellschaftsverständnis und Präferenzen für bestimmte politische Ziele resultieren auch aus der generellen Eingruppierung in das ideologische Spektrum des Parteiensystems, wofür die traditionelle Links-Rechts-Selbsteinstufungsskala Anhaltspunkte liefert. (1)
Die Links/Rechts Einstufung von Männern und Frauen zeigt keine nennenswerten Differenzen. Die Mehrheit der Mitglieder hat sich links von Punkt 5 eingeordnet. Die Männer erreichen ihr Maximum bei Punkt 3, die Frauen bei Punkt 4 der Selbsteinstufungsskala, Den Punkt 5 haben rd.16% der Männer und ca.19% der Frauen gewählt; und für die Punkte 6 bis 9 haben sich 28% der männlichen und 24% der weiblichen Mitglieder entschieden. Ganz rechts stufen sich lediglich 3% der Mitglieder ein. (vgl.Schaubild)

---

1) Diese Skala reicht von Punkt 1 (=Links) bis zu Punkt 10 (=Rechts). Je weiter die Mitglieder nach links gehen, desto mehr "links" stufen sie sich in politischer Hinsicht ein; je weiter sie nach rechts gehen, desto mehr "rechts" stufen sie sich ein.

Schaubild 6

Politische Selbsteinstufung auf der Links-Rechts-Skala nach dem Geschlecht (in Prozent)

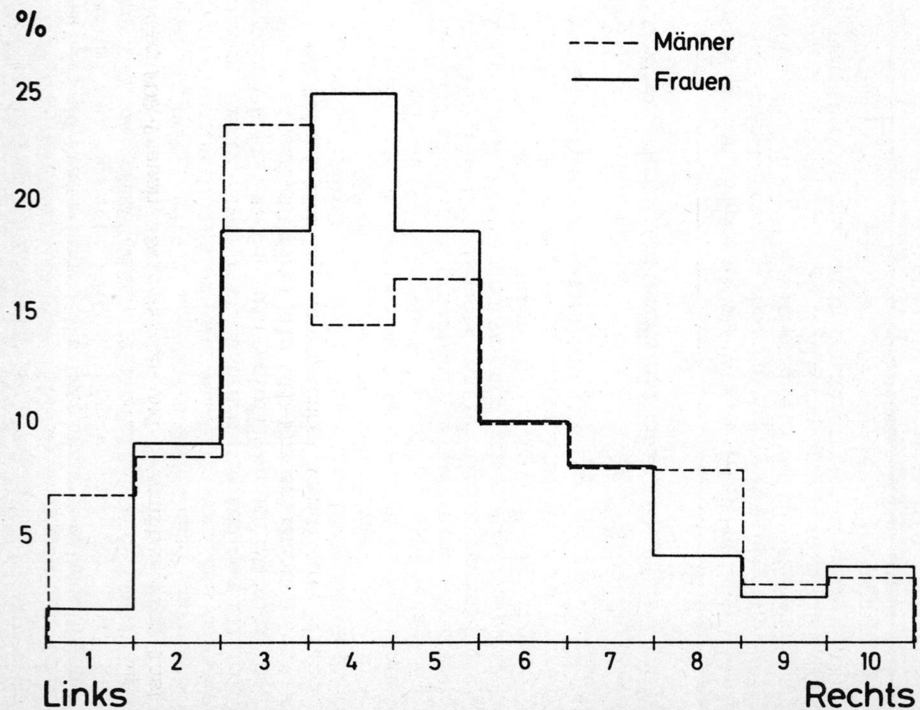

Anders dagegen verhält es sich, wenn man nur die weiblichen Mitglieder betrachtet. Auf die Punkte 1 bis 4 fiel die Entscheidung von fast drei Viertel aller Frauen der SPD, von knapp einem Viertel der liberalen Frauen und nur von 7% der Frauen aus der CDU. Den Mittelweg wählten 17% der SPD-Frauen, ein Fünftel der CDU-Frauen und ein Drittel der FDP-Frauen. Zwischen 6 und 9 stuften sich fast 60% der Christdemokratinnen, rd.40% der liberalen Frauen und etwa 10% der Sozialdemokratinnen ein.Und auf der rechten Seite des parteipolitischen Spektrums finden sich nur noch die Frauen der CDU mit 13%. Interessant ist, daß sich von den weiblichen Mitgliedern der CDU mehr Frauen links einordnen (27%) als SPD-Frauen rechts (9,6%). Diese politische Standortbestimmung kennzeichnet somit die Frauen der SPD als überwiegend links, die Frauen der FDP als Mitte/Rechts und die Frauen der CDU als mehrheitlich rechts orientiert.

Ein wichtiges Motiv für parteipolitische Aktivität ist u.a. das Streben, soziale Ungerechtigkeiten abzubauen. So ist über die Hälfte aller Parteimitglieder davon überzeugt (57,3%), daß es benachteiligte Menschen gibt.

Tabelle 50: Vorstellungen zur Gesellschaftsordnung (in Prozent)

Frage: „Was meinen Sie überhaupt zu unserer Gesellschaftsordnung? Geht es da eher gerecht zu, gibt es benachteiligte Menschen oder ist das eine im Ganzen eher ungerechte Ordnung?"

	Ges.	Frauen	Männer	Frauen/Männer in: SPD	CDU	FDP
Es geht in unserer Gesellschaft eher gerecht zu.	18,5	12,9	20,5	9,8 17,2	21,8 32,7	15,1 24,7
Es gibt benachteiligte Menschen.	57,3	55,1	58,0	54,8 58,8	55,2 52,5	61,2 50,5
Es geht im Ganzen eher ungerecht zu.	20,6	23,8	19,5	25,3 21,9	23,0 13,1	12,1 22,8
Sonstiges	3,6	8,2	2,0	10,1 2,0	- 1,7	11,6 2,0
N=	560	197	363	122 175	52 143	23 45
P=	0.0011			0.0012	0.3823	0.6561

Mit fast 13% vertritt nur ein geringer Prozentsatz der weiblichen Mitglieder die Vorstellung, daß unsere Gesellschaftsordnung eher gerecht sei, dagegen meint knapp ein Viertel von ihnen, daß es in

unserer Gesellschaft eher ungerecht zugehe.
Von den männlichen Mitgliedern ist ein Fünftel von einer eher gerechten Gesellschaft überzeugt, und gleichfalls ein Fünftel hält unsere Gesellschaft eher für ungerecht. Diese Zahlen verdeutlichen eine etwas kritischere Haltung der weiblichen Mitglieder im Vergleich zu den Männern. Differenziert man allerdings die weiblichen Mitglieder nach ihrer jeweiligen Parteizugehörigkeit, dann sind die Frauen der CDU am stärksten der Auffassung, es gehe in unserer Gesellschaft gerecht zu (21,8%), die Frauen der SPD mit 9,8% am wenigsten und die liberalen Frauen betonen am meisten den Aspekt, es gebe benachteiligte Menschen (61,2%).

Im Zusammenhang mit dem Gesellschaftsverständnis der Mitglieder ist auch ihre politische Wertorientierung zu sehen. Zahlreiche Befunde bestätigen inzwischen einen anhaltenden Konflikt zwischen traditionellen industriegesellschaftlichen Orientierungen und postmaterialistischen Wertvorstellungen. Insgesamt sind die Parteimitglieder eher partizipatorisch (mehr Bürgereinfluß:39,6%; freie Meinungsäußerung:30,2%) als an traditionellen Bedürfnissen (Ruhe und

Tabelle 51: Politische Ziele (in Prozent)

Frage: „Auch in der Politik kann man nicht alles auf einmal haben. Auf dieser Liste finden Sie einige Ziele, die man in der Politik verfolgen kann. Wenn Sie zwischen diesen verschiedenen Zielen wählen müßten: Welches Ziel erschiene Ihnen persönlich am wichtigsten?"

	Ges.	Frauen	Männer	Frauen/Männer in: SPD	CDU	FDP
Aufrechterhaltung von Ruhe und Ordnung in diesem Land	24,5	28,7	23,1	21,9 15,7	50,9 52,8	14,8 21,6
Mehr Einfluß der Bürger auf die Entscheidungen der Regierung	39,6	32,3	42,1	36,9 50,0	18,9 15,2	32,4 23,4
Kampf gegen die steigenden Preise	5,6	4,5	6,0	4,9 6,0	3,3 5,1	7,4 6,0
Schutz des Rechts auf freie Meinungsäußerung	30,2	34,4	28,8	37,3 28,3	26,8 26,8	45,3 44,0
N=	560	197	363	122 175	52 143	23 45
P=	0.1512			0.0788	0.9424	0.9616

Ordnung:24,5%; Preisstabilität:5,6%) orientiert. Dabei gibt es insgesamt, mit Ausnahme der SPD, kaum nennenswerte Unterschiede zwischen männlichen und weiblichen Parteimitgliedern. (Tabelle 51)
Konkretisiert man die generelle Wertorientierung stärker anhand wichtiger politischer Ziele, so haben insgesamt hohes Wirtschaftswachstum (6,6%), starke Landesverteidigung (3,4%) und Verbrechensbekämpfung (3,7%) nur eine geringe Bedeutung. Oberste Priorität haben jedoch stabile Wirtschaft (35,9%), menschenwürdige Gesellschaft (19,3%), Mitbestimmung (16,1%) und Ideenreichtum (15%). (Tabelle 52)

Tabelle 52: Politische Zielvorstellungen (in Prozent)

Frage: „Ich habe hier einen Kartensatz mit verschiedenen Zielen, die man in Deutschland in den nächsten Jahren anstreben könnte. Natürlich sind diese Ziele alle in irgendeiner Weise bedeutsam. Wenn Sie sich nun entscheiden müßten, welches würden Sie dann auswählen?"

	Ges.	Frauen	Männer	Frauen/Männer in: SPD	CDU	FDP
Erhaltung eines hohen wirtschaftlichen Wachstums	6,6	3,9	7,5	1,1 6,6	11,7 9,9	7,2 8,8
Sicherung einer starken Landesverteidigung	3,4	5,6	2,6	6,3 -	5,1 12,1	- 7,8
Mehr Mitbestimmung am Arbeitsplatz und in der Gemeinde	16,1	7,9	19,0	10,2 24,7	1,8 0,7	6,7 5,1
Erhaltung einer stabilen Wirtschaft	35,9	33,9	36,6	31,4 32,2	41,3 56,1	42,4 32,1
Verbrechensbekämpfung	3,7	6,2	2,8	4,6 1,7	11,5 5,5	4,8 4,6
Entwicklung zu einer freundlichen, weniger unpersönlichen Gesellschaft	19,3	23,5	17,8	24,6 19,8	19,6 9,7	3,6 15,2
Entwicklung zu einer Gesellschaft, in der Ideen wichtiger sind als Geld	15,0	19,0	13,7	21,7 14,9	9,0 6,0	35,3 26,4
N=	560	197	363	122 175	52 143	23 45
P=	0.0027			0.0000	0.4548	0.9679

Mit fast 34% nimmt die Erhaltung einer stabilen Wirtschaft bei den weiblichen Mitgliedern den ersten Platz ein; danach folgt mit 23,5% die Entwicklung zu einer freundlichen, weniger unpersönlichen Gesellschaft, und an dritter Stelle kommt mit 19% die Entwicklung zu einer Gesellschaft, in der Ideen wichtiger sind als Geld.
Die drei wichtigsten Ziele der männlichen Mitglieder sind demgegenüber die Erhaltung einer stabilen Wirtschaft (36,6%), mehr Mitbestimmung am Arbeitsplatz und in der Gemeinde (19%) und die Entwicklung zu einer weniger unpersönlichen Gesellschaft (17,8%).
Vergleicht man die männlichen und weiblichen Mitglieder der einzelnen Parteien untereinander, so ist die Entwicklung zu einer weniger unpersönlichen Gesellschaft vor allem eine Forderung der SPD- (24,6%) und CDU-Frauen (19,6%), während für die Frauen der FDP Ideen wichtiger sind als Geld (35,3%). Mehr Mitbestimmung am Arbeitsplatz und in der Gemeinde ist ein vorrangiges Anliegen der Sozialdemokraten (24,7%). Dagegen geht es den Christdemokraten (56,1%), aber auch den CDU- (41,3%) und FDP-Frauen (42,4%) am deutlichsten um die Erhaltung einer stabilen Wirtschaft. Die verstärkte Verbrechensbekämpfung ist ein Ziel, das fast ausschließlich die Frauen der CDU nennenswert interessiert (11,5%).

Die Gesellschaft der Zukunft soll allerdings nach den Wünschen der Parteimitglieder insgesamt postmaterialistisch sein: Leistung, bislang ein zentrales Gestaltungsprinzip der Industriegesellschaft, befindet sich mit 28,1% am Schluß der politischen Bedürfnishierarchie. An erster Stelle steht dagegen nicht die vielbeschworene Alternativwelt des Lustprinzips, sondern mehr Mitmenschlichkeit (90,1%), mehr Toleranz gegenüber Andersdenkenden (89,2%) und weniger Verschwendung (87,3%). Die Wunschgesellschaft der Zukunft wird dennoch kein einheitliches Ambiente besitzen, sondern parteienspezifisch eingerichtet sein, wenn auch mit fließenden Übergängen. (Tabelle 53) Ein Vergleich zwischen männlichen und weiblichen Parteimitgliedern insgesamt zeigt größtenteils Übereinstimmung in den Vorstellungen über eine zukünftige Gesellschaft. Daß Frauen generell stärker postmaterialistisch orientiert sind als Männer, läßt sich hier nicht erkennen. Interessant ist, daß auch der Wunsch nach mehr Rechten für Frauen von männlichen und weiblichen Mitgliedern gleichermaßen geäußert wurde. Von der Notwendigkeit, die bisherigen Benachteiligungen der Frauen abzuschaffen, sind danach inzwischen auch die männlichen Parteimitglieder überzeugt.
In stärkerem Maße als die Männer wünschen Frauen sich mehr soziale Sicherheit (+9,5%-Punkte), weniger Ungleichheit (+6,9%-Punkte), weniger Verschwendung (+6,5%-Punkte) und mehr Vaterlandsliebe (+7,8%-Punkte). Und schließlich sind die weiblichen Parteimitglieder etwas "moralischer" als die Männer (+7,8%-Punkte).
Innerhalb der SPD sind die Zukunftsvorstellungen zwischen den weiblichen und männlichen Mitgliedern noch relativ gleichgerichtet. Allerdings wünschen sich sozialdemokratische Frauen ausdrücklicher als Männer mehr Selbstverwirklichung (+10,4%-Punkte), weniger Un-

Tabelle 53: Vorstellungen über eine zukünftige Gesellschaft (in Prozent)

Frage: „In welcher Hinsicht müßte sich die Gesellschaft, die Sie sich für Ihre Kinder wünschen, von der heutigen unterscheiden?"

	Ges.	Frauen	Männer	Frauen/Männer in: SPD	CDU	FDP
weniger Verschwendung	87,3**	92,1	85,6	90,7 84,5	95,5 89,0	91,3 88,8
mehr Mitmenschlichkeit	90,1	91,9	89,4	90,2 90,7	94,9* 84,7	96,3 92,5
mehr Toleranz gegenüber Andersdenkenden	89,2	90,8	88,7	93,8 90,6	81,2 79,0	100,0 95,8
mehr Aufrichtigkeit	81,5*	86,2	79,9	87,5* 79,2	79,7 81,1	100,0 86,5
mehr soziale Gerechtigkeit	83,8	85,6	83,1	90,9 88,2	70,6 66,3	90,0 74,2
weniger Streit und Konflikte	78,5	82,5	77,1	80,3 76,4	92,1** 79,0	56,9 83,2
weniger Ungleichheit	76,4*	81,5	74,6	89,2 79,2	60,8 58,5	77,5 69,8
weniger Rüstung	83,6	81,5	84,3	91,2 89,6	59,1 62,3	79,3 85,1
mehr Demokratie	72,0	75,7	70,7	84,7* 75,6	49,3 51,3	87,5 72,1
mehr Rechte für Frauen	74,4	75,1	74,1	80,0 76,4	62,3 65,4	68,6 75,0
mehr Selbstverwirklichung	71,4	74,5	70,3	82,4** 72,0	53,8 63,6	70,1 69,9
mehr soziale Sicherheit	65,0**	72,1	62,6	76,3 67,6	67,0** 50,4	32,0 40,4
mehr grundlegende Reformen	57,5	62,0	56,0	68,4 63,5	45,2*** 24,8	52,1 46,4
mehr Pflichtbewußtsein	62,5	61,7	62,7	50,3 56,3	89,1 81,8	75,3 78,6
mehr Freiheit	57,1	55,0	57,8	62,4 62,7	34,7 38,1	50,6 64,0
weniger Staat	58,5	53,4	60,3	49,2 56,3	56,7* 71,4	80,5 70,0

Fortsetzung Tabelle 53

	Ges.	Frauen	Männer	Frauen/Männer in: SPD	CDU	FDP
mehr Ordnung und Sicherheit	48,1	50,6	47,3	37,4 39,9	89,5* 78,3	36,4 42,6
mehr Beachtung von Sitte und Moral	37,8**	44,6	35,5	30,0 27,8	86,3** 65,1	33,9 43,3
mehr Vaterlandsliebe	33,3	39,1	31,3	22,8 20,9	82,0* 68,9	26,4 42,1
mehr Wirtschaftswachstum	37,6	36,7	37,8	28,5 32,6	57,7 58,7	32,7 36,8
mehr Wohlstand	28,0	28,4	27,9	28,3 26,7	27,6 31,1	11,5 31,8
mehr Leistung	28,1	26,8	28,5	17,0 19,0	53,7 62,1	25,0 41,4
N=	560	197	363	122 175	52 143	23 45

Mehrfachnennungen

Erläuterung: Das Signifikanzniveau wird für alle Tabellen mit Mehrfachnennungen wie folgt angegeben: * ≤ 5 Prozent; ** ≤ 1 Prozent und *** ≤ 0,1 Prozent. Die Berechnung der Signifikanzniveaus dieser und aller folgenden Tabellen mit Mehrfachnennungen erfolgte nach dem Signifikanztest bei Müller, Vergleich zweier Wahrscheinlichkeiten, in: P.H.Müller, Lexikon der Stochastik, 2.Auflage, Darmstadt 1975: 318f.

gleichheit (+10,3%-Punkte), mehr Demokratie (+9,1%-Punkte), soziale Sicherheit (+8,7%-Punkte) und Aufrichtigkeit (+8,3%-Punkte). Markanter sind jedoch die Abweichungen zwischen weiblichen und männlichen Mitgliedern innerhalb der CDU und FDP. Im Vergleich zu den christdemokratischen Männern wollen die Frauen künftig mehr Beachtung von Sitte und Moral (+21,2%-Punkte), grundlegende Reformen (+20,4%-Punkte), soziale Sicherheit (+16,6%-Punkte), Vaterlandsliebe (+13,1%-Punkte), weniger Streit und Konflikte (+13,1%-Punkte), mehr Ordnung und Sicherheit (+11,2%-Punkte) sowie mehr Mitmenschlichkeit (+10,2%-Punkte). Umgekehrt ist bei den Männern der CDU der Wunsch nach weniger Staat (+14,7%-Punkte), mehr Selbstverwirklichung (+9,8%-Punkte) und mehr Leistung (+8,4%-Punkte) erheblich ausgeprägter.

In der FDP sind schließlich die Diskrepanzen am stärksten: Liberale Frauen wollen im Vergleich zu ihren männlichen Kollegen in der Zukunft mehr soziale Gerechtigkeit (+15,8%-Punkte), Demokratie (+15,4%-

Punkte), Aufrichtigkeit (+13,5%-Punkte) und weniger Staat (+10,5%-Punkte). Demgegenüber fordern liberale Männer künftig weniger Streit und Konflikte (+26,3%-Punkte), aber mehr Wohlstand (+20,3%-Punkte), Leistung (+16,4%-Punkte) und Freiheit (+13,4%-Punkte).
Differenziert man die weiblichen Parteimitglieder nach Parteizugehörigkeit, so zeigt sich lediglich bei den Wünschen nach weniger Verschwendung und mehr Mitmenschlichkeit Übereinstimmung zwischen den Frauen; hier haben jeweils mehr als 90% zugestimmt. Beträchtliche Unterschiede ergeben sich dagegen bei der Ausgestaltung der Zukunftsgesellschaft vor allen zwischen den Frauen aus der CDU und SPD.
Während sich über 80% der weiblichen CDU-Mitglieder für eine zukünftige Gesellschaft mehr Ordnung und Sicherheit, mehr Beachtung von Sitte und Moral und mehr Pflichtbewußtsein wünschen, liegen die Sozialdemokratinnen bei diesen Wünschen um 38 und mehr Prozentpunkte darunter. Auch die Forderungen nach mehr Wirtschaftswachstum und mehr Leistung genießen bei den Frauen der CDU eine deutlich höhere Priorität als bei den weiblichen SPD-Mitgliedern.
Umgekehrt betonen die sozialdemokratischen Frauen in weit stärkerem Maße als ihre christdemokratischen Kolleginnen ihren Wunsch nach mehr Demokratie (+35,4%-Punkte), weniger Rüstung (+32,1%-Punkte), weniger Ungleichheit (+28,7%-Punkte), mehr Selbstverwirklichung (+28,6%-Punkte), mehr Freiheit (+27,7%-Punkte), mehr grundlegenden Reformen (+23,2%-Punkte), mehr sozialer Gerechtigkeit (+20,3%-Punkte) und nach mehr Rechten für Frauen (+17,7%-Punkte).
Die Zukunftswünsche der weiblichen FDP-Mitglieder liegen in der Mehrzahl in der Nähe der SPD-Frauen; bei den Wünschen nach mehr Rechten für Frauen und mehr Pflichtbewußtsein stimmen sie allerdings eher mit den Frauen der CDU überein. Und zwischen den Vorstellungen der Sozial- und Christdemokratinnen liegen sie bei den Forderungen nach mehr grundlegenden Reformen und mehr Freiheit.
Der Wunsch nach weniger Staat schließlich ist mit 80,5% eindeutig FDP-spezifisch ebenso wie der nach mehr Aufrichtigkeit (100%).

5.4 Politisches Interesse und Kommunikationsgewohnheiten

Zentrale Voraussetzung für jede Art von politischer Teilnahme ist das politische Interesse. Hier liegt eine der wichtigsten Ursachen für die Unterrepräsentation der Frauen im politischen Bereich. Noch immer interessieren sich in der Bevölkerung der Bundesrepublik mehr Männer als Frauen für Politik. (vgl. Elisabeth Noelle-Neumann 1976: 62) Hat jedoch eine Frau den Schritt zum Parteimitglied vollzogen, dann ist der Unterschied wesentlich geringer.
In Bremen stuften rd.42% der weiblichen Parteimitglieder ihr politisches Interesse als "stark" ein; "sehr stark" nannten 41% und "etwas" gaben fast 14% an. Damit ist die generelle politische Anteilnahme der Frauen etwas weniger ausgeprägt als bei den Männern. Faßt man jedoch die Kategorien "sehr stark" und "stark" zusammen, dann wird nahezu Gleichstand erreicht: 87,2% der Männer und 83,4% der

Schaubild 7

Stärke des politischen Interesses nach dem Geschlecht
(in Prozent)

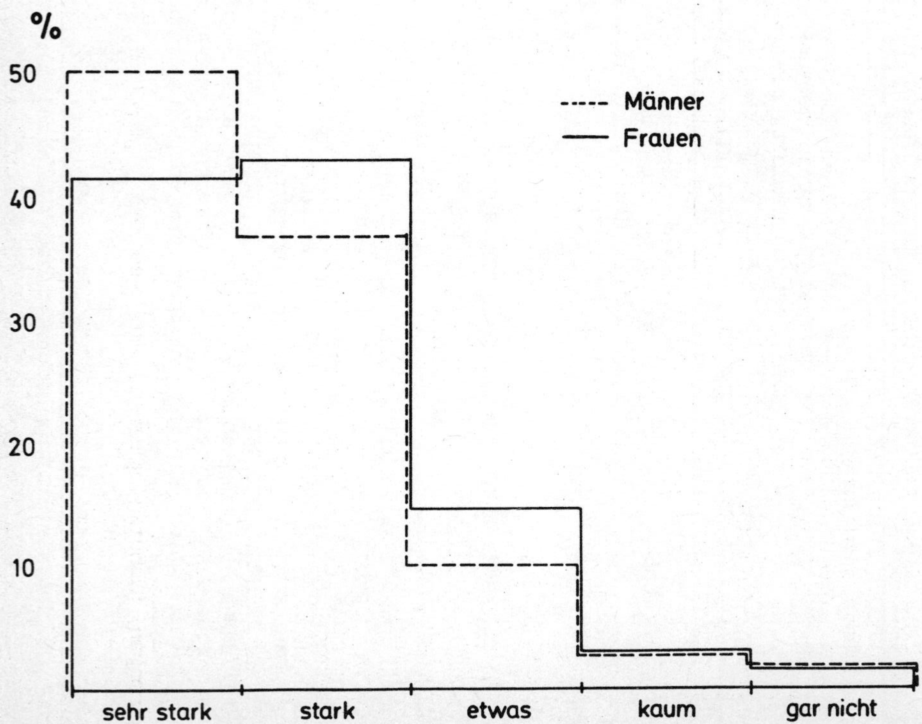

Frauen bekunden ein "starkes" bzw. "sehr starkes" Interesse an der Politik.
Innerhalb der Parteien verteilt sich jedoch die Interessenintensität zwischen weiblichen und männlichen Mitgliedern unterschiedlich; während christdemokratische Frauen und Männer nahezu in gleicher Weise ein "sehr starkes" Interesse zum Ausdruck bringen, besteht hier ein Defizit bei den FDP- (-20,3%-Punkte) und den SPD-Frauen (-10%-Punkte). Im Vergleich zu ihren männlichen Kollegen äußern allerdings in FPD (+11,8%-Punkte) und SPD (+9,3%-Punkte) mehr, in der CDU dagegen weniger Frauen (-10,7%-Punkte) ein "starkes" Interesse an der Politik.

Fragt man jetzt nach den Determinanten des politischen Interesses, so zeigt sich, daß dieses bei den weiblichen Mitgliedern vorrangig von der Eintrittsmotivation und den Erfahrungen als Neumitglied abhängig ist. Frauen, die bei ihrem Parteieintritt den Wunsch hatten, politisch aktiv zu sein bzw. die aus voller Übereinstimmung mit der Partei eingetreten sind, äußern ein hohes politisches Interesse. Umgekehrt bekunden Frauen, die nach anfänglichen Besuchen aus Enttäuschung den Parteiversammlungen ferngeblieben sind, die gar nicht erst zu Mitgliederversammlungen gegangen sind und die von Freunden zu Parteiveranstaltungen mitgenommen wurden, nur ein geringes politisches Interesse. Eine positive Korrelation besteht zudem zwischen der Überzeugung, daß einfache Mitglieder keinen Einfluß in der Partei haben, und der Zielvariablen. Diese sechs Variablen erbringen insgesamt 22% an reduzierter Varianz.(1) (vgl. Tabelle 54) Als wichtigstes Ergebnis ist hier festzuhalten, daß sich weder sozio-demographische Faktoren wie Geschlecht, Alter, Bildung oder Berufstätigkeit, noch politische Sozialisationserfahrungen als Prädiktoren des politischen Interesses weiblicher Parteimitglieder eignen.
Auch bei den männlichen Mitgliedern spielen sozio-demographische Variablen für die Ausprägung ihres politischen Interesses keine Rolle; die Erfahrung politischer Gespräche im Elternhaus steht bei ihnen dagegen an zweiter Stelle der schrittweisen multiplen Regression. Positiv korreliert bei den Männern zudem die Neumitgliedserfahrung einer leichten Eingewöhnung mit der Zielvariablen. Gering ist dagegen das politische Interesse der Männer, die der Parteipolitik und Parteiführung eher distanziert gegenüberstehen, die sich von ihrem Parteibeitritt berufliche bzw. geschäftliche Vorteile erhofften und die viel Zeit für Hausarbeit aufwenden.

Die insgesamt annähernd gleiche Intensität des politischen Interesses bei männlichen und weiblichen Mitgliedern korrespondiert mit der Bereitschaft, einen beträchtlichen Aufwand an Information zu betreiben. Eine Form der aktiven Informationsgewinnung ist das Gespräch mit anderen. Während lediglich ein Drittel der Mitglieder bereits

1) Ein Anteil von über 20% an erklärter Varianz im Regressionsmodell kann durchaus schon als "Erfolg" angesehen werden. Vgl. hierzu: Manfred Küchler 1979:51.

Tabelle 54: Determinanten des politischen Interesses (multiple Regression)

a) weibliche Parteimitglieder

Determinante	B	SE-B	Beta	multipler R	adjusted R^2	F
GP:Wunsch, politisch aktiv zu sein	.39	.14	.24	.29	.07	9.90
PE:Nach anfänglichen Besuchen bald aufgegeben	-.41	.20	-.19	.36	.11	8.04
PE:Gar nicht zu den Mitgliederversammlungen gegangen	-.60	.22	-.24	.41	.14	7.07
PV:"Einfache Mitglieder haben keinen Einfluß"	.07	.03	.19	.44	.17	6.64
GP:Volle Übereinstimmung mit der Partei	.31	.14	.19	.48	.19	6.32
PE:Von Freunden zu den Parteiabenden mitgenommen	-.29	.14	-.18	.51	.22	6.15
Konstante	5.51	.45				
b) männliche Parteimitglieder						
PV:"Parteipolitik ist zu kompliziert"	-.11	.02	-.28	.33	.10	23.68
Politische Gespräche im Elternhaus	.19	.05	.23	.40	.15	18.97
PV:"Desinteresse der Parteiführung an der Mitgliedermeinung"	-.09	.02	-.22	.46	.19	16.91
GP:Suche nach beruflichen Vorteilen	-.66	.19	-.21	.50	.23	15.87
Zeitaufwand für Hausarbeit	-.17	.06	-.17	.52	.25	14.36
PE:Leichte Eingewöhnung	.27	.10	.16	.54	.27	13.44
Konstante	4.19	.45				

Lesebeispiel: Die weiblichen Mitglieder, die eingetreten sind, um politisch aktiv zu sein, äußern ein hohes politisches Interesse.

Tabelle 55: Politische Gespräche im Elternhaus (in Prozent)

Frage: „Wurde in Ihrer Jugend zuhause über Politik gesprochen?"

	Ges.	Frauen	Männer
regelmäßig	33,0	38,2	31,2
gelegentlich	34,6	26,8	37,2
selten	17,6	17,3	17,7
nie	14,8	17,7	13,8
N=	560	197	363
P=	0.1075		

im Elternhaus die Erfahrung regelmäßiger politischer Gespräche gemacht hat, führen heute gut drei Viertel aller Mitglieder häufig eine politische Unterhaltung; ein Fünftel spricht gelegentlich und nur ein Prozent nie über Politik. Zwischen den Mitgliedern gibt es hier keine geschlechtsspezifisch signifikanten Unterschiede. (Tabelle 56)

Tabelle 56: Häufigkeit politischer Kommunikation (in Prozent)

Frage: „Unterhalten Sie sich manchmal über Politik?"

	Ges.	Frauen	Männer
ja, häufig	77,8	76,3	78,3
ja, gelegentlich	21,1	22,5	20,6
nein, gar nicht	1,1	1,1	1,1
N=	560	197	363
P=	0.8860		

Die Häufigkeit politischer Kommunikation von weiblichen Parteimitgliedern ist an erster Stelle von der Erfahrung politischer Gespräche im Elternhaus abhängig; diese Sozialisationsvariable erbringt bei den Frauen bereits 13% an erklärter Varianz. An zweiter Stelle folgt der Eintrittsgrund, politisch aktiv zu sein und an dritter Stelle die Überzeugung, daß einfache Mitglieder einen großen Einfluß in der Partei haben. Frauen, die aus voller Übereinstimmung mit der Partei eingetreten sind, und diejenigen, die nach anfänglichen Besuchen nicht mehr zu den Parteiversammlungen gegangen sind, führen dagegen nur selten eine politische Unterhaltung. (Insgesamt 31%

Tabelle 57: Determinanten der politischen Unterhaltung (multiple Regression)

a) weibliche Parteimitglieder

Determinante	B	SE-B	Beta	multipler R	adjusted R^2	F
Politische Gespräche im Elternhaus	.14	.03	.33	.37	.13	16.89
GP:Wunsch, politisch aktiv zu sein	.25	.08	.27	.48	.22	16.30
Großer Einfluß der einfachen Mitglieder	.17	.06	.21	.53	.26	13.73
GP:Volle Übereinstimmung mit der Partei	-.18	.08	-.20	.55	.28	11.79
PE:Nach anfänglichen Besuchen bald aufgegeben	-.24	.11	-.18	.58	.31	10.80
Konstante	3.03	.24				

b) männliche Parteimitglieder

Determinante	B	SE-B	Beta	multipler R	adjusted R^2	F
Politische Gespräche im Elternhaus	.10	.03	.22	.25	.06	13.41
GP:Weltanschauliche/religiöse Überzeugung	.17	.06	.19	.31	.09	10.36
Austrittsüberlegung	-.14	.06	-.15	.35	.11	8.92
GP:Wunsch,politisch aktiv zu sein	.18	.06	.20	.38	.13	8.26
GP:Streben nach Kontakt zu politisch Gleichgesinnten	-.21	.06	-.22	.42	.15	8.23
GP:Verhindern,daß die andere Seite an die Macht kommt	.17	.07	.17	.45	.18	8.16
Konstante	2.19	.22				

an Varianzreduktion)
Auch bei den männlichen Parteimitgliedern wird die Häufigkeit der politischen Kommunikation an erster Stelle durch die Erfahrung früherer politischer Gespräche erklärt; positiv korreliert die Zielvariable zudem mit einem Parteibeitritt aus weltanschaulicher bzw. religiöser Überzeugung, dem Wunsch, politisch aktiv zu sein und dem Eintrittsmotiv der Verhinderung des politischen Gegners. Männliche Mitglieder, die dagegen aus Kontaktbedürfnis zu politisch Gleichgesinnten eingetreten sind und auch diejenigen, die bereits an einen Austritt gedacht haben, führen nur selten eine politische Unterhaltung. (18% an Varianzreduktion) Wie beim politischen Interesse erweisen sich auch hier für Männer und Frauen gleichermaßen die Variablen Bildung und Berufstätigkeit als ungeeignet zur Erklärung der Häufigkeit politischer Kommunikation.(Tabelle 57)

Tabelle 58: Politisches Informationsverhalten: Tages- und Wochenzeitungen (in Prozent)

Frage: „Lesen Sie eine Tageszeitung? Wenn ja, welche?"
„Lesen Sie regelmäßig eine Wochenzeitung? Wenn ja, welche?"

Tageszeitungen	Ges.	Frauen	Männer
Weser-Kurier	83,0	81,8	83,4
Bremer Nachrichten	23,5	20,8	24,4
Frankfurter Allgemeine	7,7	6,6	8,1
Frankfurter Rundschau	8,8	6,7	9,6
Die Welt	3,5	2,1	4,0
Bild	3,9	2,4	4,4
Süddeutsche	1,6	1,1	1,7
Wochenzeitungen			
Stern	48,3	53,0	46,7
Spiegel	52,5***	35,5	58,0
Die Zeit	24,0	26,5	23,1
Hör zu	12,2*	16,3	10,9
Bunte	5,8*	8,8	4,8
N=	560	197	363

Mehrfachnennungen

Die wichtigsten Informationsquellen für die eigene politische Urteilsbildung sind für alle Parteimitglieder die Massenmedien: Tageszeitungen (92%), Fernsehen (87,7%) und Rundfunk (80,4%). Der Weser-Kurier wird von 83% aller Parteimitglieder gelesen, während die Bremer Nachrichten nur auf einen Anteil von 23,5% kommen. Über die Hälfte aller Mitglieder nutzen das Angebot an Wochenzeitungen (55,5%); überregionale Tageszeitungen werden zwar gelesen, besitzen aber insgesamt nur einen geringen Stellenwert.(Tabelle 58)

Tabelle 59: Informationsquellen für die politische Urteilsbildung (in Prozent)

Frage: „Es gibt verschiedene Quellen und Möglichkeiten, sich über das politische Geschehen zu informieren. Auf dieser Liste sind verschiedene Quellen zusammengestellt. Können Sie bitte ankreuzen, wie wichtig bzw. unwichtig diese für Ihre politische Urteilsbildung sind?"

Wichtig sind:	Ges.	Frauen	Männer
Tageszeitungen	92,0	91,1	92,4
Fernsehen	87,7	89,6	87,0
Rundfunk	80,4***	71,9	83,3
Familie	54,3***	70,5	48,7
Politische Bücher	69,6	67,2	70,9
Freunde	63,5	66,4	62,4
Parteizeitungen/ -publikationen	64,1	65,8	63,5
Wochenzeitungen	55,5	58,3	54,5
Parteiveranstaltungen	57,5	58,2	57,2
Persönliche Kontakte mit Kommunalpolitikern	58,2***	49,3	61,3
Wissenschaftliche Literatur	48,8	45,5	49,9
Bundesvorstand	37,6	32,7	39,3
Landesvorstand	37,6	32,5	39,4
Arbeitskollegen	43,5***	31,1	47,9
Nachbarn	26,1	29,3	25,1
Illustrierte	22,8	24,8	22,1
N=	560	197	363

Mehrfachnennungen

Entgegen einem weit verbreiteten Vorurteil sind Frauen - wenn sie Parteimitglied sind - für Illustrierten nur bedingt erreichbar. Nur etwas mehr als ein Fünftel der Mitglieder greift darauf zurück (Frauen:24,8%; Männer:22,1%). Bei den Wochenzeitschriften bevorzugen Frauen den Stern (53%), während die Mehrheit der Männer den Spiegel (58%) an erster Stelle liest.
Zu den festen Lesegewohnheiten zählt in beträchtlichem Umfang die Lektüre politischer Bücher (69,6%) und wissenschaftlicher Literatur (48,8%). Gegenüber dem vielfältigen öffentlichen Angebot konnten sich die Parteimedien relativ gut behaupten; 64,1% der Mitglieder halten sie als Informationsquelle für wichtig. Massenmedien und Parteipublikationen sind aber kein Ersatz für interpersonale Kommunikation. Bezieht man diese Möglichkeit der Informationsgewinnung mit ein, dann ergeben sich zwischen Männern und Frauen unterschied-

lich strukturierte Informationsmuster. (Tabelle 59) Für Frauen trägt die Familie ganz entscheidend zur politischen Urteilsbildung bei; mit 70,5% steht die Familie bei ihnen nach den Massenmedien an vierter Stelle der Informationsquellen. Für die männlichen Mitglieder ist die Bedeutung der Familie als Informationsquelle dagegen deutlich geringer (48,7%) und nimmt lediglich den 11. Platz ein. Sie hingegen bedienen sich stärker der Arbeitskollegen und der persönlichen Kontakte zu Kommunalpolitikern. Während Frauen sich also in ihrer politischen Urteilsbildung stärker im privaten Bereich orientieren, dominiert bei den männlichen Mitgliedern der öffentliche Bereich. Die geringere Bedeutung der Arbeitskollegen für die Frauen dürfte damit zusammenhängen, daß erheblich weniger Frauen als Männer berufstätig sind; von daher ist auch der höhere Stellenwert der Familie für die Frauen verständlich. Die stärkeren persönlichen Kontakte der männlichen Mitglieder zu Kommunalpolitikern deuten zudem auf eine im Vergleich zu den Frauen größere innerparteiliche Verankerung der Männer hin.

5.5 Mitgliedschaftsmotivation und Partizipationsverhalten

5.5.1 Eintrittsgründe

Der hohe Grad politischer Interessiert- und Informiertheit der Parteimitglieder beruht auf Wahrnehmungs- und Verhaltensweisen, die sicherlich zum großen Teil bereits vor dem Parteieintritt erworben wurden. Denn die Hälfte (50,5%) aller Mitglieder ist aus persönlichem Entschluß einer Partei beigetreten. Ein weiteres Viertel (27,6%) wurde durch Freunde, Arbeitskollegen oder Familienmitglieder, d.h. durch die primäre soziale Umwelt dazu veranlaßt. Offenbar liefern Beitrittsanreize der Parteiorganisationen im Rahmen von Mitgliederwerbeaktionen, Parteiveranstaltungen oder durch Wahlkämpfe nur wenig konkreten Anlaß, Parteimitglied zu werden. Noch am ehesten haben die aktiven Repräsentanten einer Partei einen erkennbaren Erfolg; 10,1% der Mitglieder wurden durch Mandatsträger geworben. (Tabelle 60)

Die Angaben darüber, wie und durch wen jemand Parteimitglied wurde, deuten darauf hin, daß trotz vorhandener Ähnlichkeiten zwei unterschiedliche Rekrutierungsmuster für Männer und Frauen existieren. 54% der männlichen, aber nur 40% der weiblichen Mitglieder vollzogen den Parteieintritt aus eigenem Antrieb. Durch Freunde, Arbeitskollegen oder Familienangehörige, die schon Parteimitglied waren, wurden hingegen mehr Frauen (28%) als Männer (23,7%) geworben. Und vom Ehepartner zum Parteibeitritt ermuntert wurden fast ausschließlich Frauen (Frauen:14,8%; Männer:0,7%). Der Entschluß, einer Partei beizutreten, bedurfte demnach bei Frauen stärker eines Anstoßes von anderen Personen.
In diesem Zusammenhang ist es interessant, einmal zu überprüfen,

Tabelle 60: Anlaß zum Parteibeitritt (in Prozent)

Frage: „Wie sind Sie eigentlich Parteimitglied geworden? Was war der Anlaß?"

	Ges.	Frauen	Männer
Ich bin selbst, d.h. ohne zuvor persönlich angesprochen worden zu sein, in die Partei eingetreten.	50,5	40,0	54,0
Ein Freund/Arbeitskollege/ Familienmitglied, der/das schon Parteimitglied war, hat mich geworben.	24,8	28,0	23,7
Mein Ehepartner legte Wert darauf, daß ich Mitglied in seiner Partei wurde.	4,3	14,8	0,7
Ich wurde durch einen Mandatsträger, den ich kannte, geworben.	10,1	5,4	11,6
Ich wurde während einer Parteiveranstaltung, die ich als Nichtmitglied besuchte, geworben.	2,1	1,9	2,2
Ich wurde während eines Bundes-oder Bürgerschaftswahlkampfes geworben.	0,5	1,5	0,1
Ich wurde im Rahmen einer Mitgliederwerbeaktion während eines Bundes-oder Landtagswahlkampfes geworben.	1,0	0,9	1,1
Sonstiges	6,6	7,1	6,5
N=	560	197	363
P=	0.0000		

wieviel Ehepaare gemeinsam in einer Partei sind. Während fast drei Viertel (73,8%) der nicht alleinstehenden Frauen gemeinsam mit ihrem Partner in der Partei sind, besitzt nur knapp ein Drittel (31,3%)

Tabelle 61: Parteimitgliedschaft des Partners (in Prozent)
(Nur Nicht-Singles)

Frage: „Wie steht es mit Ihrem Ehe-/Lebenspartner: Ist er/sie Mitglied einer Partei?"

	Ges.	Frauen	Männer
Mitglied der eigenen Partei	40,4	73,8	31,3
Mitglied in einer anderen Partei	0,3	0,9	0,1
außerhalb von Parteien aktiv	2,9	1,7	3,2
nicht politisch aktiv	56,3	23,5	65,4
N=	395	124	271
P=	0.0000		

der Männer gemeinsam mit ihrer Partnerin die Parteimitgliedschaft. Dieser hochsignifikante Unterschied zwischen den Geschlechtern läßt darauf schließen, daß Frauen, wenn sie Parteimitglied sind, weniger gut mit einem unpolitischen Partner leben können als die männlichen Mitglieder mit einer unpolitischen Partnerin.

Ebenso wie bei den Anlässen, gibt es auch für die Motive der Beitrittsentscheidung insgesamt eine gleichgerichtete Tendenz: Der Hauptgrund für einen Parteibeitritt ist der Wille, bestimmte politische Ziele durchzusetzen (64,9%). An zweiter Stelle folgt die Orientierung am zwischenparteilichen Wettbewerb mit dem Ziel, zu verhindern, daß die jeweils gegnerischen Parteien an die Macht kommen (59,8%). Danach folgen der Wunsch, selbst politisch aktiv zu sein (56,9%), der Kontakt zu politisch Gleichgesinnten (56,7%) und die Unterstützungsbereitschaft für den Kurs der eigenen Partei (56,3%). (Tabelle 62)
Differenziert man die Beweggründe jedoch nach Frauen und Männern, werden die beiden separaten Zugangsstrukturen der Rekrutierung besonders deutlich: Hauptmotiv für Frauen, einer Partei beizutreten, ist das Gefühl der Zugehörigkeit (56,5%), für Männer jedoch der Wille, politische Ziele durchzusetzen (70,7%); danach folgt die generelle Unterstützungsbereitschaft (55,5%), während Männer als zweitwichtigster Grund die Absicht bewegt, zu verhindern, daß eine andere Partei an die Macht kommt (64%); an dritter Stelle steht für beide gemeinsam das Bedürfnis nach politisch Gleichgesinnten (Frauen:53,6%; Männer:58%). Wichtiger noch als Männer nehmen Frauen

Tabelle 62: Beweggründe für einen Parteibeitritt (in Prozent)

Frage: „In eine Partei einzutreten ist keine alltägliche und selbstverständliche Sache. Man hat seine besonderen Gründe dafür, Parteimitglied zu werden. Geben Sie jetzt bitte bei jedem Grund an, ob der auch bei Ihrem Parteibeitritt eine wichtige Rolle oder nicht so eine wichtige Rolle gespielt hat?"

	Ges.	Frauen	Männer
Gefühl der Zugehörigkeit zur Partei	47,6***	56,4	44,4
Unterstützung des gegenwärtigen Parteikurses	56,3	55,5	56,5
Streben nach Kontakt zu Gleichgesinnten	56,7	53,7	58,0
Wunsch, politisch aktiv zu sein	56,9	53,6	58,0
Wille, bestimmte politische Ziele durchzusetzen	64,9***	48,5	70,7
Verhindern, daß die andere Seite an die Macht kommt	59,8***	48,0	64,0
Unzufriedenheit mit der Politik einer anderen Partei	46,0**	39,2	48,4
Gefühl, eine Bürgerpflicht zu erfüllen	43,1	37,9	45,0
Volle Übereinstimmung mit der Partei	35,7	33,2	36,6
Weltanschauliche bzw. religiöse Überzeugung	36,7	33,2	37,9
Einfluß der Familie/ Familientradition	25,0***	32,9	22,3
Unterstützung von Freunden und Verwandten in der Partei	17,3***	26,2	14,1
Wunsch, etwas um die Ohren zu haben	13,2	16,6	12,0
Wunsch, nette Leute kennenzulernen	15,7	16,0	15,6
Suche nach einer sinnvollen Freizeitbeschäftigung	11,9	12,2	11,7
Veränderungen im Beruf und/ oder in den privaten Verhältnissen	7,3**	11,8	5,7
Einfluß von anderen Organisationen	12,4***	6,5	14,5

Fortsetzung Tabelle 62

	Ges.	Frauen	Männer
Suche nach gesellschaftlichen und beruflichen Vorteilen	6,4	5,7	6,7
Streben nach einem politischen Amt	5,6	3,4	6,4
N=	560	197	363

Mehrfachnennungen

die Beweggründe: Familientradition (32,9% gegenüber 22,3%), Unterstützung von Freunden und Verwandten in der Partei (26,2% gegenüber 14,1%) sowie Veränderungen im eigenen Lebensbereich (11,8% gegenüber 5,7%). Demgegenüber ist für Männer der Einfluß von anderen Organisationen wichtiger (14,5% gegenüber 6,5%). Insgesamt basiert somit der Parteieintritt von Frauen stärker auf solidarischen und Unterstützungsmotiven, während Männer stärker instrumentell und am zwischenparteilichen Wettbewerb orientiert sind.
Im Zusammenhang mit der Mitgliedschaftsmotivation ist auch der Zeitpunkt des Eintritts und damit die Mitgliedschaftsdauer von Interesse. Männer und Frauen unterscheiden sich hierin deutlich; so ist für die Mehrheit der männlichen Mitglieder (62,4%) eine Mitgliedschaftsdauer von über 10 Jahren typisch, für die Mehrzahl der weiblichen Mitglieder (59,9%) dagegen eine von maximal 10 Jahren. Die Haupteintrittswelle der weiblichen Mitglieder lag in Bremen, entsprechend dem bundesweiten Trend, in den Jahren 1972 bis 1976.

5.5.2 Aktives und passives Mitgliedschaftsengagement

Bekanntlich sind Parteimitglieder ganz unterschiedlich dazu bereit, sich konkret zu engagieren. Der Wunsch, politisch aktiv zu sein, ist also nicht gleichzusetzen mit dem tatsächlichen Ausmaß praktischer Mitarbeit.
Die Hälfte aller Parteimitglieder begnügt sich mit dem Erwerb der Mitgliedschaft und ist kaum (24%) oder gar nicht aktiv (36,4%). 15,9% sind etwas aktiv und fast ein Viertel ist sehr aktiv (8,8%) bzw. aktiv (14,9%). Dabei stellen Frauen jedoch den geringsten Anteil derjenigen, die sehr aktiv (4,8%) sind und das größte Kontingent der Passiven (48%). Faßt man jedoch die Gruppen "sehr aktiv" und "aktiv" zusammen, so ist der Kreis der männlichen (22,9%) und weiblichen Mitglieder (25,9%) nahezu gleich groß. Allerdings wird dadurch ein weitverbreitetes Vorurteil widerlegt, Frauen seien weniger aktiv als männliche Parteimitglieder. Im Spektrum der Teilnahmebereitschaft weiblicher Parteimitglieder sind die Frauen in der FDP am engagiertesten, für christdemokratische Frauen ist ein mittlerer Aktivitätsgrad typisch, während sozialdemokratische Frauen eher dazu neigen,

Tabelle 63: Selbsteinschätzung der Mitgliedsaktivität (in Prozent)

Frage: „Wie würden Sie Ihre Mitarbeit an der Parteiarbeit Ihres Ortsvereins/-verbands einschätzen?"

	Ges.	Frauen	Männer	Frauen/Männer in: SPD	CDU	FDP
sehr aktiv	8,8	4,8	10,2	4,0	5,4	14,9
				10,5	8,9	7,7
aktiv	14,9	21,1	12,7	21,2	20,1	15,6
				10,3	20,5	15,8
etwas aktiv	15,9	10,2	17,9	8,7	12,4	24,9
				16,6	23,1	20,9
kaum aktiv	24,0	15,9	26,9	14,6	20,9	15,4
				28,1	22,1	31,3
gar nicht aktiv	36,4	48,0	32,3	51,5	41,2	29,2
				34,4	25,2	24,4
N=	560	197	363	122	52	23
				175	143	45
P=	0.0000			0.0000	0.4207	0.9371

entweder aktiv oder passiv zu sein.

Die multiple Regressionsanalyse benennt für die weiblichen Parteimitglieder vier Variablen als Determinanten ihrer parteipolitischen Aktivitätsselbsteinschätzung. An erster Stelle wird die politische Aktivität von Frauen durch den Eintrittsgrund, politisch aktiv zu sein, bestimmt. D.h., Frauen, die mit dem Vorsatz, sich aktiv zu betätigen, in die Partei eintraten, sind auch tatsächlich sehr aktiv. Diese unabhängige Variable erbringt 17% an Varianzreduktion. An zweiter Stelle folgt als Determinante der Zielvariablen die Überzeugung, daß einfache Mitglieder einen großen Einfluß in der Partei ausüben. Auch der Wille, bestimmte politische Ziele durchzusetzen, korreliert positiv mit der politischen Aktivität weiblicher Mitglieder. Negativ wirkt sich hingegen die Tatsache aus, als Neumitglied von Freunden zu Parteiversammlungen mitgenommen worden zu sein. (Tabelle 64) Diese vier Variablen ergeben insgesamt eine Varianzreduktion von 30%; sie widerlegen eindeutig die verbreitete Annahme, daß sich der weibliche Lebenszusammenhang restriktiv auf die politische Aktivität weiblicher Parteimitglieder auswirke. Weder die Berufstätigkeit, noch der Zeitaufwand für Hausarbeit und Kinderbetreuung haben danach einen erklärenden Einfluß auf die politische Aktivität der weiblichen Mitglieder.
Die Determinanten der parteipolitischen Aktivität von männlichen und weiblichen Parteimitgliedern stimmen nur in dem Wunsch, politisch

Tabelle 64: Determinanten der politischen Aktivitätsselbsteinschätzung (multiple Regression)

Determinante	B	SE-B	Beta	multipler R	adjusted R^2	F
a) weibliche Parteimitglieder						
GP:Wunsch, politisch aktiv zu sein	.79	.26	.29	.42	.17	22.93
Großer Einfluß der einfachen Mitglieder	.68	.19	.29	.49	.22	16.93
GP:Wille, politische Ziele durchzusetzen	.81	.26	.30	.54	.27	14.75
PE:Von Freunden zu Parteiabenden mitgenommen	-.49	.22	-.18	.57	.30	12.67
Konstante	1.31	.86				
b) männliche Parteimitglieder						
GP:Wunsch, politisch aktiv zu sein	.68	.18	.25	.29	.08	18.04
Zufriedenheit mit der Partei in Bremen	.25	.09	.19	.37	.13	15.20
PE:Leichte Eingewöhnung	.59	.18	.21	.42	.16	13.85
Altersgruppe	-.02	.00	-.22	.46	.19	12.67
Austrittsüberlegung	-.46	.20	-.16	.48	.21	11.39
Konstante	1.82	.49				

aktiv zu sein, überein. Die Aktivität der Männer wird zudem positiv durch die Zufriedenheit mit ihrer Partei in Bremen und durch die Neumitgliedserfahrung einer leichten Eingewöhnung bestimmt. Hohes Alter und Unzufriedenheit mit der Partei, gemessen an der Austrittsüberlegung, korrelieren dagegen negativ mit der Zielvariablen.

Der Kreis der aktiven Mitglieder artikuliert seine Beweggründe für eine kontinuierliche und intensive Mitarbeit bereits so allgemein, daß persönliche Vorteils- oder Machtmotive kaum erkennbar sind, obgleich diese im Parteileben keine unbekannte Konstanten sein dürften. Folglich überwiegen normative und solidarische Gründe sowie Selbstentfaltungsbedürfnisse: soziale Ungerechtigkeiten in der Ge-

Tabelle 65: Beweggründe des aktiven Mitgliedschaftsengagements (in Prozent)

Frage: „Es gibt die verschiedensten Anreize und Beweggründe, warum man sich in der Parteiarbeit engagiert. Hier ist eine Liste mit solchen Motiven. Würden Sie bitte ankreuzen, welche der aufgeführten Beweggründe für Ihre politische Mitarbeit wichtig bzw. weniger wichtig sind?"

Besonders wichtig sind für aktive und sehr aktive Mitglieder	Ges.	Frauen	Männer	Frauen/Männer in: SPD	CDU	FDP
Ich möchte helfen, soziale Ungerechtigkeiten in der Gesellschaft abzubauen.	73,5**	81,1	70,9	94,4** 81,3	44,9 38,6	57,4 54,7
Für die Ziele der Partei lohnt es sich einzutreten und zu kämpfen.	61,3	65,4	59,9	62,9	84,4*	54,6
Es befriedigt mich innerlich, etwas für die Gemeinschaft zu tun.	32,3	35,0	31,4	33,8 27,5	37,7 43,4	53,8** 17,6
Ohne politische Betätigung fehlt mir etwas in meinem Leben.	35,3	33,6	35,9	30,5 39,8	53,5** 28,2	11,2 16,4
Ich liebe die vielen Begegnungen und Kontakte, die ich bei meiner Parteiarbeit mache.	18,2**	25,5	15,7	24,6 17,4	29,5** 12,2	32,2 8,2
Ich möchte mich auch dort, wo ich arbeite und wohne, zuhause fühlen.	37,8***	24,3	42,5	28,0** 46,5	22,7 34,1	- 27,0*
Ich bin gern unter Menschen mit gleichen Anschauungen und Wertvorstellungen.	21,1**	14,1	23,5	8,0*** 23,6	29,6 27,3	31,5* 8,2
Mich reizen die Aufregungen und der Spaß, die mit der Wahlkampfarbeit verbunden sind.	3,8	6,2	3,0	5,6** -	7,6 11,8	11,2 8,2

Fortsetzung Tabelle 65

	Ges.	Frauen	Männer	Frauen/Männer in: SPD	CDU	FDP
Es zieht mich dorthin, wo es um Macht und Einfluß geht.	7,4	3,8	8,6	5,6	-	-
				6,3	12,2**	8,2
Mitarbeit in der Partei gibt mir ein Gefühl der Anerkennung.	7,7**	3,2	9,3	-	14,4	-
				9,2***	11,7	-
Ich bin Freunden zuliebe in der Partei tätig.	2,4	1,5	2,7	2,2	-	-
				3,7	-	-
N=	312	117	195	74	31	11
Mehrfachnennungen				104	67	23

sellschaft abbauen (73,5%); für die Ziele der Partei eintreten (61,3%); zuhause fühlen, wo man arbeitet und wohnt (37,8%); Bedürfnis nach politischer Betätigung (35,3%) und innerliche Befriedigung, für die Gemeinschaft etwas zu tun (32,3%). (Tabelle 65)
Bei Frauen überwiegen das Streben nach sozialer Gerechtigkeit (Frauen:81,1%; Männer:70,9%) und die Kontaktfreude (Frauen:25,5%; Männer: 15,7%), bei Männern hingegen das Zugehörigkeitsgefühl im sozialen Umfeld (Männer:42,5%; Frauen:24,3%) und zu politischen Gesinnungsfreunden (Männer:23,5%; Frauen:14,1%).
Unter den weiblichen Mitgliedern ist das soziale Engagement in der SPD am größten (94,4%), christdemokratische Frauen sind mit ihrer Partei wesentlich solidarischer (84,4%) und liberale Frauen sind wesentlicher motiviert, für die Gemeinschaft etwas zu tun (53,8%).

Wenn also Parteimitglieder aktiv sind, gibt es im Ausmaß der Aktivität zwischen Frauen und Männern keine Unterschiede. Allerdings sind die Beweggründe der Mitarbeit verschiedenartig strukturiert. Die dennoch vorhandene Aktivitätsdifferenz zwischen den weiblichen und männlichen Mitgliedern zeigt sich erst bei der Frage nach den Gründen der Passivität und verweist auf gesellschaftliche Voraussetzungen, die außerhalb der Parteiorganisation prägend wirken. Für Frauen sind die Hauptursachen der Inaktivität die mangelnde rednerische Gewandtheit (25,8% zu 13,8%) sowie die Belastungen durch Hausarbeit und Kindererziehung (25,1% zu 5,2%). Demgegenüber werden Männer vor allem durch den Beruf (56,3% zu 26,9%) und andere Freizeitverpflichtungen (29,2% zu 16,5%) beansprucht. Gemeinsamkeiten gibt es jedoch zwischen den passiven weiblichen und männlichen Parteimit-

Tabelle 66: Inaktivitätsgründe (in Prozent)

Frage: „Ich habe hier einen Kartensatz mit Gründen, warum man für eine aktive Mitarbeit in der Partei nicht in Frage kommt. Würden Sie bitte einmal alle Karten anschauen und diejenigen herauslegen, die auf Sie zutreffen?"

Mitglieder, die etwas, kaum oder gar nicht aktiv sind:	Ges.	Frauen	Männer	Frauen/Männer in: SPD	CDU	FDP
Für mich hat die Familie Vorrang vor der Parteipolitik.	31,6	32,8	31,2	30,5 32,2	42,7** 25,1	25,9 32,7
Mein Beruf nimmt mich zu sehr in Anspruch.	48,8***	26,9	56,3	22,0*** 54,9	38,5** 58,4	50,7 67,0
Die auf Parteiversammlungen aktiv sind, können das viel besser als ich. Mir liegt es nicht, frei zu reden und andere zu überzeugen.	16,8***	25,8	13,8	25,4** 14,4	28,7* 14,5	11,3 4,7
Die Hausarbeit und die Kinderbetreuung lassen es nicht zu,am Parteigeschehen teilzunehmen.	10,2***	25,1	5,2	27,2*** 5,3	20,2** 5,5	21,9** 3,2
Es fällt einem schwer, die eigene Trägheit zu überwinden.	20,9	22,5	20,4	26,8 22,5	12,7 13,4	11,3 14,7
Ich habe bei meinem Parteibeitritt nie daran gedacht, mich in der Parteiarbeit aktiv zu betätigen.	22,2	20,0	23,0	14,9 22,1	38,8 28,8	7,3 10,5
Ich bin abends zu erschöpft.	19,4	18,9	19,5	18,1 19,7	22,0*** 5,5	20,4 18,1
Was die Partei sagt und was sie tut, paßt schon lange nicht mehr zusammen.Das kann ich nicht auch noch unterstützen.	16,0	18,4	15,2	22,7 18,7	2,4 5,8	16,1 12,7

Fortsetzung Tabelle 66	Ges.	Frauen	Männer	Frauen/Männer in: SPD	CDU	FDP
Die ganze Linie der Partei überzeugt mich schon lange nicht mehr.	19,9	17,2	20,8	20,4 25,1	4,9 1,6	12,8 25,9
Ich habe abends andere Freizeitverpflichtungen.	26,0***	16,5	29,2	19,4* 29,4	8,8*** 34,5	14,6 9,1
Mich stört die politische Richtung der Leute, die bei mir im Ortsverein/-verband das Sagen haben.	15,8	13,0	16,8	15,7 20,2	2,4 3,5	4,8 7,3
N=	410	144	266	89 132	37 100	17 33
Mehrfachnennungen						

gliedern im Vorrang der Familie (32,8% zu 31,2%); in der Beschränkung auf eine passive Mitgliedsrolle schon bei Parteieintritt (20% zu 23%); in der mangelnden Überzeugungskraft (17,2% zu 20,8%) und Glaubwürdigkeit (18,4% zu 15,2%) der Partei; in der Distanz zu innerparteilichen Richtungsgruppen (13% zu 16,8%) sowie in der eigenen Trägheit (22,5% zu 20,4%) und Erschöpfung (18,9% zu 19,5%). (Tabelle 66)

Im Vergleich der passiven weiblichen Mitglieder untereinander ist die durch die eigene Partei ausgelöste Inaktivität in der SPD am verbreitetsten: 15,7% der SPD-Frauen stört die politische Richtung auf Ortsebene; 20,4% sind nicht mehr von der Parteilinie überzeugt (CDU:4,9%; FDP:12,8%); 22,7% zweifeln an der Glaubwürdigkeit ihrer Partei (CDU:2,4%; FDP:16,1%). Schließlich fällt es den inaktiven sozialdemokratischen Frauen auch noch am schwersten, ihre eigene Trägheit zu überwinden. Die passiven Frauen der CDU widmen sich lieber ihrer Familie oder haben niemals beabsichtigt, aktiv zu werden. Ähnlich wie bei den Männern, werden die liberalen Frauen durch ihren Beruf von der Mitarbeit abgehalten.

Überprüft man den geschlechtsspezifisch differierenden Hintergrund der Aktivität und Inaktivität an der Frage nach der vorrangigen Zuständigkeit der Frauen für Haushalt und Kindererziehung und die demgegenüber stärkere Belastung der Männer durch den Beruf, so zeigt sich folgendes: Von allen berufstätigen Männern verrichten ca.53% Hausarbeit, von allen berufstätigen Frauen dagegen 92%. Vergleicht man auch die dafür aufgewandte tägliche Zeit, so verbringen Männer erheblich weniger Stunden mit der Hausarbeit als Frauen.

Tabelle 67: Tägliche Zeit für Hausarbeit (in Prozent) (Nur Berufstätige)

Frage: „Wieviel Zeit wenden Sie ungefähr am Tag für Hausarbeit auf?"

	Ges.	Frauen	Männer
weniger als 1 Stunde	36,9	15,8	45,7
1-2 Stunden	45,3	50,9	42,9
3-4 Stunden	14,3	25,5	9,6
5-6 Stunden	2,7	4,7	1,8
mehr als 6 Stunden	0,8	3,1	-
N=	407	117	290
P=	0.0000		

Wie sieht es nun mit der Zuständigkeit für die Kinderbetreuung aus? Knapp zwei Drittel der berufstätigen Frauen sind danach allein für die Kinderbetreuung verantwortlich; nur 3,5% nannten den Partner, und rd. 30% versorgen die Kinder gemeinsam mit anderen Familienangehörigen. Die Antworten der männlichen Parteimitglieder zeigen ein ganz anderes Bild; verschwindend gering ist mit 3,2% der Anteil

Tabelle 68: Vorrangige Zuständigkeit für Kinderbetreuung (in Prozent) (Nur Berufstätige)

Frage: „Wer ist vorrangig für die Betreuung des Kindes/der Kinder zuständig?"

	Ges.	Frauen	Männer
Sie allein	12,0	63,7	3,2
Ihr Ehe-/Partner allein	54,7	3,5	63,4
Andere Familienangehörige	0,6	2,4	0,3
Sie gemeinsam mit Familienangehörigen	32,7	30,4	33,1
N=	407	117	290
P=	0.0000		

der Männer, die allein die Kinder versorgen; dagegen gaben 63,4% ihre Ehefrau/Partnerin als allein Zuständige an. Und ein Drittel der Männer versorgt gemeinsam mit anderen Familienangehörigen die Kinder. Diese Ergebnisse bestätigen somit auch für die berufstätigen Parteimitglieder die Praktizierung der geschlechtsspezifischen Arbeitsteilung, die für ein Viertel der passiven weiblichen Mitglieder mit verantwortlich für ihre Inaktivität ist.
Wieviel Zeit den Mitgliedern für eine aktive Teilnahme am innerparteilichen Geschehen bleibt, hängt aber auch davon ab, wie lange sie täglich von zu Hause berufsbedingt abwesend sind. Gut ein Drittel der berufstätigen Frauen ist zwischen 4 und 6 Stunden täglich von zu Hause fort; knapp 30% verlassen für 9 bis 10 Stunden ihre Wohnung; ca. 16% sind 7 bis 8 Stunden abwesend; mehr als 11 Stunden sind 15% fort und weniger als 4 Stunden lediglich 4%. Legt man den 8-Stunden-Arbeitstag zugrunde, so sind mit ca. 45% weniger als die Hälfte der berufstätigen Frauen voll erwerbstätig; in der Mehrzahl gehen sie einer Teilzeitbeschäftigung nach. Bei den Männern dominiert dagegen der volle Arbeitstag; über drei Viertel der männlichen Mitglieder (79,5%) ist täglich 9 und mehr Stunden von zu Hause fort. Diese Daten machen somit die politische Inaktivität der männlichen Parteimitglieder aufgrund ihrer zeitlichen beruflichen Belastung plausibel.
Dennoch stehen diese Befunde im Widerspruch zu den Ergebnissen der Regressionsrechnung hinsichtlich der Determinanten der politischen Aktivität der Mitglieder; denn danach haben lebenssituative Variablen im Gegensatz zu Eintrittsmotivation und parteiinternen Sozialisationserfahrungen keinen erklärenden Einfluß auf die Aktivität der männlichen wie auch der weiblichen Mitglieder. Die Frage ist hier, inwiefern die von den Mitgliedern vorgebrachten Gründe ihrer Inaktivität nicht eher nachträgliche Rationalisierungen, vielleicht auch beeinflußt durch die Interviewsituation, darstellen. So ist aufgrund der Regressionsanalyse zu vermuten, daß Frauen, die aktiv sein wollen, sich durch Haushalt und Kindererziehung nicht von ihrem politischen Engagement abbringen lassen, während die an einer aktiven Mitarbeit nicht sonderlich interessierten Frauen nach Rechtfertigungen für ihre Passivität suchen.

5.5.3 Erfahrungen als Neumitglied

Obwohl sich die Hälfte aller Mitglieder passiv verhält, gibt es nur relativ wenige (13,9%), die zumindest als Neulinge gar nicht die Absicht hatten, Parteiversammlungen auf Ortsebene zu besuchen. Diejenigen jedoch, die sich der Teilnahme am Parteileben nicht verschlossen, wurden überwiegend freundlich aufgenommen (66,5%). Dabei fiel es auch den meisten Neumitgliedern leicht, sich rasch zu akklimatisieren (59,6%). Allerdings gab es auch beträchtliche negative Erfahrungen: 21,3% begegneten Gleichgültigkeit, 18,9% fühlten sich fremd und 14,5% vernachlässigt, 16,9% störte der routinierte Ablauf

Tabelle 69: Erfahrungen als Neumitglied (in Prozent)

Frage: „Wenn Sie einmal an die Zeit zurückdenken, als Sie in die Partei eintraten und sich an die neue Rolle als Parteimitglied gewöhnen mußten: Wie ist es Ihnen da auf den Parteiversammlungen und im Umgang mit anderen Parteimitgliedern ergangen?"

	Ges.	Frauen	Männer
Ich bin gar nicht erst zu den Mitgliederversammlungen gegangen.	13,9	11,2	14,8
Kaum, daß ich in der Partei war, besuchte mich schon jemand vom Ortsverein/-verband und erklärte mir die verschiedenen Möglichkeiten, in der Partei mitzumachen.	21,9*	16,7	23,7
Die anderen Mitglieder waren mir alle fremd und machten es mir nicht leicht, mit ihnen in Kontakt zu treten.	18,9	16,6	19,7
Die Veranstaltungen liefen ab wie geschmiert und haben mich ganz schön erdrückt.	16,9***	22,4	13,8
Die älteren Parteimitglieder waren sehr freundlich und haben mich gleich in ihren Kreis aufgenommen.	66,5	64,8	67,1
Den anderen Parteimitgliedern schien es völlig gleichgültig zu sein, ob da nun ein neues Mitglied zu ihnen gestoßen war oder nicht.	20,7	21,5	21,3
Ich wußte genau Bescheid,was ich wollte und legte keinen Wert darauf, als Neumitglied besonders betreut zu werden.	61,1	60,2	61,5
Die Eingewöhnung fiel mir leicht, da man sich in gemütlicher Runde schnell näher kommen konnte.	59,6	61,4	59,0
Bei Veranstaltungen und auch sonst hat sich keiner um mich gekümmert.	14,5	12,0	15,3

Fortsetzung Tabelle 69

	Ges.	Frauen	Männer
Ich habe Orientierungshilfen darüber vermißt, welche Rechte und Pflichten ich mit meiner neuen Rolle übernommen hatte.	23,0	26,2	21,9
Freunde nahmen mich mit und haben mir so die Angst vor dem Neuen genommen.	27,5***	35,4	24,7
Die Partei schickte mir mit dem Mitgliedsausweis Unterlagen, die Ratschläge erteilten, wie ich meine Rolle als Mitglied ausgestalten könnte.	31,4***	21,0	35,1
Die anfänglichen Besuche bei der Partei haben mir so wenig gebracht, daß ich es schnell aufgab, weiter mitzumachen.	14,4	14,4	14,5
Man rief mich vom Ortsvorstand an und gab mir Tips als Neumitglied.	9,1**	4,6	10,7
Die Partei schickte mich schnell zu einem Seminar, wo ich andere Neumitglieder kennenlernte und erfuhr, was ich alles von der Partei zu erwarten hatte.	15,8	12,8	16,8
N=	560	197	363

Mehrfachnennungen

und 14,4% resignierten nach anfänglichen Besuchen. (Tabelle 69) Offenbar sind aber die meisten Mitglieder "pflegeleicht". Immerhin wußten 61,1% der Neumitglieder schon so gut Bescheid, daß sie keiner besonderen Betreuung bedurften. Diejenigen, die jedoch nicht über eine derartige Verhaltenssicherheit verfügen, können kaum auf eine parteiorganisatorische Hilfestellung rechnen; 23% vermißten ausdrücklich Orientierungshilfen. Wird jedoch Unterstützung für das Neumitglied gewährt, so werden die Frauen anscheinend teilweise durch parteiorganisatorische Verhaltensweisen benachteiligt. Weibliche Neulinge erhielten bei ihrem Parteieintritt weniger schriftliche Unterlagen (21% zu 35,1%), Besuche (16,7% zu 23,7%) oder Tips vom Ortsvorstand (4,6% zu 10,7%) zur aktiven Wahrnehmung ihrer Mit-

gliedschaftsrolle. Eine Erklärung für das intensivere Bemühen der Parteiorganisation um männliche Neumitglieder könnte allerdings darin liegen, daß ca. drei Viertel der verheirateten Frauen zusammen mit ihrem Ehemann in der Partei sind.
Im Unterschied zu den Männern stehen Frauen dem gängigen Versammlungsablauf wesentlich distanzierter gegenüber (Frauen:22,4%; Männer: 13,8%) und bedürfen stärker der Hilfe von Freunden (35,4% zu 24,7%), um vorhandene Schwellenängste zu überwinden.

5.5.4 Partizipationsrepertoire

Ein aktives parteipolitisches Engagement bedeutet für die Mitglieder, einen Teil ihrer Freizeit für die Parteiarbeit zu opfern. Lediglich 14,3% aller Parteimitglieder wären bereit, jeden Tag eine Stunde für die Parteiarbeit aufzuwenden; ein Viertel (25,9%) könnte einige Stunden in der Woche und ein weiteres Viertel (26,4%) einige Stunden im Monat der Partei zur Verfügung stellen. Ganz gelegentlich zur Mitarbeit bereit wäre ein Drittel (33,4%) der Parteimitglieder. Zwischen Männern und Frauen gibt es hierbei keinen signifikanten Unterschied. Von welchen Determinanten diese Zeitopferbereitschaft abhängig ist, sagt Tabelle 70. Wieder sind es vor allem die Eintrittsmotivation und die Neumitgliedserfahrungen, welche die Zielvariable erklären. Das Geschlecht, sozialstrukturelle und lebenssituative Variablen dagegen erweisen sich auch hier als ungeeignete Erklärungsgrößen.
Viel Zeit für die Partei wollen danach diejenigen Frauen opfern, die aufgrund der Motivation, politisch aktiv zu sein, eingetreten sind; auch Frauen, die kurz nach ihrem Beitritt von einem anderen Mitglied ihrer Partei besucht wurden und Informationen über Beteiligungsangebote erhielten, haben eine hohe Zeitopferbereitschaft. Umgekehrt wollen die von Anfang an inaktiven Mitglieder, d.h. diejenigen, die gar nicht erst zu den Versammlungen gegangen sind, ebenso wie die einen Austritt erwägenden Frauen, der Partei nur wenig von ihrer Zeit zur Verfügung stellen. Auch die generalisierenden Eintrittsgründe „Volle Übereinstimmung mit der Partei" und „Unterstützung des gegenwärtigen Parteikurses" implizieren keine hohe Zeitopferbereitschaft. Diese sechs Variablen erbringen zusammen 35% an reduzierter Varianz.
Die Zeitopferbereitschaft der männlichen Parteimitglieder korreliert positiv mit der Eintrittsmotivation, politisch aktiv zu sein und dem Willen zur Durchsetzung bestimmter politischer Ziele. Männer, die mit ihrer Partei in Bremen zufrieden sind, die ein Seminar für Neumitglieder besucht haben und denen die Eingewöhnung in die Partei leicht gefallen ist, haben gleichfalls eine hohe Zeitopferbereitschaft. Parteimitglieder, die dagegen aus voller Übereinstimmung mit der Partei eingetreten sind und diejenigen, die als Neumitglied kein Interesse an einer besonderen Betreuung hatten, wollen nur wenig Zeit für die Parteiarbeit opfern. Bei den männlichen Mitgliedern besteht zudem ein signifikanter Zusammenhang zwischen dem Alter und der Zielvariablen; jüngere Mitglieder haben eine höhere Zeit-

Tabelle 70: Zeitopferbereitschaft für die Parteiarbeit (in Prozent) (multiple Regression)

a) weibliche Parteimitglieder

Determinante	B	SE-B	Beta	multipler R	adjusted R^2	F
GP:Wunsch,politisch aktiv zu sein	.88	.22	.30	.35	.11	15.34
PE:Gar nicht zu den Mitgliederversammlungen gegangen	-.92	.36	-.21	.45	.19	13.87
GP:Volle Übereinstimmung mit der Partei	-.70	.24	-.24	.49	.22	11.54
Austrittsüberlegung	-.97	.25	-.32	.55	.28	11.70
PE:Besuch und Erklärungen durch anderes Mitglied	.94	.29	.26	.60	.33	11.76
GP:Unterstützung des gegenwärtigen Parteikurses	-.53	.24	-.19	.62	.35	10.95
Konstante	3.84	1.06				

b) männliche Parteimitglieder

Determinante	B	SE-B	Beta	multipler R	adjusted R^2	F
Altersgruppe	-.02	.01	-.25	.28	.08	17.27
GP:Wunsch,politisch aktiv zu sein	.37	.19	.13	.36	.12	14.51
Zufriedenheit mit der Partei in Bremen	.31	.09	.23	.40	.15	12.38
PE:Besuch eines Seminars für Neumitglieder	.51	.09	.24	.43	.17	11.16
GP:Wille, bestimmte politische Ziele durchzusetzen	.56	.21	.17	.46	.19	10.48
PE:Genaue Kenntnisse u.kein Interesse an besonderer Betreuung	-.44	.19	-.15	.48	.21	9.68
PE:Leichte Eingewöhnung	.47	.19	.16	.50	.23	9.19
GP:Volle Übereinstimmung	-.42	.20	-.14	.52	.24	8.73
Konstante	4.65	.91				

opferbereitschaft als ältere Mitglieder.
Die bei allen Parteimitgliedern am weitesten verbreiteten Mitarbeitsformen sind der Besuch von Wahlkampfveranstaltungen (93%), das öffentliche Eintreten für die eigene Partei (77,9%), die Stimmenwerbung bei Freunden (69,5%), das Tragen einer Anstecknadel (69,4%), der Besuch geselliger Parteiveranstaltungen (67,4%), der regelmäßige Besuch von Mitgliederversammlungen sowie die Verteilung von Flugblättern und Werbematerialien (64%). Nahezu durchgängig nehmen die männlichen Mitglieder alle Mitarbeitsformen intensiver wahr. Die weiblichen Mitglieder führen lediglich beim Besuch geselliger Parteiveranstaltungen (75,5% zu 64,6%) und Mitgliederversammlungen (70,8% zu 62,7%). Einen beträchtlichen Vorsprung haben die männlichen Mitglieder, wenn es darum geht, eine öffentliche Ansprache zu halten (25,2% zu 9,2%), Plakate zu kleben (51,7% zu 39,3%) und einen Leserbrief zu schreiben (15,1% zu 4,1%). (Tabelle 71)
Unter den parteiinternen Mitarbeitsformen findet sich eine stärkere Beteiligung der männlichen Mitglieder bei der Programmarbeit (49,7% zu 32,3%), der Mitarbeit in einem Wahlkampfausschuß (26,4% zu 14,3%) und beim Schreiben eines Beitrags für die Parteizeitung (20% zu 7,7%).
Auch bei der Stimmenwerbung sind die Männer deutlich aktiver als die Frauen; drei Viertel von ihnen hat bereits bei Freunden um Stimmen für die Partei geworben gegenüber nur knapp 55% der Frauen. Bei der Mitgliederwerbung zeigt sich gleichfalls eine größere Abstinenz der Frauen; so haben rd. 31% der weiblichen Mitglieder, aber 49% der Männer ein neues Mitglied geworben; einen Arbeitskollegen haben lediglich 17% der Frauen gegenüber 44,5% der Männer geworben. Diese letzte Differenz mag sich z.T. daraus erklären, daß die weiblichen Mitglieder in geringerem Maße berufstätig sind als die männlichen Mitglieder. Zieht man in diesem Fall das Ergebnis einer anderen Frage hinzu, nämlich ob die Arbeitskollegen von der Parteimitgliedschaft wissen, so zeigt sich hier bei den berufstätigen Frauen eine größere politische Zurückhaltung am Arbeitsplatz als bei den Männern. Während von den berufstätigen Frauen rd. 16% mit "nein" antworteten, waren es bei den berufstätigen Männern nur rd. 4%; "ja, einige" gaben ca. 24% der Frauen und rd. 20% der Männer an, und "ja, die meisten" nannten rd. 60% der Frauen gegenüber 75% der Männer. Die berufstätigen Frauen bekennen sich somit weniger ausdrücklich als Männer im Kreis ihrer Arbeitskollegen/Kolleginnen zu ihrer Parteimitgliedschaft.
Selbstverständlich schließen die Aktivitäten der Mitglieder in allen Parteien auch gesellige Formen ein. Das Spektrum reicht dabei von spontanen privaten Treffen bis hin zu regelmäßig wahrgenommenen Freizeitbeschäftigungen für Interessierte. Betrachtet man aus der Vielzahl derartiger Tätigkeiten einen relevanten Ausschnitt, dann haben männliche und weibliche Mitglieder ein gleiches Interesse an nicht-politischen Aktivitäten in der Partei; allerdings setzen sie z.T. andere Schwerpunkte. So wären Frauen eher an einer Reisegruppe interessiert, während Männer die Skatrunde oder Amateurfilm-

Tabelle 71: Mitarbeitsformen der Mitglieder (in Prozent)

Frage: „Es gibt verschiedene Formen der Mitarbeit in der Partei, aber sicherlich kann das Interesse an einer solchen Mitarbeit und die dafür zu opfernde Zeit nicht bei allen Mitgliedern gleichgesetzt werden. Ich nenne Ihnen jetzt solche Formen der Mitarbeit, und Sie sagen mir jeweils, ob Sie das schon einmal gemacht haben oder ob Sie es noch nie gemacht haben."

Nach außen gerichtete Tätigkeiten	Ges.	Frauen	Männer
Öffentliches Eintreten für die Partei	77,9**	71,2	80,2
Tragen einer Anstecknadel	69,4	65,4	70,7
Verteilung von Flugblättern und Werbematerialien	64,0	62,5	64,5
Aufkleber am Auto	45,7	48,6	44,7
Beteiligung an Straßendiskussionen	50,7	48,5	51,4
Bedienung eines Straßeninformationsstandes	37,4	39,5	36,7
Plakate kleben	48,5***	39,3	51,7
Hausbesuche	25,3	25,4	25,3
Beim Kandidatenrundgang mitgehen	26,1	22,5	27,4
Schlepperdienste am Wahltag	18,5	18,2	18,6
Öffentliche Ansprache halten	21,1***	9,2	25,2
Leserbrief für die Partei schreiben	12,3***	4,1	15,1
Nach innen gerichtete Tätigkeiten			
Besuch eigener Wahlkampfveranstaltungen	92,6	91,4	93,0
Besuch geselliger Parteiveranstaltungen	67,4***	75,5	64,6
Regelmäßiger Besuch von Mitgliederversammlungen	64,8*	70,8	62,7
Besuch von Bildungsveranstaltungen und Seminaren der Partei	52,2*	46,8	54,1

Fortsetzung Tabelle 71

	Ges.	Frauen	Männer
Mitgliedern bei persönlichen Anliegen helfen	55,1***	45,2	58,5
Beteiligung an der Programmarbeit	45,2***	32,3	49,7
Parteifete mit ausrichten	27,4	26,4	27,7
Mitarbeit im Wahlkampfausschuß	23,3***	14,3	26,4
Eigene Wahlparty ausrichten	10,2	11,9	9,6
Aushelfen in der Parteigeschäftsstelle	11,6	9,0	12,5
Schreiben eines Beitrags für die Parteizeitung	16,8***	7,7	20,0
Stimmen- und Mitgliederwerbung			
Neues Mitglied werben	44,5***	31,5	49,0
Kollegen werben	37,4***	17,1	44,5
Stimmenwerbung bei Familienangehörigen	60,1	60,3	59,6
Stimmenwerbung bei Freunden	69,5***	54,9	74,6
N=	560	197	363
Mehrfachnennungen			

gruppe bevorzugen würden. (Tabelle 72)
Daß Frauen insgesamt kein höheres Interesse an Geselligkeit in der Partei haben, zeigt schließlich auch die Frage nach den Gründen der Inaktivität. Die Antwortmöglichkeit "Wenn es mehr Geselligkeit und weniger Politik in der Partei gäbe, würde ich mich auch stärker beteiligen" wurde lediglich von 5,4% der inaktiven Frauen und 0,7% der Männer ausgewählt. Frauen haben sich also zwar bisher mehr als Männer an geselligen Veranstaltungen beteiligt, sie sind deswegen aber nicht unpolitischer als die männlichen Parteimitglieder. Vielmehr ist bei Männern und Frauen im politischen Spektrum ein Geselligkeitsbedürfnis eingebettet, das mit der politischen Tätigkeit verbunden wird.

Tabelle 72: Ortsvereins/-verbandsinitiativen (in Prozent)

Frage: „Wenn Ihr Ortsverein/-verband auf die Idee kommen sollte, einen Tischtenniskreis einzurichten, würden Sie vielleicht mitmachen?"

	Ges.	Frauen	Männer
Tischtenniskreis	28,5	29,6	28,1
Skatrunde	29,9***	8,9	37,5
Amateurfilmgruppe	22,9**	16,3	25,3
Reisegruppe	47,5***	59,9	43,0
Briefmarkengruppe	7,5	4,9	8,4
N=	560	197	363
Mehrfachnennungen			

Die männlichen Mitglieder gelangen jedoch durch ihren höheren Aktivitätsgrad in bestimmten Bereichen, z.B. der Mitgliederwerbung, gegenüber Frauen in eine faktische Schlüsselposition, die den Zugang zur Partei und die Mitgliederrekrutierung bestimmt. Zudem nehmen Männer bevorzugt solche Tätigkeiten wahr, die offenbar innerparteilich stärker honoriert werden. Wenn also die Parteien wirklich daran interessiert sind, Frauen bei der Vergabe innerparteilicher Positionen gleichberechtigt zu behandeln, läge hier eine wichtige organisatorische Aufgabe, weibliche Mitglieder gezielt an aufstiegsfördernde Tätigkeiten heranzuführen und die Nützlichkeits- und Belohnungskriterien für erbrachte Leistungen zu verändern.

5.5.5 Teilnahme an Mitgliederversammlungen und Diskussionsverhalten

Regelmäßig an Mitgliederversammlungen teilgenommen haben 62,7% der männlichen und 70,8% der weiblichen Parteimitglieder. Eine positive Korrelation besteht auch hier wieder zwischen dem Wunsch der weiblichen Mitglieder, politisch aktiv zu sein, und der abhängigen Variablen. Frauen, die dagegen von Anfang an gar nicht zu Mitgliederversammlungen gegangen sind, haben auch im weiteren Verlauf ihrer Mitgliedschaft diese nicht regelmäßig besucht. Dieser Zusammenhang gilt auch für die weiblichen Mitglieder, die aufgrund von Enttäuschungen den Parteiversammlungen bald ferngeblieben sind. Diese drei Variablen erklären 33% der Varianz; die Regressionsanalyse widerlegt auch an dieser Stelle den oft vermuteten Zusammenhang zwischen weiblicher Lebenssituation und einem regelmäßigen Besuch von Mitgliederversammlungen. Die Wahrnehmung dieser Parteiaktivität ist vielmehr von der Eintrittsmotivation und den Erfahrungen als Neumitglied abhängig.
Diese Feststellung gilt auch für die männlichen Mitglieder; Männer,

Tabelle 73: Determinanten des regelmäßigen Besuchs von Mitgliederversammlungen (multiple Regression)

a) weibliche Parteimitglieder

Determinanten	B	SE-B	Beta	multipler R	adjusted R^2	F
PE:Gar nicht zu Mitgliederversammlungen gegangen	-.48	.11	-.34	.42	.17	23.20
GP:Wunsch,politisch aktiv zu sein	.27	.07	.29	.53	.27	21.22
PE:Nach anfänglichen Besuchen bald aufgegeben	-.33	.10	-.26	.59	.33	19.01
Konstante	3.0	.18				
b) männliche Parteimitglieder						
PE:Gar nicht zu Mitgliederversammlungen gegangen	-.42	.09	-.31	.37	.13	31.18
PE:Nach anfänglichen Besuchen bald aufgegeben	-.21	.09	-.15	.41	.16	19.73
GP:Suche nach einer sinnvollen Freizeitbeschäftigung	.21	.09	.15	.44	.18	15.41
PV:"Einfluß nur durch innerparteiliche Wahlen	-.03	.01	-.14	.46	.19	12.90
Konstante	2.24	.19				

die gar nicht erst zu den Versammlungen gegangen sind oder die nach anfänglichen Besuchen bald aufgaben, haben ebensowenig regelmäßig an Mitgliederversammlungen teilgenommen wie diejenigen, die allein in innerparteilichen Wahlen eine Einflußmöglichkeit der Mitglieder sehen. Ein Parteibeitritt aufgrund der Suche nach einer sinnvollen Freizeitbeschäftigung korreliert dagegen positiv mit der Zielvariablen. (Tabelle 73)

Wenn Frauen und Männer zu Parteiveranstaltungen gehen, tun sie dies nicht in gleicher Weise. Während mit 58% über die Hälfte der Männer

Tabelle 74: Begleiter zu Parteiversammlungen (in Prozent)

Frage: „Können Sie mir sagen, wer Sie zu den Parteiversammlungen begleitet?"

	Ges.	Frauen	Männer
Ehepartner/Lebensgefährte	60,2***	73,3	54,5
Kinder	9,5***	3,7	12,1
andere Verwandte	5,9***	11,3	3,4
Nachbarn	8,2***	2,2	10,8
Freunde	33,9***	24,4	38,1
Arbeitskollegen	9,4***	0,8	13,2
Sonstige	3,4	2,7	3,7
N= Mehrfachnennungen	560	197	363

Tabelle 75: Verhalten auf Parteiversammlungen (in Prozent)

Frage: „Wenn Sie zu Parteiversammlungen gehen, wie verhalten Sie sich dann gewöhnlich?"

	Ges.	Frauen	Männer
Ich höre ruhig zu.	46,4**	53,9	43,9
Ich setze mich zu den Mitgliedern, die ich kenne.	54,5**	61,5	52,2
Ich melde mich bei Diskussionen zu Wort.	60,8***	52,3	63,5
Ich mache Vorschläge und stelle Anträge.	35,2***	24,0	38,8
Ich bitte den Vorstand um Auskünfte.	31,2***	17,2	32,5
Ich sage offen allen meine Meinung.	42,7***	29,9	46,8
Störende Dinge nenne ich gleich beim Namen.	35,5***	24,0	39,2
N= Mehrfachnennungen	560	197	363

immer allein zur Parteiversammlung geht, sind es nur rd.41% der Frauen; umgekehrt werden ca.46% der weiblichen Mitglieder fast immer begleitet, gegenüber nur 28% der männlichen Mitglieder. Bei Männern wie Frauen sind es vor allem die Ehepartner und Freunde, mit denen sie gemeinsam die Veranstaltungen aufsuchen; auch hier zeigt sich wieder, wie beim Anlaß zum Parteibeitritt, die Dominanz des Ehemannes bzw. des Partners der weiblichen Mitglieder: rd.73% der Frauen werden von ihrem Ehemann/Partner begleitet, aber nur 54,5% der Männer von ihren Ehefrauen/Partnerinnen. (Tabelle 74) Dieses empirische Ergebnis dürfte wieder damit zusammenhängen, daß fast drei Viertel der verheirateten Frauen, aber nur ca. ein Drittel der verheirateten Männer gemeinsam mit ihrem Partner/ihrer Partnerin in der Partei sind.

Die Parteiveranstaltungen selbst sind nicht nur quantitativ, sondern auch in ihrer Durchführung eine Domäne der Männer. Frauen verhalten sich wesentlich zurückhaltender: 53,9% sind ruhige Zuhörerinnen gegenüber nur 43,9% der Männer. Auch bei Diskussionen melden sich Frauen weniger zu Wort als Männer (52,3% zu 63,5%); das gleiche gilt für Anträge stellen (24% zu 38,8%), den Vorstand um Informationen bitten (17,2% zu 32,5%), offen allen die Meinung sagen (29,9% zu 46,8%) und störende Dinge gleich beim Namen nennen (24% zu 39,2%). Frauen suchen zudem mehr als Männer die Nähe ihnen bekannter Parteimitglieder (61,5% zu 52,2%). (Tabelle 75) Es stellt sich hier allerdings die Frage, ob die größere verbale Zurückhaltung der Frauen auf Parteiversammlungen tatsächlich als ein weibliches Defizit zu interpretieren ist; vielleicht melden sich Frauen einfach nur dann zu Wort, wenn sie wirklich etwas zu sagen haben, während Männer zu allem und jedem ihre Meinung vortragen zu müssen glauben.

5.5.6 Bereitschaft zur Amtsübernahme und Aufstiegsinteresse

Die Rekrutierung des politischen Personals ist sowohl ein individueller als auch kollektiver Vorgang, der auf bestimmten gesellschaftlichen und innerparteilichen Bedingungen basiert. Normalerweise beginnt politischer Aufstieg mit der Übernahme von Führungspositionen auf der unteren Parteiebene im lokalen Bereich. Voraussetzung auf der individuellen Ebene dafür ist die Bereitschaft, überhaupt ein Amt zu übernehmen. Dabei besteht zwischen Teilnahmeverhalten und Perzeption der Mitgliedsrolle insofern ein Zusammenhang, als die aktiven Mitglieder im Unterschied zu den teilnehmenden oder passiven Mitgliedern in der Regel grundsätzlich bereit sind, öffentliche und parteiinterne Positionen zu besetzen. Aktiv und zur Amtsübernahme bereit sind 27,5% der Frauen und 27% der Männer. Hinzu kommt eine stille Reserve, 11,6% weiblicher und 17,3% männlicher Mitglieder, die zwar zeitweilig nicht aktiv sind, aber dennoch Bereitschaft zeigen, ein Amt zu übernehmen. (Tabelle 76)
Insgesamt umfaßt also das personelle Rekrutierungsreservoir der Parteien 39,1% der Frauen und 44,3% der Männer. Etwas mehr als ein Drittel gehört zum teilnehmenden Potential ohne Ämterneigung: 34,2% weibliche und 36,4% männliche Mitglieder. Lediglich 26,7% der Frauen

Tabelle 76: Allgemeine Einstellung zur Mitgliedschaft (in Prozent)

Frage: „Einmal Ihre Mitgliedschaft in der Partei ganz allgemein betrachtet: Was trifft auf Sie zu?"

	Ges.	Frauen	Männer
Ich bin zahlendes Mitglied der Partei und leiste damit meinen Beitrag; mehr kann man von mir nicht erwarten.	15,0	17,3	14,2
Ich interessiere mich für das, was in der Partei vorgeht und gehe auch hin und wieder zu den Parteiversammlungen. Ich bin aber nicht bereit, ein Amt zu übernehmen.	35,8	34,2	36,4
Ich mache in der Partei aktiv mit und wäre auch bereit, ein Amt zu übernehmen oder ich habe eines inne.	27,1	27,5	27,0
Ich bin gegenwärtig nicht aktiv, wäre aber bereit, ein Amt zu übernehmen.	15,8	11,6	17,3
Ich bin nur formell Parteimitglied. Wenn ich morgen aus der Partei austräte oder wenn sich die Partei auflöste, würde sich für mich eigentlich nichts ändern.	6,3	9,4	5,1
N=	560	197	363
P=	0.1209		

und 19,4% der Männer verstehen sich als zahlendes bzw. formelles Mitglied.
Sieht man diese Ergebnisse insgesamt unter dem Aspekt der Personalauslese, so kann die Unterrepräsentation der Frauen in den innerparteilichen Ämtern jedenfalls nicht an ihrer individuellen Bereitschaft zur Amtsübernahme liegen. Ihr Interesse daran ist genauso groß wie das der Männer.
Die Bereitschaft der weiblichen Mitglieder zur Amtsübernahme ist in erster Linie wieder abhängig von dem Eintrittsgrund, politisch aktiv zu sein. Frauen, die diesen Beweggrund für ihren Parteieintritt nannten, haben also nicht nur ein hohes politisches Interesse, führen

Tabelle 77: Determinanten der Amtsübernahmebereitschaft (multiple Regression)

a) weibliche Parteimitglieder

Determinante	B	SE-B	Beta	multipler R	adjusted R^2	F
GP:Wunsch, politisch aktiv zu sein	.46	.08	.47	.52	.26	39.9
Austrittsüberlegung	-.24	.08	-.24	.56	.30	24.9
GP:Streben nach einem politischen Amt	.50	.19	.20	.59	.33	19.3
PE:Schriftliche Ratschläge von der Partei	.21	.09	.18	.62	.36	16.3
Konstante	.84	.32				
b) männliche Parteimitglieder						
Altersgruppe	-.01	.00	-.36	.26	.06	14.4
PE:Nach anfänglichen Besuchen bald aufgegeben	-.21	.09	-.15	.35	.12	14.0
PE:Anruf und Tips vom Ortsverein/-verband	.35	.10	.22	.41	.15	12.8
PE:Gar nicht erst zu den Mitgliederversammlungen gegangen	-.21	.09	-.15	.45	.18	12.0
Austrittsüberlegung	-.16	.07	-.16	.47	.20	10.8
GP:Wille, bestimmte politische Ziele durchzusetzen	.17	.07	.15	.49	.22	10.0
Konstante	1.51	.29				

nicht nur häufig eine politische Unterhaltung, sind nicht nur sehr aktiv, sondern zeichnen sich zudem durch eine hohe Amtsübernahmebereitschaft aus.

Auch das Streben nach einem politischen Amt korreliert positiv mit der jetzigen Bereitschaft zur Übernahme eines solchen. Das gleiche gilt für Frauen, die als Neumitglied schriftliche Ratschläge von der Partei erhielten. Daß die Bereitschaft, ein Amt zu übernehmen, zugleich von der generellen Zufriedenheit mit der Partei abhängig ist, belegt die negative Korrelation zwischen Austrittsüberlegung und der Zielvariablen. Frauen, die schon einmal an einen Austritt gedacht haben, sind danach nicht an einem Amt interessiert. Zusammen erbringen diese vier Variablen 36% an erklärter Varianz. Für die männlichen Parteimitglieder ergibt sich demgegenüber aus der Regressionsrechnung eine Varianzreduktion von nur 22%. An erster Stelle der Determinanten der Amtsübernahmebereitschaft steht bei ihnen die negative Korrelation von hohem Alter und der Zielvariablen. Auch die männlichen Mitglieder, die von Anfang an Parteiversammlungen ferngeblieben sind bzw. die nach anfänglichen Besuchen bald aufgegeben haben sowie diejenigen, die sich mit Austrittsüberlegungen tragen, bekunden kein Interesse an einer Amtsübernahme. Männliche Mitglieder, die dagegen als Neumitglied einen Anruf und Tips vom Ortsverein/-verband erhalten haben und die zur Durchsetzung bestimmter politischer Ziele in die Partei eingetreten sind, wären durchaus bereit, ein Amt in der Partei zu übernehmen.

Tabelle 78: Parteiämter nach Ebenen (in Prozent)

	Ges.	Frauen	Männer	Frauen/Männer in: SPD	CDU	FDP
Ortsverein/-verband	45,4***	56,4	41,9	75,1***	42,3	-
				47,3	26,6	32,4***
Unterbezirk/Kreis	45,5**	38,3	47,7	45,2	9,7***	41,6*
				49,6	45,5	22,3
Land	21,0	24,9	19,7	17,3	29,2	30,7**
				13,6	29,2	10,2
Beiräte	18,9*	23,8	17,4	27,4***	18,7*	24,1*
				11,3	32,4	46,2
Arbeitsgemeinschaften/Fachausschüsse/Vereinigungen	37,9***	29,0	40,7	21,0***	38,5***	65,2**
				45,6	19,6	34,2
N=	117	42	75	22	11	9
				39	27	8
Mehrfachnennungen						

Bekanntlich hält nur eine Minderheit der Mitglieder die innerparteilichen Positionen besetzt. Diese Funktionsträger rekrutieren sich aus dem Kreis der Aktiven, wobei Mitgliederaktivität zumeist mit einem Amt belohnt wird. 14% der weiblichen und 20% der männlichen Mitglieder haben ein innerparteiliches Amt inne. Berechnet man die durchschnittliche Zahl der Ämter, so entfallen auf Männer und Frauen gleichermaßen 1,7 Positionen, so daß sich hinsichtlich der Ämterhäufung keine geschlechtsspezifischen Unterschiede ergeben.
Eine Zuordnung der Parteiämter nach Ebenen weist den Unterbezirk/Kreis (45,5%) sowie den Ortsverein/-verband (45,4%) als die am

stärksten besetzten Ebenen aus, gefolgt von den Arbeitsgemeinschaften/Fachausschüssen/Vereinigungen (37,9%), der Landes- (21%) und der Beiratsebene (18,9%). Stärker als die männlichen Mitglieder sind Frauen auf der Ortsebene (56,4% zu 41,9%) vertreten, während Männer auf der Unterbezirks-/Kreisebene (47,7% zu 38,3%) und der Ebene der Arbeitsgemeinschaften/Fachausschüssen/Vereinigungen dominieren (Männer:40,7%; Frauen:29%).
Von den weiblichen Funktionsträgern sind etwa 28% Unterbezirks-bzw. Kreisdelegierte; ein Viertel ist Mitglied eines Ortsvorstandes; die Funktion einer Kassiererin hat gleichfalls ein Viertel; knapp ein Fünftel ist Landesdelegierte und rd.14% gehören einer Beiratsfraktion an. Die Unterschiede zu den männlichen Amtsinhabern sind in Bremen bei diesen Parteiämtern erfreulich gering; lediglich das Amt des Kassierens scheint eine typisch weibliche Tätigkeit innerhalb der SPD zu sein.

Tabelle 79: Determinanten der Amtsinhabe (multiple Regression)

a) weibliche Parteimitglieder

Determinante	B	SE-B	Beta	multipler R	adjusted R^2	F
GP:Wunsch, politisch aktiv zu sein	.30	.07	.37	.38	.14	18.52
PV:"Desinteresse der Parteiführung an der Mitgliedermeinung"	.04	.02	.18	.42	.16	11.78
Konstante	1.20	.14				
b) männliche Parteimitglieder						
GP:Wunsch, politisch aktiv zu sein	.16	.06	.19	.27	.07	15.44
PE:Leichte Eingewöhnung	-.14	.05	-.18	.32	.09	11.21
Altersgruppe	.00	.00	.20	.37	.12	10.31
PV:"Kein Einfluß der einfachen Mitglieder"	.03	.01	.17	.41	.15	9.71
PE:Besuch und Erklärungen durch ein anderes Mitglied	-.13	.06	-.13	.43	.16	8.69
Konstante	1.58	.16				

Die multiple Regression benennt für die weiblichen Mitglieder zwei Variablen als Determinanten ihrer Amtsinhabe; wieder kommt der Eintrittsmotivation, politisch aktiv zu sein, der größte Erklärungs-

wert zu. Aber auch die Überzeugung, daß die Parteiführung an der Meinung der einfachen Mitglieder desinteressiert sei, korreliert positiv mit dem Besitz eines Amtes. Dieses Ergebnis ist insofern plausibel, da mit der Übernahme eines Amtes der Kreis der einfachen Mitglieder verlassen und die Zugehörigkeit zum Kreis der Funktionsträger/-innen erworben wird.
Die Amtsinhabe der männlichen Mitglieder wird gleichfalls an erster Stelle durch den Eintrittsgrund, politisch aktiv zu sein, bestimmt. Eine positive Korrelation besteht zudem zwischen dem Alter und der Zielvariablen; d.h. ältere Mitglieder sind eher im Besitz eines innerparteilichen Amtes als jüngere Mitglieder. Auch die Überzeugung, daß einfache Mitglieder keinen Einfluß besitzen, korreliert positiv mit der Amtsinhabe. Negativ wirkt sich dagegen die Neumitgliedserfahrung einer leichten Eingewöhnung sowie der Besuch eines anderen Mitglieds auf die Zielvariable aus.
Die bei Männern und Frauen übereinstimmende Varianzreduktion von jeweils 16% ist in diesem Fall vergleichsweise gering. Dennoch kann festgehalten werden, daß sich weder das Geschlecht, noch Bildung, Berufstätigkeit oder lebenssituative Variablen als Prädiktoren der Amtsinhabe eignen. Vielmehr bestimmen die Eintrittsmotivation sowie parteiinterne Sozialisationserfahrungen die tatsächliche Übernahme eines Amtes.

Eine politische Karriere strebt ohne Einschränkungen nur ein sehr geringer Prozentsatz der Mitglieder an; unter den Frauen sind es 5,4% und unter den Männern 4,2%. Interesse an einem politischen Aufstieg bekunden dagegen wesentlich mehr Mitglieder; sie haben aber aufgrund anderer Belastungen im Augenblick keine Zeit, ihren Aufstieg intensiv zu betreiben. Diese Antwort gab ein Fünftel der weiblichen und rd. 30% der männlichen Mitglieder. Das eingeschränkte Aufstiegsinteresse der Männer liegt somit über den weiblichen Ambitionen.
Das Desinteresse an einem politischen Aufstieg wird einmal mit anderweitigen Belangen (Frauen:37,4%; Männer:37%), zum anderen mit fehlendem Selbstbewußtsein insbesondere unter den weiblichen Mitgliedern, begründet. 23,7% der Frauen, aber nur 7,8% der Männer schließen einen politischen Aufstieg für sich aufgrund mangelnden Vertrauens in die eigenen Fähigkeiten aus. Die Frage ist hier allerdings, ob Männer tatsächlich so viel selbstbewußter als Frauen sind, oder ob ihr Antwortverhalten nicht eher auf der Perzeption ihrer eigenen Geschlechtsrolle beruht, die ihnen das Eingeständnis persönlicher Defizite erschwert. Die Bedeutung von erfolglosen Aufstiegsversuchen schließlich erweist sich als gering. Und die Endstation ihrer politischen Karriere haben bereits 12,1% der Männer und 3,4% der Frauen erreicht. (Tabelle 80)
Unter den weiblichen Mitgliedern äußern die Frauen in der SPD mit 26,5% das geringste Selbstbewußtsein; bei den Frauen der CDU liegt dieser Prozentsatz noch bei 20,9%. Am wenigsten unter mangelndem Selbstvertrauen aber leiden die liberalen Frauen mit 7,7%. Sie sind

Tabelle 80: Aufstiegsinteresse (in Prozent)

Frage: „Wie ist Ihre persönliche Einstellung? Haben Sie ein Interesse an einem Aufstieg in der Partei?"

	Ges.	Frauen	Männer	Frauen/Männer in: SPD	CDU	FDP
Ja, die politische Arbeit bedeutet mir sehr viel und ich strebe wichtige Positionen an.	4,5	5,4	4,2	2,3 3,5	11,0 3,8	20,5 10,9
Ja, Interesse habe ich schon, aber aufgrund anderer Belastungen habe ich im Augenblick nicht die notwendige Zeit für die politische Arbeit.	27,6	21,4	29,8	21,4 25,4	18,7 41,4	25,8 53,3
Nein, das würde ich mir nicht zutrauen.	11,9	23,7	7,8	26,5 8,6	20,9 5,8	7,7 -
Nein, meine Interessen liegen woanders.	37,1	37,4	37,0	37,4 40,8	37,2 28,1	34,6 20,3
Nein, nach einigen erfolglosen Versuchen habe ich es aufgegeben.	0,9	-	1,1	- 1,3	- 0,8	- -
Ich habe bereits wichtige Positionen erreicht und strebe keine weiteren Ämter an.	9,9	3,4	12,1	1,2 12,9	10,2 9,5	- 7,9
Sonstiges	8,1	8,7	8,0	11,2 7,4	2,0 10,6	11,4 7,6
N=	560	197	363	122 175	52 143	23 45
P=	0.0000			0.0001	0.0403	0.6084

es auch, die mit 20,5% am stärksten aufstiegsorientiert sind, gefolgt von den Frauen der CDU mit 11%, und das Schlußlicht bilden die Sozialdemokratinnen mit mageren 2,3%. Mit ihrem erreichten Besitzstand zufrieden sind 10,3% der weiblichen CDU-Mitglieder und lediglich ein Prozent der sozialdemokratischen Frauen. Für die Rekrutierung des politischen Führungspersonals stehen also ausreichend Frauen zur Verfügung. Im Kreis der Aktiven erklärt sich allerdings ebenso wie bei den Männern nur eine kleine Gruppe ganz ohne Einschränkungen

(5,4%) für ausgesprochen karriereorientiert. Daß diese Frauen dann auf der Bürgerschafts- oder Landesvorstandsebene kaum zum Zuge kommen, hat seine Gründe in der politischen Praxis, wie zum Beispiel bei der Benachteiligung im Prozeß der Kandidatennominierung.

Fragt man jetzt nach den Determinanten des Aufstiegsinteresses der weiblichen Mitglieder, so steht an erster Stelle die negative Korrelation zu dem Eintrittsmotiv, politische Ziele verfolgen zu wollen. Eine solche zielorientierte Eintrittsmotivation impliziert danach keine individuelle Karriereaspiration. Auch zwischen hohem Alter und Aufstiegsinteresse besteht - verständlicherweise - eine negative Korrelation; umgekehrt bedeutet dieses, daß junge Frauen besonders aufstiegsorientiert sind. Positiv wird die abhängige Variable auch von der Überzeugung bestimmt, daß die Teilnahme an innerparteilichen Wahlen der einzige Weg sei, um auf die Politik der Partei Einfluß zu nehmen. Ein Beitritt aus voller Übereinstimmung mit der Partei korreliert gleichfalls positiv mit dem Aufstiegsinteresse der weiblichen Parteimitglieder. Aufschlußreich ist zudem, daß selbst inaktive Frauen, und zwar diejenigen, die nach anfänglichen Versammlungsbesuchen aus Enttäuschung ferngeblieben sind, dennoch ein hohes Aufstiegsinteresse bekunden. Aus Sicht der Parteien liegt danach bei den passiven weiblichen Mitgliedern ein Potential brach, das durchaus motiviert und aktiviert werden könnte.
Das Aufstiegsinteresse der männlichen Parteimitglieder wird lediglich durch eine Variable, und zwar den Parteibeitritt aufgrund des Einflusses anderer Organisationen, positiv determiniert. Alle weiteren Variablen, die gleichfalls überwiegend die Eintrittsmotivation betreffen, zeichnen sich durch eine negative Korrelation zur Zielvariablen aus. So haben männliche Mitglieder, die mit dem Willen zur Durchsetzung politischer Ziele, aufgrund von Veränderungen im privaten/beruflichen Bereich oder aus Bürgerpflichtserwägungen heraus in die Partei eingetreten sind, kein hohes Aufstiegsinteresse. Gleiches gilt für die Männer, die den Einfluß der einfachen Mitglieder für groß halten und die positive Neumitgliedserfahrungen gemacht haben. Diese sechs Variablen erklären bei den männlichen Parteimitgliedern allerdings nur 14% der Varianz, während bei den Frauen 31% an Varianzreduktion erreicht werden konnte.

Die multiple Regression verdeutlicht auch für das Aufstiegsinteresse, daß - mit Ausnahme des Alters bei den weiblichen Mitgliedern - weder sozio-demographischen noch lebenssituativen Variablen ein Erklärungsbeitrag zukommt. Vielmehr bestimmen - ähnlich wie bei der Amtsübernahme und Amtsinhabe - vor allem motivationale Faktoren sowie parteiinterne Sozialisationserfahrungen das Aufstiegsinteresse der weiblichen und auch der männlichen Mitglieder.

Tabelle 81: Determinanten des Aufstiegsinteresses (multiple Regression)

a) weibliche Parteimitglieder

Determinante	B	SE-B	Beta	multipler R	adjusted R^2	F
GP:Wille, bestimmte politische Ziele durchzusetzen	-.48	.08	-.48	.43	.18	25.0
PE:Nach anfänglichen Besuchen bald aufgegeben	.31	.11	.22	.50	.23	17.91
Altersgruppe	-.01	.00	-.36	.53	.26	13.74
PV:"Einfluß nur durch innerparteiliche Wahlen"	.05	.02	.20	.55	.28	11.74
GP:Volle Übereinstimmung mit der Partei	.23	.10	.22	.58	.31	10.98
Konstante	1.65	.34				

b) männliche Parteimitglieder

Determinante	B	SE-B	Beta	multipler R	adjusted R^2	F
Großer Einfluß der einfachen Mitglieder	-.13	.05	-.17	.19	.03	7.55
GP:Wille,bestimmte politische Ziele durchzusetzen	-.16	.07	-.14	.26	.06	7.13
GP:Veränderungen im Beruf/privaten Verhältnissen	-.36	.13	-.18	.31	.08	6.76
GP:Einfluß, der von anderen Organisationen ausging	.23	.09	.17	.35	.10	6.76
PE:Ältere Mitglieder waren alle freundlich	-.16	.07	-.15	.38	.12	6.50
GP:Gefühl, eine Bürgerpflicht zu erfüllen	-.14	.06	-.14	.40	.14	6.45
Konstante	1.55	.27				

5.6 Integrationsaspekte weiblicher Parteimitglieder

Bindung und Integration des Mitglieds an die Partei laufen über ein vielseitiges Beziehungsgeflecht inhaltlicher und personeller Art, bei dem Wertorientierung, Partizipation und Teilhabe an innerparteilichen Positionen eine große Bedeutung besitzen. Die Bindungen an eine Partei stabilisieren sich aber auch durch persönliche Kontakte, wie die Verankerung der Mitglieder in den sogenannten Vorfeldorganisationen, die der notwendigen sozialen Integration einer Partei nützlich sein, Parteienidentifikation und Unterstützungsbereitschaft fördern, aber auch mit den Parteiinteressen konkurrieren kann.

Tabelle 82: Mitgliedschaft in Verbänden und lokalen Vereinen (in Prozent)

	Ges.	Frauen	Männer	Frauen/Männer in: SPD	CDU	FDP
Berufsständische Verbände	17,9***	6,1	21,3	3,9*** 15,1	12,1*** 36,3	10,6*** 62,3
Gewerkschaften	56,4***	39,9	61,2	50,0*** 74,7	15,1 18,7	9,4 14,4
Politische und staatsbürgerliche Vereinigungen	10,8	9,0	11,3	6,2 10,8	16,8 13,0	15,3 7,4
Wissenschaftliche und kulturelle Vereinigungen	13,0	10,9	13,6	8,5 12,0	19,0 15,4	10,6 23,7
Auto-und Motorsportverband	17,1***	7,2	19,9	7,9*** 21,0	2,9** 16,6	20,8 18,2
Turn-und Sportvereine	22,6	18,7	23,7	18,7 21,3	17,6** 33,8	31,1 25,6
Private Clubs	13,0**	8,3	14,4	2,8** 10,4	24,8 26,8	11,7 26,5
Soziale Hilfsorganisationen	21,6	25,1	20,6	26,4 21,0	23,0 16,4	26,4 27,0
N=	560	197	363	122 175	52 143	23 45

Mehrfachnennungen

Indikatoren für außerparteiliche Integration stellen Verbandszugehörigkeiten sowie die Mitgliedschaft in lokalen Vereinen dar. Mit

Ausnahme der sozialen Hilfsorganisationen sind Frauen deutlich weniger als Männer im Bereich der Verbände und Vereine verankert. Gering ist vor allem die Beteiligung der Frauen in Gewerkschaften und berufsständischen Verbänden. Berücksichtigt man jedoch nur die Antworten der berufstätigen Mitglieder, so heben sich die Unterschiede bei der Gewerkschaftszugehörigkeit auf. 61% der berufstätigen männlichen und rd.60% der berufstätigen weiblichen Mitglieder gehören einer Gewerkschaft an. Die Differenz bei den berufsständischen Verbänden bleibt dagegen fast in der gleichen Höhe bestehen. Allerdings ist die Mitgliedschaft in einer Gewerkschaft eine Domäne der SPD-Mitglieder, die Zugehörigkeit zu berufsständischen Verbänden eine Organisationsform der CDU-und FDP-Mitglieder- sowohl der Frauen und Männer.
Ein Vergleich zwischen den Frauen erbringt einen höheren Organisationsgrad der weiblichen CDU-Mitglieder in politischen und staatsbürgerlichen Vereinigungen, in wissenschaftlichen und kulturellen Organisationen sowie in privaten Clubs. Die sozialdemokratischen Frauen sind dagegen vorrangig gewerkschaftlich organisiert, während die Frauen der FDP den Auto- und Motorsportverband sowie Turn- und Sportvereine bevorzugen. Vergleicht man auch hier nur zwischen berufstätigen Frauen, so sind rd.71% der Sozialdemokratinnen, aber nur 30% der Christdemokratinnen Gewerkschaftsmitglied. Berufsständischen Verbänden gehören rd.19% der CDU-Frauen gegenüber rd.4% der SPD-Frauen an. Diese Abweichungen erklären sich aus der unterschiedlichen Berufsstruktur der weiblichen Mitglieder; während in der SPD die abhängig erwerbstätigen Frauen dominieren, hat die CDU einen wesentlich höheren Anteil an weiblichen Selbständigen.
Da jedoch die sozialen Vorfeldorganisationen ein unerläßliches und wichtiges Tätigkeitsfeld aktiver Parteimitglieder darstellen und letztlich auch Karrierefilterfunktion besitzen, könnte die geringere Integration der Frauen im außerparteilichen Bereich zumindest teilweise mitverantwortlich für die unzureichende Berücksichtigung im innerparteilichen Rekrutierungsprozeß sein.

Die außerparteilichen Organisationsdefizite der Frauen korrespondieren mit einem geringeren Grad an innerparteilicher Integration. Der tägliche Kontakt mit anderen Parteimitgliedern ist für fast 30% der Männer, aber nur für 14% der Frauen die Regel. Die weiblichen Mitglieder treffen dagegen zu 22% einmal wöchentlich und zu rd.23% ein- bis zweimal im Monat mit anderen Parteimitgliedern zusammen. Seltener als einmal im halben Jahr gaben knapp 12% der Frauen an. Faßt man die täglichen und wöchentlichen Kontakte zusammen, so begegnen rd.36% der weiblichen und 47% der männlichen Mitglieder in der Woche anderen Parteimitgliedern. Die wöchentliche Kontakthäufigkeit der Männer übertrifft somit die der Frauen. (Tabelle 83)
Die weiblichen Mitglieder treffen vor allem auf den Parteiveranstaltungen mit anderen Mitgliedern zusammen (78,3%); an zweiter Stelle stehen die telefonische Kontaktaufnahme (64,7%), dann folgt der private gegenseitige Besuch (57,6%). Aufgrund nachbarschaftlicher

Tabelle 83: Kontakthäufigkeit mit anderen Parteimitgliedern (in Prozent)

Frage: „Wenn Sie bitte einmal alle Gelegenheiten zusammenzählen, bei denen Sie mit anderen Mitgliedern Ihrer Partei zusammentreffen: Wie häufig geschieht das dann?"

	Ges.	Frauen	Männer
fast jeden Tag	25,2	14,0	29,2
einmal in der Woche	19,1	21,9	18,2
ein- bis zweimal im Monat	22,3	23,3	21,9
einmal im halben Jahr	8,6	11,8	7,5
seltener als einmal im halben Jahr	2,4	3,2	2,1
keine Antwort	22,3	25,8	21,1
N=	560	197	363
P=	0.0111		

Nähe kommen rd.47% zusammen, und rd.41% sehen sich bei Veranstaltungen anderer Vereine oder Organisationen. Bei Seminaren und Wochenendveranstaltungen der Partei trifft ein Viertel der Frauen andere Parteimitglieder, und gleichfalls ein Viertel sieht sich auf Parties. Den Schluß der Kontaktarten bilden der Arbeitsplatz und der Stammtisch.
Im Vergleich zu den Männern sind das Telefonieren (Frauen:64,7%; Männer:49,9%) und das Zusammentreffen auf Parteiveranstaltungen (Frauen:78,3%; Männer:69,2%) stärker frauenspezifische Kontaktarten; männerspezifisch sind dagegen die Kontakte am Arbeitsplatz (Männer: 44,3%; Frauen:19,8%) - vor allem gilt dies für Sozialdemokraten (50,6%) - am Stammtisch (Männer:20,9%; Frauen:9,6%) und bei Veranstaltungen anderer Organisationen (Männer:50,5%; Frauen:40,6%). Vergleicht man auch hier nur zwischen berufstätigen Männern und Frauen, so treffen rd. 29% der Frauen und 54% der Männer am Arbeitsplatz mit anderen Parteimitgliedern zusammen. Der signifikante Unterschied bleibt demnach in gleicher Höhe bestehen. Erklären läßt er sich möglicherweise mit der bereits erwähnten größeren politischen Zurückhaltung der Frauen am Arbeitsplatz. (Tabelle 84)

Ein weiteres Indiz für innerparteiliche Integration ist das Ausmaß an Zufriedenheit bzw. Unzufriedenheit. Immerhin ein Drittel aller Mitglieder hat schon einmal mit dem Gedanken gespielt, das Mitgliedsbuch zurückzugeben. Zwischen Männern und Frauen gibt es hierbei

Tabelle 84: Art der Kontakte mit anderen Parteimitgliedern (in Prozent)

Frage: „Wenn Sie Kontakt zu anderen Parteimitgliedern haben, wie geht das dann vor sich: Was trifft auf Sie zu?"

	Ges.	Frauen	Männer
Wir telefonieren miteinander.	53,5***	64,7	49,9
Wir treffen uns am Stammtisch.	18,2***	9,6	20,9
Wir besuchen einander privat.	52,9	57,6	51,4
Wir sehen einander auf Parteiversammlungen.	71,4**	78,3	69,2
Wir sehen uns auf Parties anderer Parteimitglieder.	24,5	25,9	24,0
Wir kommen bei Seminaren und Wochenendveranstaltungen der Partei zusammen.	28,7	26,0	29,6
Wir sehen uns am Arbeitsplatz.	38,3***	19,8	44,3
Wir sehen uns in der Nachbarschaft.	50,0	46,9	51,0
Wir sehen uns bei Veranstaltungen anderer Vereine.	48,1**	40,6	50,5
N= Mehrfachnennungen	560	197	363

keinen signifikanten Unterschied. Dagegen fielen die Antworten der Frauen je nach Parteizugehörigkeit deutlich verschieden aus. So haben die liberalen Frauen mit rd.47% am häufigsten einen Austritt erwogen; unter den sozialdemokratischen Frauen sind es rd.34% und unter den weiblichen CDU-Mitgliedern ca.19%. Damit ist die Übereinstimmung mit ihrer Partei bei den Christdemokratinnen am ausgeprägtesten.

Daß ein Drittel der Mitglieder schon einmal an einen Austritt gedacht hat, muß aber nicht notwendigerweise nur mit unzureichender individueller Integration zusammenhängen, sondern kann seine Gründe auch in einer generellen Unzufriedenheit mit der Partei bzw. dem Parteiensystem der Bundesrepublik haben.

Tabelle 85: Einschätzung des Parteiensystems und Alternativpräferenzen (in Prozent)

Frage: „Sind Sie mit den derzeit bestehenden Parteien im Bundestag zufrieden oder würden Sie es begrüßen, wenn man weitere Parteien in den Bundestag hineinwählen könnte?"

	Ges.	Frauen	Männer	Frauen/Männer in: SPD	CDU	FDP
Bin mit dem Parteiensystem zufrieden	52,8	57,8	57,5	52,8 54,8	69,0 68,2	63,2 55,3
Eine radikaldemokratische Partei	6,2	5,7	6,3	6,7 6,4	- 0,6	7,0 12,4
Eine nationaldemokratische Partei	2,4	3,4	2,1	- 1,0	13,8* 6,3	- 2,1
Eine Frauenpartei	2,8***	6,4	1,6	7,5*** 1,4	3,9 2,2	3,7 3,4
Eine links von der SPD stehende Partei	11,7	9,8	12,3	12,9 15,2	3,4 3,6	- 2,0
Eine grüne Partei	13,7	10,8	14,7	12,9 16,3	4,6 7,7	17,2 14,3
Eine rechts von der CDU stehende Partei	1,3*	-	1,7	- 0,8	- 6,1	- -
Keine von diesen, sondern eine ganz andere Partei	4,5	6,7	3,7	7,1* 3,0	5,3 5,2	9,0 10,4
N=	560	197	363	122 175	52 143	23 45

Mehrfachnennungen

Lediglich etwas mehr als die Hälfte der Mitglieder ist mit dem jetzigen Parteiensystem zufrieden (52,8%); unter den weiblichen Mitgliedern ist diese Zufriedenheit am größten bei den Frauen aus der CDU (69%), am geringsten bei den Sozialdemokratinnen (rd.53%). Während ein Teil der SPD-Mitglieder (Frauen:12,9%; Männer:15,2%) eine links von der SPD stehende und eine grüne Partei wünschen (Frauen:12,9%; Männer:16,3%), favorisieren 13,8% der christdemokratischen Frauen eine nationaldemokratische Partei. 17,2% der liberalen Frauen und 14,3% der Männer schließlich wünschen gleichfalls eine grüne Partei. Eine Frauenpartei als Alternative zu den bestehenden parteipolitischen Organisationsformen ist für die weiblichen Mitglieder von SPD, CDU und FDP jedoch chancenlos.

5.7 Themenschwerpunkte und politische Zielvorstellungen

Wahrnehmung, Betroffenheit, Übereinstimmung und Kenntnis von Sachthemen sind wesentliche Elemente der Mitgliederpartizipation über inhaltliche Fragen. Dabei läßt sich je nach Prioritätensetzung unter den Mitgliedern eine Hierarchisierung nach politischen Problembereichen, Themen und Aufgaben erkennen. 80% der Frauen und 85% der Männer haben Bereiche in der Politik, die sie besonders interessieren. Es sind dies unter der Mitgliedschaft insgesamt die Sozialpolitik (39,9%) an erster und die Familienpolitik (1,4%) an letzter Stelle. Eindeutiger Schwerpunkt der weiblichen Mitglieder ist die Sozialpolitik mit 40,3%; knapp 30% der Frauen haben ein besonderes Interesse an der Umweltpolitik, und an dritter Stelle der weiblichen Präferenzskala steht das Politikfeld Frieden und Abrüstung (27,8%). Die Frauenpolitik nannten rd.15% der weiblichen Mitglieder; gleichfalls knapp 15% erzielte die Wirtschaftspolitik, und für Bildungspolitik interessieren sich insgesamt 14,9% der Frauen. Entgegen der generellen Zuweisung der Frauen auf den Bereich der Familienpolitik fand dieses Gebiet unter den weiblichen Mitgliedern, mit Ausnahme der Christdemokratinnen (16,6%), kaum ein besonderes Interesse. Fast ebenso gering ist die spezifische Beschäftigung mit der Sicherheits- und Verteidigungspolitik (3,7%).
Je nach Parteizugehörigkeit aber setzen die Frauen hinsichtlich der politischen Interessenschwerpunkte andere Prioritäten. Während Umweltpolitik und Frieden und Abrüstung in erster Linie Interessengebiete der weiblichen SPD-Mitglieder darstellen, dominieren die christdemokratischen Frauen bei der Außen-, Wirtschafts- und Familienpolitik. Schwerpunkte unter den Frauen der FDP sind vor allem Sozial- und Wirtschaftspolitik sowie Sicherheits- und Verteidigungspolitik. Einigkeit unter den Frauen herrscht lediglich bei der Bedeutung der Frauenpolitik; doch ist ihr Anteil von weniger als einem Fünftel nicht besonders ausgeprägt.(Tabelle 86)
Im Vergleich zwischen männlichen und weiblichen Mitgliedern zeigen sich z.T. gravierende Unterschiede; während die Präferenzen der Männer in der Wirtschafts-, Sozial- und Außenpolitik liegen, bevorzugen Frauen die Sozial-, Umwelt- und Abrüstungspolitik. Am auffälligsten ist die Differenz zwischen den Geschlechtern bei der Wirtschaftspolitik; rd.40% der Männer, aber nur 15,1% der Frauen nannten diesen Bereich als ihren Interessenschwerpunkt. Für Umweltpolitik interessieren sich fast 30% der Frauen gegenüber nur 19,5% der Männer, und Frieden und Abrüstung gaben 27,8% der weiblichen und lediglich 17% der männlichen Mitglieder als ihren Schwerpunkt an. Die elementaren Fragen der Gestaltung unseres Lebensraumes bewegen Frauen somit stärker als Männer. Fast ausschließlich unter sich sind die weiblichen Mitglieder beim besonderen Interesse für Frauen- und Familienpolitik. Zwar ist ihr Interesse daran auch nicht besonders ausgeprägt, für Männer aber sind diese Politikbereiche anscheinend gänzlich irrelevant. Dieses geschlechtsspezifische

Tabelle 86: Präferierte Politikbereiche (in Prozent)

Frage: „Können Sie mir bitte sagen, welche Bereiche in der Politik Sie besonders interessieren?"

	Ges.	Frauen	Männer	Frauen/Männer in: SPD	CDU	FDP
Sozialpolitik	39,9	40,3	39,8	42,9	32,0	48,9**
				45,6	23,2	19,4
Umweltpolitik	22,0***	29,8	19,5	35,5***	8,1	22,4
				20,4	14,2	22,3
Frieden und Abrüstung	19,6***	27,8	17,0	33,5**	8,1***	12,4
				21,7	0,7	11,2
Außenpolitik	24,8	21,2	26,0	12,9**	50,7	35,6
				22,4	39,7	34,3
Bildungspolitik	15,5	14,9	15,8	13,1	21,8**	19,6
				22,4	39,7	34,3
Wirtschaftspolitik	34,0***	15,1	40,1	9,7***	32,0***	34,8
				34,1	58,1	55,1
Frauenpolitik	3,7***	15,3	-	16,7***	11,4***	16,9***
				-	-	-
Familienpolitik	1,4***	4,8	0,3	2,1	16,6***	-
				-	-	4,5
Sicherheits-und Verteidigungspolitik	7,4**	3,7	8,5	3,8	-	17,1
				7,2	14,6***	8,4
N=	560	197	363	122	52	23
				175	143	45

Mehrfachnennungen

Engagement bestätigt sich auch dann, wenn man die Präferenzen im Bereich der Frauenpolitik auf etwaige Themenwünsche für eine Mitgliederversammlung auf Ortsebene konkretisiert. 26,3% der Frauen und nur 5,6% der Männer halten die Bekämpfung der Frauenarbeitslosigkeit in Bremen für ein lohnenswertes Thema einer Ortsversammlung.
Faßt man diese Ergebnisse zusammen, so haben Frauen und Männer inhaltlich ein anderes Verständnis über das, wofür man sich konkret engagiert. Eine stärkere Beteiligung von Frauen wird daher sowohl die Inhalte von Politik als auch die gegenwärtigen Entscheidungsparameter verändern.
Ähnlich wie bei den Vorstellungen über eine zukünftige Gesellschaft

Tabelle 87: Einsatz der Parteien für politische Ziele (in Prozent)

Frage: „Wofür sich politische Parteien in erster Linie einsetzen sollen, darüber gibt es verschiedene Ansichten. Ich nenne Ihnen jetzt einige politische Ziele. Sagen Sie mir bitte zu jedem Ziel, ob sich Ihre Partei dafür stark, weniger stark oder gar nicht einsetzen soll."

Starker Einsatz der Parteien für:	Ges.	Frauen	Männer	Frauen/Männer in: SPD	CDU	FDP
Mehr Umweltschutz	84,9	86,7	84,2	89,6 88,2	76,0 68,2	95,2 85,7
Bessere Gleichstellung der Frau	74,9**	80,5	73,0	90,0** 79,5	54,1 48,9	68,6 68,4
Höhere Besteuerung der Spitzeneinkommen	69,6	73,2	68,3	88,2** 79,1	36,5 35,9	43,4* 22,8
Mehr soziale Gleichheit	71,4	71,1	71,5	79,8 79,0	46,8 49,4	58,5 40,8
Abrüstung	74,2	70,8	75,4	81,8 85,2	37,5 41,8	69,3 60,5
Die Familie schützen	68,1	70,2	67,3	62,9 62,4	96,8* 85,1	61,4 69,3
Mehr Mitbestimmung in der Wirtschaft	65,3	65,2	65,2	77,0 77,1	37,4 27,0	28,1 31,7
Freier Schwangerschaftsabbruch	53,4	57,4	52,0	67,9 60,6	27,6 19,8	56,1 48,7
Abschaffung der "Berufsverbote"	50,5**	56,3	48,5	71,1** 58,1	14,0 13,3	41,2 40,1
Verringerung der Einkommensunterschiede	49,8	55,0	48,0	70,2** 56,6	17,1 18,9	22,5 26,6
Einführung der Gesamtschule	50,5**	42,3	53,4	54,8** 67,1	7,5 10,2	17,1 19,3
Mehr Sauberkeit im Staat	46,1	42,3	47,4	33,5 42,6	67,4 65,3	41,0 51,4
Verstaatlichung der Ölkonzerne	39,1	38,9	39,1	48,5 49,0	13,7 7,4	7,4 13,0
Erhöhung der Renten	30,6**	36,7	28,4	36,9 29,1	42,9* 28,5	11,0 17,8

Fortsetzung Tabelle 87

	Ges.	Frauen	Männer	Frauen/Männer in: SPD	CDU	FDP
Verstaatlichung des Gesundheitswesens	36,2	36,7	36,1	44,6 44,0	16,9 10,3	15,4 15,2
Steuererleichterungen für Investitionen	32,8	30,6	33,5	16,8 23,8	70,2 63,7	41,0* 64,1
Vergesellschaftung der Schlüsselindustrie	33,1*	27,5	35,1	36,8 44,6	- 3,9	10,3 11,6
Förderung der Landwirtschaft	27,4	27,5	27,4	21,0 23,1	48,4 44,2	8,6 24,4
Streikrecht für Beamte	29,0**	22,9	31,1	29,8 37,8	7,1 8,4	6,7 17,5
Heimführung der Gastarbeiter	19,8	20,8	19,4	13,6 14,9	44,0 37,2	12,2 19,6
Mehr Kernkraftwerke	19,1	15,8	20,2	9,6 12,6	37,4 50,4	- 16,4**
Senkung der Vermögenssteuer	12,3	12,0	12,0	11,0 9,1	20,9 21,5	3,6** 23,3
Höhere Verteidigungsanstrengungen	8,8	11,1	8,0	4,4 2,3	33,1 30,3	- 7,6
N=	560	197	363	122 175	52 143	23 45

Mehrfachnennungen

ergeben sich auch in der Rangordnung politischer Ziele, für die sich eine Partei nach dem Willen ihrer Mitglieder einsetzen soll, zwischen weiblichen und männlichen Parteimitgliedern nur geringe Abweichungen. So fordern mehr Männer als Frauen die Einführung der Gesamtschule (+11,1%-Punkte) und das Streikrecht für Beamte (+8,8%-Punkte). Frauen dagegen unterstützen stärker die Forderung nach Rentenerhöhung (+8,3%-Punkte), Abschaffung der "Berufsverbote"(+7,8%-Punkte) und nach besserer Gleichstellung der Frau (+7,3%-Punkte).
In der SPD haben für Männer und Frauen bessere Gleichstellung der Frau, mehr Umweltschutz, höhere Besteuerung der Spitzeneinkommen und Abrüstung oberste Priorität; in der CDU dagegen stehen der Schutz der Familie, mehr Umweltschutz, mehr Sauberkeit im Staat und Steuererleichterungen für Investitionen an erster Stelle. Und die Mitglieder der FDP sehen in mehr Umweltschutz, Abrüstung, besserer Gleichstellung der Frau und im Schutz der Familie die vordringlichsten Aufgaben. Ausschlaggebend für die Hierarchie politischer Ziele ist danach weniger das Geschlecht, sondern die Parteizugehörig-

keit.

5.8 Frauen in Parteien: Vorstellungen und Rollenklischees

Wie beurteilen nun die weiblichen Mitglieder selbst ihre Lage in den Parteien? Und wie sehen im Vergleich dazu die Männer diese Situation? Insgesamt 43,8% aller Parteimitglieder bemängeln die nicht ausreichende Beteiligung von Frauen. Zufrieden mit dem gegenwärtigen Zustand sind allerdings 32,3%, und knapp ein Viertel ist der Meinung, Frauen wollten sich nicht häufiger beteiligen. Die weiblichen Mitglieder schätzen ihre Situation etwas weniger optimistisch ein als die Männer; fast die Hälfte von ihnen hält die eigene Beteiligung für unzureichend (Frauen:49,3%; Männer:41,7%) und zufrieden mit ihrer Beteiligung sind 27,5% der Frauen gegenüber 34,1% der Männer. Unter den Frauen sind die Mitglieder der SPD am stärksten von einer unzureichenden weiblichen Beteiligung überzeugt (56,9%); umgekehrt hält fast die Hälfte der christdemokratischen Frauen (48%) die weibliche Beteiligung für ausreichend, während bei den freidemokratischen Frauen die Meinung vorherrscht, Frauen wollten sich nicht stärker beteiligen (49,4%). (Tabelle 88)
Die mit der Beteiligung unzufriedenen Mitglieder traten dann auch zu mehr als 90% dafür ein, Frauen künftig stärker einzubeziehen. Selbstverständlich sind in der Mitgliedschaft auch konkrete Vorstellungen darüber vorhanden, wie eine stärkere Teilnahme der Frauen am Parteileben gefördert werden könnte. Fast 45% der weiblichen und 41% der männlichen Mitglieder machten hierzu Vorschläge. (Tabelle 89) Für Frauen selbst ist eine Verbesserung ihrer Teilnahmechancen zuallererst eine Frage der Verwirklichung der gesellschaftlichen Gleichberechtigung (34,7%). Männliche Mitglieder sind daran weit weniger interessiert (17,2%), nennenswert aber immerhin die Männer der CDU mit 25,8%. Die Motivierung der Frauen liegt für männliche Mitglieder (35,7%) an erster, für weibliche Mitglieder an zweiter Stelle (29,3%). Vor allem die christdemokratischen Männer setzen sich für diese Maßnahme ein (52,4%). An dritter Stelle der Vorschläge steht das Angebot frauenspezifischer Themen und Veranstaltungen (Frauen:17,4%; Männer:21,6%). Indem so thematisch stärker auf die vermuteten Interessen der Frauen eingegangen wird, könnten sie nach Meinung vor allem der weiblichen CDU-Mitglieder (24,5%) und der sozialdemokratischen Männer (23,4%) zur intensiveren Teilnahme am Parteileben motiviert werden. An vierter Stelle wird die verstärkte Öffnung von Parteiämtern auch für Frauen gewünscht (Frauen:11,5%; Männer:16,3%). Trotz der insgesamt relativ geringen Nennungen, besteht aber dafür nach wie vor eine Notwendigkeit, wie aus folgenden Äußerungen hervorgeht: "Frauen müssen mehr als Kandidaten aufgestellt werden"; "Quotierung für die Besetzung von Positionen mit Frauen einführen"; "Männer sollten Frauen mehr zutrauen; nicht alles allein machen, auch Frauen 'mal einen Posten überlassen" und schließlich "Die Frauen, die sich betätigen wollen, müssen besser unterstützt werden".
Die weiteren Vorschläge wie Schulung von Frauen, parteiinterne oder

Tabelle 88: Beteiligung weiblicher Mitglieder (in Prozent)

Frage: „Es wird häufig behauptet, weibliche Mitglieder würden nicht ausreichend an der politischen Arbeit beteiligt. Teilen Sie diese Auffassung?"

	Ges.	Frauen	Männer	Frauen/Männer in: SPD	CDU	FDP
nicht ausreichende Beteiligung	43,8	49,3	41,7	56,9 47,4	33,6 22,1	26,1 26,7
ausreichende Beteiligung	32,3	27,5	34,1	19,7 28,5	48,0 51,5	24,4 52,2
Frauen wollen sich nicht häufiger beteiligen	23,9	23,2	24,2	23,4 24,1	18,4 26,3	49,4 21,1
N=	560	197	363	122 175	52 143	23 45
P=	0.2554			0.1808	0.3990	0.3328

Tabelle 89: Maßnahmen zur Aktivierung von Frauen (in Prozent)

Frage: „Was sollte Ihrer Meinung nach getan werden, damit sich Frauen verstärkt am Parteileben beteiligen?"

	Ges.	Frauen	Männer	Frauen/Männer in: SPD	CDU	FDP
Verwirklichung der gesellschaftlichen Gleichberechtigung	22,1***	34,1	17,2	36,6*** 16,4	25,5 25,8	23,0 13,3
Motivierung der Frauen	33,7	29,3	35,5	29,2 33,0	24,8* 52,4	48,7 36,2
Frauenspezifische Themen und Veranstaltungen anbieten	20,4	17,4	21,6	16,7 23,4	24,5 11,4	- -
Öffnung von Parteiämtern für Frauen	14,9	11,5	16,3	9,4 18,0	9,8 8,8	58,8*** 6,2
Schulung der Frauen	6,0	6,9	5,6	6,6 5,1	5,9 9,0	17,1 7,6
Parteiinterne Bewußtseinsänderung	5,5	6,0	5,3	6,1 6,0	5,0 -	8,0 7,6
Gesellschaftliche Bewußtseinsänderung	4,2	5,3	3,8	6,7 3,3	- 4,6	- -

Mehrfachnennungen

gesellschaftliche Bewußtseinsänderung, Stärkung der Frauenverbände und Veränderung der Ablaufstrukturen von Parteiveranstaltungen wurden alle von weniger als 10% der Mitglieder genannt. Während diese Vorschläge insgesamt auf die Veränderung im gesellschaftlichen oder parteiinternen Bereich abzielen, ist ein anderer, allerdings nur geringer Teil der Mitglieder der Auffassung, daß Aktivität letztlich allein eine individuelle Angelegenheit ist (Frauen:4,3%; Männer: 8,6%). "Frauen müssen sich selbst aktivieren" ist hierfür eine typische Aussage.
Bei den Antworten der Mitglieder fallen einige Aussagen auf, die auf Vorurteile und versteckte Diskriminierungen der Frauen seitens der Männer hinweisen. Typisch dafür sind:
-"Bewußtsein der Männer verstärken, auch Frauen gelten zu lassen."
-"Frauen für voll nehmen."
-"Frauen ernster nehmen."
-"Männer sollten sich bereit finden, Frauen keine Barrieren aufzubauen."
-"Ihnen das Gefühl geben, daß sie dazugehören und durchaus politisch denken können; ihnen zuhören überhaupt."
-"Frauen sollten nicht als minderwertig abgestempelt werden; gleichberechtigt behandeln."
-"Die Abqualifizierung politischer Meinungsäußerungen sollte unterbleiben; Vorurteile müssen abgebaut werden."
Umgekehrt gelesen deuten diese auf persönlichen Erfahrungen in der innerparteilichen Praxis beruhenden Aussagen darauf hin, daß zumindest teilweise Frauen immer noch nicht ernst und für voll genommen werden; daß Männer ihnen Barrieren aufbauen; daß ihnen nicht zugehört wird; daß sie als minderwertig gelten und daß ihre politischen Meinungsäußerungen abqualifiziert werden.

Aufschluß über die Einschätzung der Situation von Frauen in Parteien geben zudem eine Reihe von Antworten, die sich mit Vorurteilen und Argumenten zur Rolle der Frau in der Politik befassen.(Tabelle 90)
Die mit Abstand höchste Zustimmung von fast vier Fünftel aller Frauen (79,5%) fand die Forderung der gleich starken parlamentarischen Vertretung von Männern und Frauen. Die weiblichen CDU-Mitglieder aber unterstützen diese Forderung mit 61,1% längst nicht so vehement, wie die sozial- (85,4%) und freidemokratischen Frauen (83%). Dennoch ist die insgesamt hohe Bekräftigung dieser Forderung zugleich Ausdruck der Unzufriedenheit weiblicher Parteimitglieder mit ihrer derzeitigen parlamentarischen Unterrepräsentation.
Mehr als zwei Drittel der weiblichen Mitglieder vertritt die Auffassung, daß Frauen mit Sachverstand in der Partei genauso Karriere machen können wie Männer. Die Christdemokratinnen sind sogar zu 77,1% dieser Meinung (FDP:75,3%; SPD:65%).
Den Grund für die geringe politische Beteiligung von Frauen sehen 61,8% der weiblichen Mitglieder in der Erziehung. Dieser sozialisationsbedingten Argumentation konnten sich die Frauen der CDU nur zu 50,5% anschließen (FDP:61,4%; SPD:66%).

Tabelle 90: Frauenspezifische Statements (in Prozent)

	Ges.	Frauen	Männer	Frauen/Männer in: SPD	CDU	FDP
Frauen und Männer sollten in den Parlamenten gleich stark vertreten sein.	70,0***	79,5	66,8	85,4*** 71,1	61,1 51,0	83,0 65,9
Frauen mit Sachverstand können in den Parteien genauso Karriere machen wie Männer.	71,6	68,2	72,7	65,0 70,3	77,1 80,2	75,3 77,1
Aufgrund ihrer Erziehung sind Frauen weniger als Männer dazu bereit,sich politisch zu betätigen.	62,3	61,8	63,4	66,0 62,8	50,5 62,4	61,4 51,2
Während Männer gewöhnlich die öffentlichen Ämter besetzen,arbeiten Frauen im Stillen hinter der Bühne und haben weit mehr Einfluß, als man ihnen zutraut.	45,2***	54,6	42,0	50,6 41,5	67,6*** 45,5	46,8 37,5
Frauen stehen von Natur aus dem politischen Geschehen ferner als Männer.	46,9	44,3	47,8	40,8 43,9	57,0 66,0	43,6 41,9
Den stärksten Widerstand beim Aufstieg von Frauen in der Partei erfahren diese durch Frauen selbst.	42,6	43,9	42,1	41,5 41,0	52,8 42,1	45,6 51,5
Frauen, die sich in die Politik begeben,vernachlässigen häufig genug ihre Familien.	41,2	40,7	41,4	34,1 39,8	59,3 51,3	53,2 31,9
N=	560	197	363	122 175	52 143	23 45

Mehrfachnennungen

Fast 55% der weiblichen Mitglieder glauben, daß Frauen eher hinter der politischen Bühne arbeiten und weit mehr Einfluß besitzen, als man ihnen zutraut. Und über zwei Fünftel der Frauen ist das Opfer eines weitverbreiteten Vorurteils, indem es glaubt, daß Frauen von

Natur aus dem politischen Geschehen ferner stehen als Männer (Frauen: CDU:57%; FDP:43,6%; SPD:40,8%). Faktische Hindernisse aber gehen auch von diesen selbst aus. Immerhin fanden 41% der weiblichen Mitglieder, daß vor allem Frauen den Aufstieg von Frauen behindern. Und schließlich vertreten 40,7% die Meinung, daß politisch aktive Frauen häufig genug ihre Familie vernachlässigen. Bei diesen Aussagen zeigen sich zwischen Männern und Frauen nur geringe Differenzen; lediglich der Forderung nach Parität in den Parlamenten konnten sich die männlichen Mitglieder nur zu 66,8% anschließen. (Frauen: 79,5%).

Wie halten es die weiblichen Mitglieder nun mit der Frauenorganisation ihrer Partei. Die Sozial- und Christdemokratinnen sind formell Mitglied in der Arbeitsgemeinschaft sozialdemokratischer Frauen bzw. der Frauenvereinigung. Tatsächlich gaben nur 7,8% der SPD- und 25% der CDU-Frauen ihre Mitgliedschaft in den jeweiligen Frauenorganisationen an. Die freidemokratischen Frauen nannten zu rd.17% ihre Mitgliedschaft in der Frauengruppe ihrer Partei. Zwischen formaler und tatsächlicher Mitgliedschaft besteht also erwartungsgemäß keine Identität. Dennoch ist die Diskrepanz zwischen aktiver Mitarbeit und Nützlichkeitserwägung enorm, da 70% der weiblichen Mitglieder Frauenarbeitsgemeinschaften für unbedingt notwendig erachten, um Frauen für die politische Arbeit zu befähigen.

Unabhängig davon, ob nun die Meinung einer ausreichenden oder unzureichenden Beteiligung von Frauen in den Parteien vertreten wird, ist über die Hälfte der Parteimitglieder (53,9%) der Auffassung, daß sich an der Politik der Parteien einiges ändern würde, wenn Frauen die Mehrheit hätten. 16,1% der Frauen meinen, daß bei einer Frauenmehrheit alles beim alten bliebe, 56% erwarten davon manche Änderung und 27% glauben schließlich an einen erheblichen Wandel.

Tabelle 91: Parteipolitik und Frauenmehrheit (in Prozent)

Frage: „Stellen Sie sich bitte einmal vor, die weiblichen Mitglieder hätten in Ihrer Partei die Mehrheit: Was meinen Sie, würde sich dann an der Politik der Partei etwas ändern oder nicht?"

	Ges.	Frauen	Männer
ja, vieles	31,4	27,0	33,0
ja, manches	53,9	56,0	52,9
nein, es bliebe alles beim alten	14,6	16,1	14,1
N=	560	197	363
P=	0.4178		

5.9 Frauen und Männer als Parteimitglieder: Eine Zusammenfassung

Bis heute ist die Geschlechtszugehörigkeit eine wesentliche Determinante für ökonomische, soziale und politische Ungleichheit. Die gegenwärtigen Parteien bilden hierbei keine Ausnahme. Noch immer gehört die geschlechtsspezifische Asymmetrie zum Bestandteil organisationsinterner Strukturen und Hierarchien. Die vorliegende lokale Studie über Bremer Parteimitglieder hat im Hinblick auf den Geschlechtsvergleich zwei wichtige generelle Ergebnisse gebracht: Erstens beruht die Parteimitgliedschaft von Frauen und Männern auf einer breiten gemeinsamen Basis; sie können auf einen ähnlichen sozio-ökonomischen Hintergrund verweisen, bekunden ein überdurchschnittliches Interesse an der Politik und an Informationen darüber, stimmen innerhalb der Parteien in ihren generellen politischen Zielvorstellungen überein und sind in gleicher Weise aktiv und aufstiegsorientiert. Neben diesen vorhandenen Affinitäten bestehen zweitens zugleich erkennbare Disparitäten zwischen den Geschlechtern, die an unterschiedlich strukturierten Informations-, Kommunikations-, Partizipations- und Rekrutierungsmustern sowie an der konkreten inhaltlichen Orientierung abzulesen sind und auf einen weiblichen versus männlichen Politikstil schließen lassen. Weibliche Parteimitglieder sind in ihrem Verhalten stärker personenorientiert, solidarisch und expressiv, während bei den männlichen Mitgliedern dagegen Sachbezug vor Personenbezug, Konkurrenzdenken und emotionale Kontrolle dominieren. Die geschlechtsspezifische Zuordnung gesellschaftlicher Normen und Werte findet sich somit auch im Verhalten der Parteimitglieder wieder und prägt dieses in entscheidender Weise. Von einem Abbau der psychischen Geschlechtsrollendifferenzierung im Hinblick auf eine „Feminisierung des gesellschaftlichen Normen- und Wertsystems"(Herrad Schenk 1981:181) sind wir danach noch weit entfernt.

1. Insgesamt haben Männer und Frauen in den Parteien einen ähnlichen sozio-ökonomischen Hintergrund. Sie liegen im Vergleich zur Bevölkerung deutlich über dem Durchschnitt.
- Der Bildungsstand von Frauen und Männern zeigt keine signifikanten Unterschiede. Hinsichtlich des höchsten Schulabschlusses kommt bei Frauen wie Männern an erster Stelle der Hauptschulabschluß (28% zu 30,1%), gefolgt von der mittleren Reife (20,1% zu 16,2%), dem (Fach-) Hochschulabschluß (19,3% zu 23,5%), der abgeschlossenen Lehre (9,2% zu 10,3%) und dem Abitur (5,8% zu 8,2%). Diese Bildungsstruktur der Parteimitglieder verdeutlicht im Vergleich zur Bremer Bevölkerung die Dominanz gehobener Schulabschlüsse. Zugleich widerlegt die ähnliche Bildungsstruktur von Frauen und Männern die verbreitete Auffassung, daß die weiblichen Parteimitglieder aufgrund von Bildungsdefiziten für gehobene Positionen ungeeignet seien.
- Von den berufstätigen Frauen aller Parteien sind die Hälfte als Angestellte und ein Fünftel im Beamtenverhältnis tätig. Männliche Mitglieder sind etwas stärker als Frauen unter den Arbeitern (16,6% zu 10,3%), den Beamten (27,7% zu 20,4%) und den Selbständigen (15,4%

zu 7,5%) vertreten, während die berufstätigen Frauen bei den Angestellten dominieren (53,3% zu 35,2%). Im Vergleich zur erwerbstätigen Bevölkerung sind damit Arbeiter und Arbeiterinnen extrem, weibliche Angestellte deutlich unterrepräsentiert; männliche Angestellte, Beamte und Beamtinnen sowie selbständige Frauen und Männer sind dagegen erkennbar überrepräsentiert.
- Mit der beruflichen Etablierung der Parteimitglieder korrespondiert ihre privilegierte ökonomische Situation, die für Frauen und Männer gleichermaßen zutrifft. Gut die Hälfte aller Mitglieder verfügt über ein monatliches Haushaltsnettoeinkommen von bis zu 3.000,-DM; 44% über mehr als 3,000,-DM. Damit ist die letzte Gruppe im Vergleich zu ihrem Anteil in der Gesamtbevölkerung erheblich überrepräsentiert (44% zu 23,5%). Die Hälfte aller Parteimitglieder bewohnt zudem ein eigenes Haus oder eine Eigentumswohnung.
- Die Parteimitglieder sind wie die Bremer Bevölkerung überwiegend evangelisch; allerdings gehören knapp 30% keiner Religionsgemeinschaft an. Mehr als die Hälfte der Kirchenmitglieder geht nie oder seltener als einmal im Jahr zur Kirche.
- Betrachtet man den Familienstand, so sind fast drei Viertel aller Mitglieder verheiratet; der Anteil der verheirateten Frauen ist im Vergleich zu den Männern deutlich geringer (59,1% zu 78,2%).

2. Die generellen politischen Zielvorstellungen der weiblichen und männlichen Mitglieder werden überwiegend durch Partei- und weniger durch Geschlechtszugehörigkeit bestimmt.
- Die politische Selbsteinstufung der Mitglieder auf der gängigen Links-Rechts-Skala zeigt keine nennenswerten Differenzen zwischen Frauen und Männern. Die weiblichen und männlichen Mitglieder der SPD ordnen sich überwiegend links, die der CDU mehrheitlich rechts von der Mitte und die der FDP Mitte/rechts ein.
- In ihrer politischen Zielorientierung treten die Parteimitglieder mit einem Drittel hauptsächlich dafür ein, eine stabile Wirtschaft zu erhalten. Darüber hinaus sind sie jedoch eher partizipatorisch als an konventionellen Bedürfnissen ausgerichtet.
- In der Hierarchie politischer Aufgaben, für die sich die Parteien vorzugsweise einsetzen sollen, gibt es zwischen den weiblichen und männlichen Mitgliedern nur geringe Unterschiede; für Frauen und Männer in der SPD stehen bessere Gleichstellung der Frau, mehr Umweltschutz, höhere Besteuerung der Spitzeneinkommen und Abrüstung an erster Stelle. In der CDU haben der Schutz der Familie, mehr Umweltschutz, mehr Sauberkeit im Staat und Steuererleichterungen für Investitionen oberste Priorität, und für die Mitglieder der FDP stellten mehr Umweltschutz, Abrüstung, bessere Gleichstellung der Frau und Schutz der Familie die vordringlichsten Aufgaben dar.
- Von der Gesellschaft der Zukunft erhoffen sich die Parteimitglieder am meisten mehr Mitmenschlichkeit, mehr Toleranz und weniger Verschwendung, am wenigsten aber mehr Leistung.

3. Charakteristisch für die Mehrheit der Frauen und Männer in den

Parteien ist ein überdurchschnittliches Interesse an der Politik und an Informationen darüber.
- Die Intensität des politischen Interesses ist bei weiblichen Mitgliedern etwas weniger prononciert als bei männlichen. Gleichwohl bekunden nahezu übereinstimmend über vier Fünftel der Frauen und Männer ein starkes bzw. sehr starkes Interesse für Politik. Auch in der Häufigkeit politischer Kommunikation unterscheiden sich Frauen und Männer nicht; über drei Viertel führen häufig eine politische Unterhaltung.
- Die wichtigsten Informationsquellen für die eigene politische Urteilsbildung sind die Massenmedien. Unter den Tageszeitungen besitzt der Weser-Kurier ein Monopol; er wird von über vier Fünftel aller Parteimitglieder gelesen. Auf die Informationsangebote durch die Parteimedien greifen zwei Drittel der Mitglieder zurück. Auch die Lektüre politischer Bücher und wissenschaftlicher Literatur zählt zu den festen Lesegewohnheiten der Parteimitglieder.

4. Frauen sind durchschnittlich nicht weniger aktiv als Männer und ihre Bereitschaft, ein Amt zu übernehmen, ist mit über einem Viertel genauso groß wie die der Männer.
- Die Zeitopferbereitschaft für die Parteiarbeit zeigt keine signifikanten Unterschiede zwischen Männern und Frauen; die Hälfte aller Mitglieder wäre bereit, wöchentlich bzw. monatlich einige Stunden für die Parteiarbeit aufzuwenden. Bestimmt wird diese Bereitschaft vor allem durch die Eintrittsmotivation und die Neumitgliedserfahrungen, während das Geschlecht, sozialstrukturelle oder lebenssituative Variablen ungeeignete Erklärungsgrößen darstellen.
- In der Gesamtmitgliedschaft der Parteien stellen Frauen einerseits die geringste Quote derjenigen, die sehr aktiv sind und das größte Kontingent an Passiven, andererseits führen sie jedoch beim Anteil der Aktiven. Der Regressionsanalyse zufolge haben auch hier weder das Geschlecht, noch sozialstrukturelle oder lebenssituative Faktoren im Gegensatz zu Eintrittsmotivation und parteiinternen Sozialisationserfahrungen einen erklärenden Einfluß auf den Aktivitätsgrad der Mitglieder. Dieses Ergebnis widerlegt die These, daß es den weiblichen Parteimitgliedern in stärkerem Maße als Männern an der für ein aktives politisches Engagement notwendigen Zeit fehle. Haben sich Frauen erst einmal für eine aktive Mitarbeit entschieden, dann spielen familiäre Verpflichtungen kaum noch eine Rolle.
- Aktiv und zur Amtsübernahme bereit sind 27,5% der Frauen und 27% der Männer; zur Zeit nicht aktiv, aber dennoch an einem Amt interessiert sind 11,6% der weiblichen und 17,3% der männlichen Mitglieder. Etwas mehr als ein Drittel aller Parteimitglieder gehört zum teilnehmenden Potential ohne Ämterneigung, und gut ein Fünftel versteht sich allein als zahlendes Mitglied.
- Auch das Interesse der Frauen an einem innerparteilichen Aufstieg ist nicht geringer als das der Männer. Allerdings nehmen es die Parteiorganisationen offenbar in Kauf, daß fast ein Viertel aller weiblichen Mitglieder wegen mangelndem Selbstbewußtsein für den

personellen Rekrutierungsprozeß nicht in Frage kommt.

- Bereits im Besitz eines innerparteilichen Amtes sind 14% der weiblichen und 20% der männlichen Mitglieder. Frauen dominieren auf der Ortsebene, Männer dagegen auf der Unterbezirks- bzw. Kreisebene. Die multiplen Regressionsanalysen belegen für die Amtsübernahmebereitschaft, Amtsinhabe und das Aufstiegsinteresse den zentralen Stellenwert von Eintrittsmotivation und parteiinternen Sozialisationserfahrungen. Mit Ausnahme des Alters bei den weiblichen Mitgliedern eignen sich auch hier weder soziodemographische noch lebenssituative Variablen als Prädiktoren eines aufstiegsorientierten Verhaltens. Vor dem Hintergrund dieser Ergebnisse kann die These einer nur mangelhaften Aufstiegsmotivation von weiblichen Parteimitgliedern eindeutig in den Bereich der sozialwissenschaftlichen Mythenbildung verwiesen werden. Die Annahme, die weiblichen Mitglieder wären an einer politischen Karriere desinteressiert, entbehrt jeder empirischen Basis.

5. Frauen haben andere Parteibeitritts-, Mitarbeits- und Inaktivitätsmotive als Männer.

- Die separaten Zugangsstrukturen der Rekrutierung von männlichen und weiblichen Parteimitgliedern treten sowohl bei den Anlässen wie auch den Motiven des Parteibeitritts zutage. 54% der Männer, aber nur 40% der Frauen vollzogen ihren Eintritt aus eigenem Antrieb. Durch Freunde, Arbeitskollegen oder Familienangehörige, die schon Parteimitglied waren, wurden mehr Frauen als Männer geworben. Vom Ehepartner zum Parteieintritt ermuntert wurden mit rd.15% fast ausschließlich Frauen.
- Hauptmotive einer Partei beizutreten, sind für Frauen das Gefühl der Zugehörigkeit, Unterstützungsbereitschaft, der Kontakt zu politisch Gleichgesinnten und der Wunsch, politisch aktiv zu sein, für Männer jedoch, politische Ziele durchzusetzen, zu verhindern, daß eine andere Partei an die Macht kommt und das Bedürfnis, unter politisch Gleichgesinnten zu sein. Maßgebend sind für Frauen auch noch die Gründe Familientradition sowie die Unterstützung von Freunden und Verwandten. Der Parteibeitritt von Frauen basiert somit stärker auf einer expressiven Orientierung, während Männer stärker instrumentell und am zwischenparteilichen Wettbewerb orientiert sind.
- Die Erfahrungen der Neumitglieder sind überwiegend positiv, was jedoch partielle Defizite seitens der Parteiorganisation keineswegs ausschließt. So erhalten weibliche Neumitglieder bei ihrem Parteibeitritt weniger schriftliche Unterlagen, Besuche oder Tips vom Ortsverband. Sie stehen überdies dem routinierten Versammlungsablauf erheblich distanzierter gegenüber als Männer und bedürfen mehr der Hilfe von Freunden, um etwaige Schwellenängste zu überwinden.
- Unter den Aktivitätsmotiven überwiegen bei Frauen das Streben nach sozialer Gerechtigkeit und die Kontaktfreude, bei Männern das Zugehörigkeitsgefühl im sozialen Umfeld und zu politischen Gesinnungsfreunden.
- Hauptursachen der Inaktivität sind für Frauen die Belastungen

durch Haushalt und Kindererziehung sowie mangelnde Rednergewandtheit. Demgegenüber werden Männer besonders durch den Beruf und andere abendliche Freizeitbeschäftigungen von einer aktiven Teilnahme am Parteileben abgehalten. Gemeinsam sind den passiven weiblichen und männlichen Mitgliedern die Motive Vorrang der Familie, Beschränkung auf eine passive Mitgliedschaft schon bei Parteieintritt, Enttäuschung über die Partei und die eigene Trägheit. Die familiären und beruflichen Inaktivitätsgründe dürften allerdings trotz ihrer Plausibilität eher nachträgliche Legitmationsversuche darstellen, denn der Regressionsanalyse zufolge haben diese lebenssituativen Faktoren im Gegensatz zu motivationalen Faktoren sowie parteiinternen Sozialisationserfahrungen keinen erklärenden Einfluß auf den Aktivitätsgrad der weiblichen und männlichen Parteimitglieder.

6. Interpersonale politische Information und Kommunikation sind bei Frauen und Männern verschiedenartig strukturiert.
- Für Frauen trägt die Familie ganz entscheidend zur politischen Informationsgewinnung bei; männliche Mitglieder hingegen bedienen sich stärker der Arbeitskollegen und der persönlichen Kontakte zu Kommunalpolitikern. In ihrer politischen Urteilsbildung orientieren sich Frauen somit stärker im privaten, Männer dagegen im öffentlichen Bereich.
- Die innerorganisatorische Kommunikation über persönliche Kontakte wird von Frauen nicht in gleicher Intensität wie von Männern wahrgenommen. Die männlichen Mitglieder führen sichtbar beim täglichen Kontakt mit anderen Parteimitgliedern. Männer und Frauen unterscheiden sich zudem in der Art ihrer Kontakte; Frauen treffen vorwiegend mit anderen Parteimitgliedern auf Parteiversammlungen zusammen, telefonieren und besuchen einander privat. Vorzugsweise männerspezifisch sind hingegen die Kontakte am Arbeitsplatz, am Stammtisch und auf Vereins- bzw. Verbandssitzungen.

7. Nahezu durchgängig nehmen die weiblichen Mitglieder die gängigen Mitarbeitsformen weniger intensiv wahr als die Männer.
- Frauen führen lediglich beim Besuch geselliger Parteiversammlungen und von Mitgliederversammlungen. Sie sind deswegen aber nicht unpolitischer. Durch ihren höheren Aktivitätsgrad erfüllen die Männer offenbar stärker als Frauen Erwartungen, die schließlich mit innerparteilichem Aufstieg belohnt werden.
- Die Parteiversammlungen sind nicht nur quantitativ, sondern auch in ihrer Durchführung eine Domäne der Männer. Frauen verhalten sich auf den Sitzungen beträchtlich zurückhaltender, sind mehr ruhige Zuhörerinnen und melden sich weniger zu Wort.
- Wenn die weiblichen Mitglieder zu Parteiveranstaltungen gehen, dann werden sie überwiegend von ihrem Ehemann/Partner begleitet. Dieses frauenspezifische Muster eines gemeinsamen Versammlungsbesuchs ist insofern nicht erstaunlich, da fast drei Viertel aller verheirateten Frauen, aber nur knapp ein Drittel aller verheirateten Männer gemeinsam mit ihrem Partner/ihrer Partnerin in der Partei sind.

8. Frauen sind in den sozialen Vorfeldorganisationen außerhalb der Parteien weniger gut integriert.
- Mit Ausnahme der sozialen Hilfsorganisationen sind deutlich weniger weibliche als männliche Parteimitglieder im Bereich der Verbände und Vereine verankert. Gering ist vor allem die Mitgliedschaft der Frauen in den Gewerkschaften und berufsständischen Verbänden. Dies hängt vorrangig mit der Tatsache zusammen, daß weitaus weniger Frauen als Männer berufstätig sind. Diese geringere außerparteiliche Integration der weiblichen Mitglieder wie auch ihre geringere Verankerung in der Parteiorganisation selbst, dürften zumindest teilweise mitverantwortlich sein für die Repräsentationsdefizite im innerparteilichen Rekrutierungsprozeß.

9. Frauen interessieren sich teilweise für andere Politikbereiche als Männer.
- 80 Prozent der Frauen und 85 Prozent der Männer haben Bereiche in der Politik, die sie besonders pflegen. Dabei liegen die Präferenzen der Männer in der Wirtschafts-, Sozial- und Außenpolitik, die der Frauen in der Sozial-, Umwelt- und Abrüstungspolitik. Das Interesse der weiblichen Mitglieder an Frauen- und Familienpolitik ist entgegen der generellen Zuweisung nur gering; Männer interessieren sich für diese Politikfelder allerdings gar nicht. Auch die Bekämpfung der Frauenarbeitslosigkeit als Thema einer Mitgliederversammlung auf Ortsebene ist, wenn überhaupt, lediglich ein Thema für Frauen der SPD und CDU.

10. Die Verwirklichung der Parität zwischen Frauen und Männern in der Politik wird die Parteien substantiell verändern.
- Über zwei Fünftel der Mitglieder hält die Beteiligung von Frauen für unzureichend, ein Drittel ist mit dem gegenwärtigen Zustand zufrieden und ein Viertel meint, Frauen wollten sich nicht häufiger beteiligen. Die Frauen selbst jedoch drängen entschlossener auf eine Verbesserung ihrer Situation. Fast die Hälfte, vor allem sozialdemokratische Frauen, fühlt sich nicht ausreichend beteiligt.
- Die weiblichen Mitglieder halten die Verwirklichung der gesellschaftlichen Gleichberechtigung für die wichtigste Maßnahme, um Frauen verstärkt am Parteileben zu beteiligen. Die Männer dagegen wollen die Frauen in erster Linie motivieren.
- Vier Fünftel der Frauen, aber nur zwei Drittel der Männer ist der Auffassung, Frauen und Männer sollten in den Parlamenten gleich stark vertreten sein. Gemeinsam sind sie aber davon überzeugt, es würde sich manches bzw. vieles an der Politik ihrer Partei ändern, wenn Frauen die Mehrheit hätten.

Betrachtet man diese Ergebnisse jetzt ausschließlich unter dem Gesichtspunkt der Gültigkeit der eingangs formulierten Hypothesen zur Erklärung der Unterrepräsentation von Frauen in politischen Führungspositionen, so läßt sich folgendes Resümé ziehen:
Eindeutig zurückgewiesen werden können die Sozialisations- und Ab-

kömmlichkeitsthese. Weibliche Parteimitglieder sind weder mit einer unzureichenden Aufstiegsmotivation ausgestattet, noch fehlt es ihnen an der für ein politisches Engagement notwendigen Zeit. Die Untersuchung dokumentiert vielmehr in eindrucksvoller Weise den Anspruch und die Bereitschaft der Frauen auf eine gleichberechtigte Mitgestaltung der Politik in verantwortlichen Positionen.
Auch die These der generellen Inkompetenz von Frauen läßt sich in dieser Allgemeinheit nicht aufrechterhalten. Die sehr ähnliche Bildungsstruktur von Frauen und Männern in den Parteien verdeutlicht, daß die Unterrepräsentation von Frauen in politischen Spitzenpositionen keineswegs auf Bildungsdefizite zurückgeführt werden kann. Dagegen weist die Berufsstruktur der erwerbstätigen Frauen und Männer einige Unterschiede auf; so sind Frauen stärker unter den Angestellten, Männer dagegen unter den Arbeitern, Beamten und Selbständigen vertreten. Die berufstätigen Frauen gehen zudem überwiegend einer Teilzeitbeschäftigung nach, während bei Männern der Acht-Stunden-Tag dominiert. Hinzu kommt, daß weitaus weniger Frauen als Männer erwerbstätig sind. Da der innerparteiliche Rekrutierungsprozeß aber stark an Berufspositionen orientiert ist, fällt somit ein relevanter Teil der weiblichen Mitglieder aus diesem Prozeß heraus. Die geschlechtsspezifische Arbeitsteilung unserer Gesellschaft benachteiligt hier die Frauen in der Konkurrenz mit den Männern. Ihre Tätigkeit als Hausfrau und Mutter wird von seiten der Partei nicht honoriert.
Im Zusammenhang mit der geringeren Berufstätigkeit der weiblichen Mitglieder ist auch ihre geringere außerparteiliche Verankerung vor allem in den Gewerkschaften und berufsständischen Verbänden zu sehen. Da bekanntlich die sozialen Vorfeldorganisationen ein wichtiges Tätigkeitsfeld aktiver Parteimitglieder darstellen und letztlich auch Karrierefilterfunktion besitzen, dürften die außerparteilichen Organisationsdefizite der weiblichen Mitglieder teilweise mitverantwortlich sein für die unzureichende Berücksichtigung im innerparteilichen Rekrutierungsprozeß. Frauen sind zugleich auch innerhalb der Parteiorganisation weniger gut integriert. Die Annahme allerdings, daß vor allem die Mitgliedschaft in den Frauenorganisationen das Zeitbudget für die politische Arbeit limitiere und Frauen vom sonstigen Parteigeschehen isoliere, fand keine Bestätigung, da sich insgesamt nur ein sehr kleiner Teil der weiblichen Mitglieder aktiv in den jeweiligen Frauengruppen betätigt. Ansonsten aber kann die Isolationsthese als bestätigt gelten.
Daß auch das Vorurteil von der Politikunfähigkeit der Frau im Wettbewerb um Ämter und Mandate mit eine Rolle spielt, geht aus den Vorschlägen zur Verbesserung der Situation der weiblichen Mitglieder hervor. Geschlechtsspezifische Diskriminierung ist danach durchaus Bestandteil parteiorganisatorischer Wirklichkeit. Auch die größere Skepsis der männlichen Mitglieder gegenüber der Forderung nach Parität in den Parlamenten weist auf unterschwellige Vorurteile hin. Es ist anzunehmen, daß diese Vorurteile vor allem dann zum Tragen kommen, wenn es darum geht, insbesondere höhere politische Positionen

zu besetzen. Da Frauen in den Delegiertenversammlungen als den zentralen innerparteilichen Wahlgremien in der Minderheit sind, können sich die männlichen Mitglieder mit ihren Kandidatenvorstellungen leicht durchsetzen. Frauen sind somit durch ihre Position als Minderheit in der Partei generellen Verstärkungseffekten unterworfen, die verschärfend auf den Prozeß der Personalselektion wirken und eine Verringerung der Zahl der Frauen auf der jeweils nächst höheren Hierarchieebene zur Folge haben.

Zusammenfassend bleibt unter dem Gesichtspunkt der Elitenrekrutierung als wichtigstes Ergebnis festzuhalten, daß die Unterrepräsentation von Frauen in innerparteilichen wie öffentlichen Ämtern weder auf mangelnde individuelle Bereitschaft, noch auf Bildungsdefizite, noch auf unzureichende Aktivität zurückgeführt werden kann. Für die Rekrutierung des politischen Führungspersonals stehen vielmehr in Bremen ausreichend aktive, motivierte und qualifizierte Frauen zur Verfügung. Die dennoch bestehende Diskrepanz zwischen Ambition und Repräsentation kann letztlich nur überwunden werden, wenn die Parteien die Gleichberechtigung durch ihre Politik auf der Ebene der Gesellschaft, im zwischenparteilichen Wettbewerb, im innerparteilichen Betrieb und nicht zuletzt durch das individuelle Verhalten der Mitglieder selbst auch konsequent verwirklichen.

Anhang

MOTIVATIONS- UND PARTIZIPATIONSANALYSE VON

PARTEIMITGLIEDERN IN BREMEN

Erhebungszeitraum:
Juli bis Oktober 1982

Primärforscher:
Forschungsgruppe Parteiendemokratie am Seminar für Politikwissenschaft der Erziehungswissenschaftlichen Hochschule Koblenz und an der Hochschule für Wirtschaft Bremen

Datenerhebung:
Hochschule für Wirtschaft Bremen

Inhalt

Grundlage der Arbeit in diesem Projekt sind die 1981 und 1982 durchgeführten Umfragen unter 220 Mandats- und Funktionsträgern von CDU, FDP und SPD in Bremen und im Landkreis Osterholz sowie unter 567 Mitgliedern dieser drei Parteien im Stadtgebiet von Bremen. Beide Studien fragen nach politischen Einstellungen, vor allem aber nach der Einbindung von Mitgliedern und Akteuren in den Willensbildungsprozeß ihrer jeweiligen Parteien. Die Fragebögen waren zum Teil - etwa zu einem Viertel - identisch; im übrigen waren sie auf die besonderen Situationen von einfachen Mitgliedern einerseits und Akteuren andererseits abgestimmt. Politische Einstellungen werden überwiegend mit Standardformulierungen abgefragt, was den Vergleich mit anderen Studien - auch solchen über die Gesamtbevölkerung - erlaubt.

Erhebungsverfahren

Die Ziehung der Stichprobe erfolgte aus den Mitgliederkarteien der Bremer Parteiorganisationen. Zunächst wurden im Mai/Juni 1982 Adressen von Parteimitgliedern gezogen, und zwar gemäß der Übersicht in Tabelle 1:

Tabelle 1: Ziel der ursprünglichen Stichprobenziehung

	SPD	CDU	FDP	ges.
männlich	180	180	48	408
weiblich	120	120	32	272
insgesamt	300	300	80	680

Bei der Stichprobenkonstruktion wurde für jede Merkmalskombination Geschlecht/Partei das Verfahren der systematischen Auswahl mit Zufallsstart verwendet (1): jede (N/n)-te Adresse aus den Teilgesamtheiten wurde gezogen. Insgesamt lag also zunächst eine geschichtete Zufallsstichprobe vor.
Die Auswahlquoten, die der ursprünglichen Stichprobenziehung zur Erreichung des in Tabelle 1 dargestellten Ziels zugrundegelegt wurden, ergeben sich aus Tabelle 2.

Tabelle 2: Auswahlquoten

SPD: jede 36. Adresse = 309 Adressen
CDU: jede 10. Adresse = 321 Adressen
FDP: jede 9. Adresse = 83 Adressen

----

1) Die Trennung nach Geschlecht erwies sich nur bei der 2. Ziehung aus der SPD-Kartei als praktisch durchführbar. Dies hat nur bei der SPD zu der beabsichtigten "Verzerrung" im Geschlechterverhältnis geführt.

Insgesamt waren also - je nach Start der systematischen Auswahl- ca. 700 Adressen zu ziehen.
Bei der Realisierung der Interviews zeigte sich eine erhebliche Verweigerungsquote, mit der allerdings angesichts der Erfahrungen anderer Autoren mit Untersuchungen der Parteimitgliedschaft zu rechnen war. Die Realisierungsquote lag in der Bremer Mitgliederbefragung allerdings noch im Rahmen vergleichbarer Untersuchungen. Falke berichtet, daß in einer 1971 durchgeführten Repräsentativbefragung der CDU-Mitglieder eine Ausschöpfungsquote von 64% und 1977 von 62% der ursprünglich gezogenen Adressen erreicht wurde. "Etwa die Hälfte der Ausfälle" führt er auf "Verweigerungen (zurück), die übrigen (auf) übliche technische Gründe".(Falke 1982:44) Ebenfalls bei Falke steht in einer Randnotiz zu einer "Anfang Mai bis Anfang August 1975" (d.h. auch über einen verhältnismäßig langen Zeitraum) durchgeführten ergänzenden Repräsentativbefragung unter den Neumitgliedern, daß bei dieser Personengruppe "nur 54% der vorgesehenen Interviews realisiert werden konnten."(ebd.:43) Daß die Verweigerungsquote der Bremer noch (geringfügig) höher gewesen ist als die von Falke mitgeteilte, dürfte daran liegen, daß in Bremen auch den Befragten klar war, daß zugleich Mitglieder dreier Parteien befragt wurden und daß die Ergebnisse nicht nur zu parteiinternen Zwecken verwendet werden sollten.

Um den beabsichtigten Umfang der Stichprobe noch zu erreichen, wurden daher nach etwa zwei Wochen zunächst bei der SPD 112, dann in der 28. Woche bei der CDU 179 weitere Adressen nachgezogen. Die Ziehung weiterer Adressen von FDP-Mitgliedern verzögerte sich bis in die 40. Woche; hier wurden noch einmal 57 Adressen gezogen.
Damit waren insgesamt 1061 Adressen gezogen; bei der SPD errechnet sich eine Realisierungsquote von etwas über 70% (wobei zwischen erster und zweiter Ziehung nicht unterschieden werden kann), bei der CDU von etwa 39%, wobei bis Ende der 28. Woche 39% der ursprünglich gezogenen Adressen erfolgreich angelaufen worden sind. Bei der FDP beträgt die Realisierungsquote 48,6%; von der ersten Ziehung sind etwa 45% erfolgreich bearbeitet worden, bei der zweiten Ziehung lag die Ausschöpfung etwas höher.

Die Zusammensetzung der realisierten Stichprobe nach Geschlecht und Parteizugehörigkeit ergibt sich aus Tabelle 3; die Vergleichszahlen für die Grundgesamtheit finden sich in Tabelle 4. Tabelle 5 enthält die Sollzahlen für eine gleich große Stichprobe richtiger Zusammensetzung. In Tabelle 6 schließlich sind die Gewichtungsfaktoren zusammengestellt, die auf die realisierte Stichprobe angewendet werden müssen, damit die Überrepräsentation der CDU- und FDP-Mitglieder und die Unterrepräsentation der männlichen SPD-Mitglieder beseitigt werden.

Tabelle 3: Zusammensetzung der realisierten Stichprobe

	SPD	CDU	FDP	ges.
männlich	175	143	45	363
weiblich	122	52	23	197
insgesamt	297	195	68	560

Außerdem enthält die Stichprobe weitere sieben Personen unbekannten Geschlechts oder ohne Parteizugehörigkeit.

Die Beurteilung der Repräsentativität der Stichprobe fällt nicht leicht, weil schon den Parteigeschäftsstellen Angaben über die Grundgesamtheit nur bruchstückhaft vorliegen. Die Grundgesamtheit besteht aus den Mitgliedern von SPD, CDU und FDP im Gebiet der Stadt Bremen im Mai/Juni 1982. Die Mitgliederzahlen ergeben sich aus Tabelle 4:

Tabelle 4: Mitgliederzahlen in der Stadt Bremen 1982

	SPD	CDU	FDP	ges.
männlich	8457	2128	564	11149
weiblich	2742	914	170	3826
insgesamt	11199	3042	734	14975

Tabelle 5: Sollzusammensetzung der Stichprobe

	SPD	CDU	FDP	ges.
männlich	316	80	21	417
weiblich	103	34	6	143
insgesamt	419	114	27	560

Tabelle 6: Gewichtungsfaktoren

	SPD	CDU	FDP
männlich	1.807	0.556	0.469
weiblich	0.840	0.657	0.276

Für eine Hochrechnung der realisierten Stichprobe auf die Grundgesamtheit müssen offenbar je nach Altersgruppe und Geschlecht unterschiedliche Hochrechnungskoeffizienten verwendet werden, was insgesamt zu einer Umgewichtung führt. Da die Angaben für Alter, Geschlecht und Partei nicht für alle Befragten vorliegen, können in die Umgewichtung nur 546 Fälle einbezogen werden.
Bei der Gewichtung ist zu berücksichtigen, daß weder in der realisierten Stichprobe noch in der Grundgesamtheit von allen Individuen Angaben über das Alter vorliegen. Die Gewichtung muß sicherstellen,

daß nach der Hochrechnung die realisierte Stichprobe in den Altersgruppen und in den beiden Geschlechtern die gleichen Quasi-Fallzahlen aufweist wie die Grundgesamtheit. Dies ist wegen der teilweise fehlenden Angaben und wegen der für CDU und FDP unbekannten geschlechtsspezifischen Altersverteilung nicht vollständig zu erreichen. Vielmehr wird bei CDU und FDP folgende Annäherung vorgenommen, die hier am Beispiel der CDU vorgerechnet wird.

1. 189 Befragten mit bekanntem Alter stehen 3021 Mitglieder mit ebenfalls bekanntem Alter gegenüber.
2a. 143 männliche Befragte stehen für 2128 männliche CDU-Mitglieder.
2b. 52 weibliche Befragte stehen für 914 weibliche CDU-Mitglieder.
3. Bei der Hochrechnung nach Altersgruppen ist daher ein männlicher Befragter mit dem Faktor 2128/143, eine weibliche Befragte mit 914/52 hochzurechnen.
4. In jeder Altersgruppe ist zusätzlich ein(e) Befragte(r) mit einem altersspezifischen Faktor hochzurechnen, der sich ergibt als Quotient aus dem Anteil der Altersgruppe an allen CDU-Mitgliedern mit bekanntem Alter, dividiert durch den Anteil der Altersgruppe an allen CDU-Befragten mit bekanntem Alter.
5. Befragte ohne Altersangabe erhalten nur den geschlechtsspezifischen Hochrechnungsfaktor.

Grundzahlen und Hochrechnungsfaktoren für die CDU ergeben sich aus Tabelle 7.

Tabelle 7: Grundzahlen und Hochrechnungsfaktoren für die Gewichtung nach Alter und Geschlecht - CDU -

Alter	Anzahl Mitglieder ges.	Anzahl Stichprobe m	w	ges.	Hochrechnungsfaktor m	w
81< x	101	0	3	3	31.3434	37.0215
71< x<81	280	9	3	12	21.7232	25.6585
61< x<71	424	20	7	27	14.6200	17.2686
51< x<61	563	25	14	39	13.4397	15.8744
41< x<51	663	33	12	45	13.7166	16.2015
31< x<41	599	27	7	34	16.4019	19.3732
x<31	391	23	6	29	12.5524	14.8263
o.Angabe	21	6	0	6	14.8811	17.5769
insgesamt	3042	143	52	195	14.8811	17.5769

Tabelle 8: Grundzahlen und Hochrechnungsfaktoren für die Gewichtung nach Alter und Geschlecht - FDP -

Alter	Prozentsatz Mitglieder ges.	Anzahl Stichprobe m	w	ges.	Hochrechnungsfaktor m	w
x<30	13,0	11	2	13	8.9928	5.4327
30<x<40	22,4	13	5	18	10.3076	6.2269
40<x<50	28,3	9	8	17	13.7850	8.3280
50<x<60	14,7	7	2	9	11.0307	6.6639
60<x	21,7	7	2	9	20.6984	12.5044
ges.	564+170	45	23	68	12.6667	7.5485

Auch bei der SPD ist die Verteilung der Geschlechter auf die Altersgruppen für die Stadt Bremen nicht bekannt, jedoch immerhin für das Land Bremen insgesamt. Es bietet sich daher an, die letztere anstelle der ersteren zu verwenden. Wieder müssen fehlende Angaben für Einzelpersonen in Stichprobe und Grundgesamtheit berücksichtigt werden.

1a. 171 befragten Männern stehen 8457 männliche SPD-Mitglieder in der Stadt Bremen gegenüber; von 4 befragten Männern ist das Alter nicht bekannt.

1b. 119 befragten Frauen stehen 2742 weibliche SPD-Mitglieder in der Stadt Bremen gegenüber; von 3 befragten Frauen ist das Alter nicht bekannt.

2. Prozentuierungsbasis für die Schätzung der stadtbremischen geschlechtsspezifischen Altersverteilung ist daher für die Männer (171/175)*8457, für die Frauen (119/122)+2742.

3. Hochrechnungsfaktor für einen Befragten bekannten Geschlechts und bekannter Altersgruppe ist daher der Quotient aus der geschätzten Mitgliederzahl dieses Geschlechts und dieser Altersgruppe, dividiert durch die entsprechende Zahl der Befragten.

4. Befragte ohne Altersangabe erhalten nur den geschlechtsspezifischen Hochrechnungsfaktor 8457/175 bzw. 2742/122.

Die Grundzahlen und die Hochrechnungsfaktoren ergeben sich für die SPD aus Tabelle 9.
Nach erfolgter Hochrechnung war die endgültige Gewichtung vorzunehmen durch Multiplikation mit dem Quotienten aus der Anzahl der Befragten mit bekannter Parteizugehörigkeit, dividiert durch die Anzahl der Mitglieder aller drei Parteien, d.h. mit (560/14975).

Tabelle 9: Grundzahlen und Hochrechnungsfaktoren für die Gewichtung nach Alter und Geschlecht - SPD -

Alter	Prozentsatz Mitglieder		Anzahl Stichprobe			Hochrechnungsfaktor	
	m	w	m	w	ges.	m	w
x<21	1.54	1.88	7	7	14	42.4201	10.0595
21< x<25	3.05	4.09	7	5	12	36.0060	21.8846
25<x<30	6.37	7.87	16	12	28	32.8998	17.5459
30<x<35	10.47	11.45	24	26	50	36.0504	11.7818
35<x<40	12.45	12.21	27	14	41	38.1047	23.3332
40<x<50	24.34	19.90	46	38	84	43.7257	14.0104
50<x<60	20.78	17.46	27	13	40	63.5999	35.9322
60<x<70	12.31	12.77	14	4	18	72.6614	85.4112
70<x	8.69	12.36	7	2	9	102.5878	165.3379
o. Angabe	.	.	4	3	7	48.3257	22.4753
ges.	8457	2742	175	122	297	48.3257	22.4753

Die sechs Befragten ohne Parteizugehörigkeit gehen mit dem Gewicht 1.0 in die Auswertung ein; bei einer Person fehlt die Angabe des Geschlechts, sie wird mit dem Gewicht 0.0 versehen und bei gewichteten Auswertungen somit nicht berücksichtigt.
Endgültig umfaßt der Datensatz also gewichtet wie ungewichtet 566 Fälle. Aus technischen Gründen ist der 567. ("geschlechtslose") Fall noch im Datensatz erhalten.
Im gewichteten Datensatz entfallen auf Parteien und Geschlechter die in Tabelle 10 aufgeführten Gewichtssummen:

Tabelle 10: Befragtenzahl gewichtet und ungewichtet

	gewichtet			ungewichtet		
	m	w	ges.	m	w	ges.
SPD	316.255	102.576	418.794	175	122	297
CDU	78.419	35.526	113.982	143	52	195
FDP	20.717	6.507	27.224	45	23	68
ges.	415.428	144.497	560	363	197	560

Bei Auswertungen, die sich auf eine der acht Teilgruppen von Befragten beschränken oder nur einen Vergleich zwischen zwei disjunktiven Teilgruppen anstreben, sollte der Gewichtungskoeffizient mit dem Quotienten aus der ungewichteten Besetzungszahl der Teilgruppe, dividiert durch die gewichtete Besetzungszahl dieser Teilgruppe, multipliziert werden, damit Analyseprogramme Signifikanzniveaus bezogen auf die richtige Teilstichprobengröße berechnen können.

Abbildungsverzeichnis

Tabellenverzeichnis

Literaturverzeichnis

Adolphy, Erika, 1982, Einige Gedanken zu der Frage: Was ist eigentlich eine normale Frauenbiographie? in: Sozialwissenschaftliche Forschung und Praxis für Frauen (Hrsg.), Beiträge zur feministischen Theorie und Praxis, Weibliche Biographien,7, München, S.8-9.

Aktionsprogramm der CDU-Frauenvereinigung (Zusammenfassung),1978, abgedruckt in: Informationen für die Frau, 6,S.10.

Allensbacher Jahrbuch der Demoskopie 1978-1983, 1983, hrsg. von Elisabeth Noelle-Neumann/Edgar Piel, München.

Arbeitsheft für Arbeitsgemeinschaften sozialdemokratischer Frauen, o.J., hrsg. von Annemarie Renger/Elfriede Eilers, Bonn.

Arold, Antje/Schenk, Sylvia, 1980, Frauen in der SPD, in: Die Neue Gesellschaft, 27.Jg., 2/1980, S.107-110.

Barnes, Samuel H., 1968, Party Democracy and the Logic of Collective Action, in: William Crotty (ed.), Approaches to the Study of Party Organization, Boston (1968), S.105-138.

Barnes, Samuel H./Kaase, Max u.a., 1979, Political Action. Mass Participation in five Western Democracies, Beverly Hills/London.

Barret, Michèle, 1982, Begriffsprobleme marxistisch-feministischer Analyse, in: Das Argument,132, Berlin (März/April 1982), S.174-185.

Bebel, August, 1964, Die Frau und der Sozialismus, Berlin.

Becker, Horst/ Hombach, Bodo, 1983, Die SPD von Innen, Bonn.

Beck-Gernsheim, Elisabeth, 1980, Das halbierte Leben. Männerwelt Beruf - Frauenwelt Familie, Frankfurt a.M.

Beck-Gernsheim, Elisabeth, 1982, Geburtenrückgang: Die wissenschaftliche Karriere eines politischen Themas, in: Beck,Ulrich (Hrsg.), Soziale Welt, Sonderband 1, Soziologie und Praxis, Göttingen (1982), S.243-274.

Beck-Gernsheim, Elisabeth, 1983, Vom "Dasein für andere" zum Anspruch auf ein Stück "eigenes Leben". Individualisierungsprozesse im weiblichen Lebenszusammenhang, in: Soziale Welt, 34.Jg., 3/1983, S.307-340.

Beck-Gernsheim, Elisabeth, 1985, Karriere: Wie hoch ist der Preis? Die Folgen für Frauen und Männer, in: Elmar Altvater/Martin Baethge u.a., Arbeit 2000, Hamburg (1985),S. 132-142.

Benedix-Engler, Ursula, 1985, Redebeitrag auf dem 33.Bundesparteitag der CDU, in: Protokoll 33.Bundesparteitag 20./22.März 1985, hrsg. von der CDU-Bundesgeschäftsstelle, Bonn (1985),S.434.

Berger, Lieselotte, 1976, Als Bundestagsabgeordnete in Bonn, in: Lieselotte Berger/Lenelotte von Bothmer/Helga Schuchardt, Frauen ins Parlament? Reinbek (1976), S.57-84.

Bericht der Bundesregierung über Maßnahmen zur Verbesserung der Situation der Frau, 1972, Bonn.

Bericht über die Gleichstellung der Frauen in der Partei, in:Sozialdemokratischer Informationsdienst, Frau und Gesellschaft, Dokumente Nr.22, Ergebnisse des Essener Parteitags der SPD Mai 1984 für Frauen, S.36-46.

Bericht über die Gleichstellung der Frauen in der Partei, 1986,Vorlage zum Parteitag der SPD in Nürnberg.

Bernadoni, Claudia/Werner, Vera,(Hrsg.), Der vergeudete Reichtum. Über die Partizipation von Frauen im öffentlichen Leben. Deutsche UNESCO-Kommission, Bonn 1983.

Bernadoni,Claudia/Werner,Vera,1985, Erfolg statt Karriere. Einstellungen erfolgsorientier Frauen zum beruflichen Aufstieg. Deutsche UNESCO-Kommission, Bonn.

Beyme, Klaus von, 1971, Die politische Elite der Bundesrepublik Deutschland, München.

Borkowsky,Anna, 1982, Wiedereinstieg - Chance zur Selbstbestimmung oder Flexibilisierung der Arbeitskraft von Frauen? Zur Problematik der "Normalbiographie" von Frauen, in: Sozialwissenschaftliche Forschung und Praxis für Frauen (Hrsg.), Beiträge zur feministischen Theorie und Praxis, Weibliche Biographien, 7, München, S.107-115.

Bothmer,Lenelotte von, 1976, Frau und Politik, in: Lieselotte Berger/ Lenelotte von Bothmer/Helga Schuchardt, Frauen ins Parlament? Reinbek (1976), S.7-38.

Bottomore,T.B., 1969, Elite und Gesellschaft. Eine Übersicht über die Entwicklung des Elitenproblems, München.

Bourque,Susan/Grossholtz,Jeane, 1984, Politics an unnatural practice: political science looks at female participation, in: Janet Siltanen/Michelle Stanworth (eds.), Women and the public sphere, London,(1984), S.103-121.

Brand,Karl-Werner/Büsser,Detlef/Rucht,Dieter, 1983, Aufbruch in eine andere Gesellschaft. Neue soziale Bewegungen in der Bundesrepublik, Frankfurt a.M/New York.

Brandt,Willy, 1982, Redebeitrag auf dem Bundesparteitag der SPD 1982, in: Protokoll der Verhandlungen, Bd.1, München, Anlage S.46-48.

Breidenstein,Werner,1984, Öffentlicher Dienst am 30.Juni 1983, in: Wirtschaft und Statistik,11,1984, S.920-924.

Bremme,Gabriele,1956, Die politische Rolle der Frau in Deutschland, Göttingen.

Brünig,Sabine,1983, Forderungskatalog, in: Bundesvorstand der Jungsozialisten (Hrsg.), Sozialistische Tribüne, Frauen und Sozialismus,3/4,(1983), S.186-189.

Bühring,Marga/Schmidt-Affolter,Anny,1969,Die Frau in der Schweiz,Bern.

Bundesprogramm der GRÜNEN,1980, Programmparteitag in Saarbrücken 1980, Die GRÜNEN (Hrsg.),Bonn.

Buse,Michael J.,1975, Beteiligung woran und wozu? Zur Abgrenzung von Begriffen, in: Ulrich von Alemann (Hrsg.), Partizipation-Demokratisierung-Mitbestimmung, Opladen (1975),S.41-78.
Buse,Michael J./Nelles,Wilfried/Oppermann,Reinhard,1978,Determinanten politischer Partizipation, Meisenheim am Glan.
Buttgereit,Monika,1983, Von der Schwierigkeit,Juso-Frau zu sein,in: Bundesvorstand der Jungsozialisten (Hrsg.),Sozialistische Tribüne, 3/4 (1983), S.184f.

CDU-Frauenvereinigung (Hrsg.),1983, Familienpolitik der 80er und 90er Jahre, Positionspapier,vorgelegt zum 13.Bundesdelegiertentag der Frauenvereinigung,(Mai 1983).
CDU-Frauenvereinigung (Hrsg.),o.J.,Frauenvereinigung der CDU - Warum? Bonn.
CDU-Frauenvereinigung (Hrsg.),1985, Der Beitrag der Frauen in der CDU zur Politik für eine neue Partnerschaft zwischen Mann und Frau.Eine Auswahl in Dokumenten 1973-1985,Bonn.
CDU-Regiebuch,o.J., Mitgliederwerbung,hrsg.von der CDU-Bundesgeschäftsstelle,Bonn.
Costantini,Edmond/Craik,Kenneth H.,1977, Women as Politicans: The social background,personality and political careers of female party leaders,in: Marianne Githens/Jewell Prestage (eds.), A portrait of marginality,New York (1977),S.221-240.
Currell,Melville E.,1974, Political Woman, London.

Dahrendorf,Ralf,1968, Gesellschaft und Demokratie, München.
Dalades,Edith,1976,Parlamentarierinnen in deutschen Parlamenten 1919-1976,in:Deutscher Bundestag,Wissenschaftliche Dienste,Nr.42, Bonn.
Däubler-Gmelin,Herta,1978,Chancen-"Gleichheit" einst und jetzt. Erwerbstätigkeit und Bildungsmöglichkeiten von Frauen,in: Willy Brandt (Hrsg.), Frauen heute, Köln/Frankfurt (1978),S.108-128.
Das Parlament vom 27.August 1983.
Das Parlament vom 13.Oktober 1984.
Das Parlament vom 17.Januar 1987.
Davis,Tricia/Hall,Catherine,1982, Das vorwärtsweisende Gesicht des Feminismus,in:Zeitschrift für Sozialistische Politik und Wirtschaft, 5.Jg.,(Juni 1982), S.176-181.
Der Spiegel, Nr.17/1982.
Der Städtetag,1/1980,"Die Ratsmitglieder 1979 in Gemeinden mit 20.000 und mehr Einwohnern".
Der Städtetag,6/1982,"Die Ratsmitglieder 1981/82 in den Gemeinden mit 20.000 und mehr Einwohnern".
Der Städtetag,6/1983,"Die Ratsmitglieder am 1.1.1983 in den Gemeinden mit 20.000 und mehr Einwohnern".
Der Städtetag,8/1985,"Die Ratsmitglieder am 31.5.1985 in den Gemeinden mit 20.000 und mehr Einwohnern".
Deutscher Frauenrat (Hrsg.),1980 (Februar),Informationen für die Frau, Sonderheft 4, Mehr Frauen in die Parlamente.

Die FDP von innen,1984,in:Die Neue Bonner Depesche.Die Liberale Zeitung,hrsg.von Wolfgang Mischnick und Irmgard Adam-Schwaetzer, 3/1984,S.4-8.

Does,Karl-Josef,1976,Jugend und Politik 1976,Tendenzen und Perspektiven,Alfter.

Dritter Familienbericht der Bundesregierung,1979, Die Lage der Familien in der Bundesrepublik Deutschland.Bericht der Sachverständigenkommission der Bundesregierung vom 20.8.1979.

Duverger,Maurice,1955, La participation des femmes à la politique, (UNESCO) Paris.

EMMA,1980,hrsg.von Alice Schwarzer,Sonderband 1,Wahlboykott?

Engelbrech,Gerhard,1983, Entwicklungstendenzen der Beschäftigung von Frauen 1960-1990, in: Joachim Matthes (Hrsg.), Krise der Arbeitsgesellschaft? Verhandlungen des 21.Deutschen Soziologentags in Bamberg, Frankfurt a.M./New York (1983),S.161-174.

Enke,Edu,1974, Oberschicht und politisches System der Bundesrepublik Deutschland, Bern/Frankfurt a.M.

Epstein,Cynthia Fuchs,1981, Women and Power: The Roles of Women in Politics in the United States, in: Cynthia Fuchs Epstein/Rose Laub Coser (eds.), Access to Power: Cross-National Studies of Women and Elites, London (1981),S.124-146.

Falke,Wolfgang,1982, Die Mitglieder der CDU. Eine empirische Studie zum Verhältnis von Mitglieder-und Organisationsstruktur der CDU 1971-1977,Berlin.

Falter,Jürgen W.,1972, Ein Modell zur Analyse individuellen politischen Verhaltens, in: Politische Vierteljahresschrift,IV (1972), S.547-566.

Firestone,Shulamith,1981, Frauenbefreiung und sexuelle Revolution, Frankfurt a.M.

Flexner,Eleanor,1978, Hundert Jahre Kampf. Die Geschichte der Frauenrechtsbewegung in den Vereinigten Staaten, Frankfurt a.M.

Fowlkes,Diana/Perkins,Jerry/Rinehart,Sue Tollerson,1979, Gender roles and party roles, in: American Political Science Review, Sept.1979, S.772-780.

Frauen '80, 1980, hrsg. vom Bundesminister für Jugend, Familie und Gesundheit,Bonn.

Frauen in der Bundesrepublik Deutschland,1984, hrsg. vom Bundesminister für Jugend, Familie und Gesundheit, Bonn.

Frauen in der Bundesrepublik Deutschland,1986, hrsg. vom Bundesminister für Jugend, Frauen, Familie und Gesundheit, Bonn.

Frauenjahrbuch 1976, hrsg. von der Jahrbuchgruppe des Münchener Frauenzentrums, München.

Frauen und Bildung,1977, hrsg. vom Bundesminister für Familie, Jugend und Gesundheit, Bonn.

Frauen und Sozialismus,1983, in der Reihe: Sozialistische Tribüne, hrsg. vom Bundesvorstand der Jungsozialisten,3/4 (1983).

Frau und Gesellschaft,1983 (Juli),Dokumente Nr.20,hrsg. von der Arbeitsgemeinschaft sozialdemokratischer Frauen, Bonn.

Frau und Gesellschaft,1984 (Mai), Dokumente Nr.22, hrsg. von der Arbeitsgemeinschaft sozialdemokratischer Frauen, Bonn.

Fromme,Friedrich Karl,1978, Der Parlamentarier - ein Freier Beruf? Zürich.

Fuchs,Katrin/ Pausch-Gruber,Ursula, 1981, Zur Frauenarbeit in der Sozialdemokratie, in: Zeitschrift für Sozialistische Politik und Wirtschaft, 4.Jg.,(Juni 1981), S.13-25.

Fülles,Mechtild,1969, Frauen in Partei und Parlament, Köln.

Funcke,Liselotte (Hrsg.), Frauen in der Politik. Die Liberalen.Frei sein, um andere frei zu machen, Stuttgart/Herford.

Ganzel,Claudia,1983, Jusos und autonome Frauen. Voneinander lernen. in: Sozialistische Tribüne,hrsg. vom Bundesvorstand der Jungsozialisten, 3/4 (1983), S.176-178.

Gertzog,I.N.,1979, Changing patterns of female recruitment to the U.S. House of Representative, in: Legislative Studies,(Aug.1979), S.429-445.

Githens,Marianne/Prestage,Jewell (eds.),1977, A portrait of marginality - The political behavior of the american woman, New York.

Githens,Marianne,1984, Women and State Politics: An Assessment,in: Janet A. Flammang (ed.), Political Women. Current Roles in State and Local Government, Beverly Hills (1984), S.41-63.

Greenstein,Fred I.,1961, Sex related political difference in childhood, in: Journal of Politics,23,(May 1961),S.353-371.

Greiffenhagen,Martin und Sylvia,1979, Ein schwieriges Vaterland, München.

Große-Peclum,Marie-Luise,1980, Frauenproblematik in den Programmen der CDU. Ursprung, Hintergründe und Konsequenzen, in: Die Frau in der offenen Gesellschaft,(1/1980), S.12-15.

Grubitzsch,Helga,1981,"Ein steiniger Weg". Politische Arbeit von Frauen, in: Ulla Jelpke (Hrsg.),Frauen in linken Organisationen, Aufsätze und Interviews, Hamburg, S.11-40.

Grundsatzprogramm der Christlich Sozialen Union, 1983, München.

Grund-und Strukturdaten 1979, hrsg. vom Bundesminister für Bildung und Wissenschaft, Bonn (1979).

Grund-und Strukturdaten 1980/81, hrsg. vom Bundesminister für Bildung und Wissenschaft, Bonn (1981).

Hachtel,Elisabeth,1973, Die Politische Witwe. Erfahrungen einer Betroffenen, Boppard.

Hall,Jane,1981, West Germany, in: Joni Lovendusky/Jill Hills (eds.), The Politics of the Second Electorate. Women and Public Participation. London/Boston/Henly (1981), S.153-181.

Hamm-Brücher,Hildegard,1986,Das Prinzip Partnerschaft in Politik und Wirtschaft, in: IBM Nachrichten, (Juni 1986),S.13-19.

Handbuch des Landtages Baden Württemberg,8.Wahlperiode,Stuttgart 1980; und 9.Wahlperiode,Stuttgart 1984.

Handbuch des Bayerischen Landtages,9.Wahlperiode,München 1978;und 10.Wahlperiode, München 1982.

Handbuch des Abgeordnetenhauses Berlin, 8.Wahlperiode, Berlin 1979; und 9.Wahlperiode, Berlin 1981.
Handbuch der Bremischen Bürgerschaft, 10.Wahlperiode, Bremen 1979;und 11.Wahlperiode,Bremen 1983.
Handbuch der Hamburger Bürgerschaft, 9.Wahlperiode, Hamburg 1980; und 10.Wahlperiode, Hamburg 1982.
Handbuch des Hessischen Landtages, 9.Wahlperiode, Wiesbaden 1981; 10.Wahlperiode, Wiesbaden 1983 und 11.Wahlperiode,Wiesbaden 1984.
Handbuch des Niedersächsischen Landtages, 9.Wahlperiode, Hannover 1979; und 10.Wahlperiode, Hannover 1983.
Handbuch des Landtages Nordrhein-Westfalen, 9.Wahlperiode, Düsseldorf 1980.
Handbuch des Landtages Rheinland-Pfalz, 9.Wahlperiode, Mainz 1979; und 10.Wahlperiode, Mainz 1983.
Handbuch des Landtages Saarland, Saarbrücken 1980.
Handbuch des Landtages Schleswig-Holstein, 9.Wahlperiode, Kiel 1979; und 10.Wahlperiode, Kiel 1983.
Hartmann,Jürgen,1979,Parteienforschung, Darmstadt.
Haungs,Peter,1983, Die Christlich Demokratische Union Deutschlands (CDU) und die Christlich Soziale Union (CSU) in Bayern, in: Hans-Joachim Veen (Hrsg.), Christlich-demokratische und konservative Parteien in Westeuropa, Bd.I, Paderborn (1983), S.9-194.
Hauser,Kornelia,1984, Frauen - Macht - Politik, in: Das Argument 144, 26.Jg.,S.210-223.
Heinz,Margarete,1971, Politisches Bewußtsein der Frauen, München.
Held,Thomas/Levy,René,1974, Die Stellung der Frau in Familie und Gesellschaft. Eine soziologische Analyse am Beispiel der Schweiz, Frauenfeld/Stuttgart.
Hellwig,Renate,1975, Frauen verändern die Politik, Stuttgart.
Hellwig,Renate,1984, Die Frauen in der Union setzen auf Partnerschaft - auch in den politischen Führungspositionen, in: dies.(Hrsg.), Frauen in der Politik. Die Christdemokratinnen. Unterwegs zur Partnerschaft, Stuttgart/Herford (1984), S.131-153.
Hempel-Soos,Karin,1980, Die AsF zwischen SPD und Frauenbewegung,in: Die Neue Gesellschaft, 27.Jg.,(2/1980), S.111-114.
Hennessy,Bernard,1968, On the Study of Party Organization,in: William J. Crotty (ed.), Approaches to the Study of Party Organization, Boston (1968), S.1-44.
Henning,Margarete/Jardim,Anne,1978, Frau und Karriere. Der Weg zur Spitze in einer männerbestimmten Arbeitswelt, Reinbek.
Hervé,Florence,1973, Studentinnen in der BRD, Köln.
Hervé,Florence,1978, Frau und Politik, in: Blätter für deutsche und internationale Politik, 23.Jg., S.489-499.
Herzog,Dietrich,1975, Politische Karrieren. Selektion und Professionalisierung politischer Führungsgruppen, Opladen.
Herzog,Dietrich,1979, Karrieremuster von Abgeordneten in Deutschland-früher und heute, in: Deutscher Bundestag,Presse-und Informationszentrum (Hrsg.), Zur Sache: Politik als Beruf? Bonn (1979),S.63-73.

Herzog,Dietrich,1982, Politische Führungsgruppen. Probleme und Ergebnisse der modernen Eliteforschung, Darmstadt.

Herzog,Dietrich,1983, Elitensoziologische Aspekte der Bundestagswahl 1980, in: Max Kaase/Hans-Dieter Klingemann (Hrsg.), Wahlen und politisches System. Analysen aus Anlaß der Bundestagswahl 1980, Opladen (1983), S.101-120.

Hoffmann-Lange,Ursula,1976, Politische Einstellungsmuster in der Westdeutschen Führungsschicht, Mannheim.

Höfling,Wolfram,1980, Die Vereinigungen der CDU, in: Heino Kaack/Reinhold Roth (Hrsg.), Handbuch des deutschen Parteiensystems, Bd.1, Opladen (1980), S.125-152.

Hofmann-Göttig,Joachim,1986, Emanzipation mit dem Stimmzettel. 70 Jahre Frauenwahlrecht in Deutschland, Bonn.

Holleck,Thea,1983, Familie im Aufschwung - Frauen ins Abseits? in: Adamo,K.(Hrsg.), CDU/CSU Gestern & Heute, Frankfurt a.M. (1983), S.161-186.

Hollunder,Gerda,1976, Gleichberechtigung im Alltag? Die Rechte der Frauen in Ehe und Familie, in: Carola Stern (Hrsg.), Was haben die Parteien für die Frauen getan? Reinbek (1976), S.15-35.

Huber,Antje (Hrsg.),1984, Frauen in der Politik. Die Sozialdemokratinnen. Verdient die Nachtigall Lob, wenn sie singt? Stuttgart/Herford.

Hyman,Herbert,1959, Political Socialization, Glencoe/Ill.

Infas-Report,1977, Parteisoziologische Untersuchungen. Zusammenfassung der Ergebnisse, Bonn-Bad Godesberg.

Inglehart,Margaret L.,1981, Political Interest in West European Women. An Historical and Empirical Comparative Analysis, in:Comparative Political Studies, Vol.14, No.3,(October 1981), S.299-326.

Institut für Demoskopie Allensbach,1967, Das politische Bewußtsein der westdeutschen Bevölkerung, Trendergebnisse 1949-1967, (Mai 1967).

Jahrbuch der FDP 1981/82, Vorstand der FDP (Hrsg.), Bonn.

Jahrbuch der SPD 1973/75, Vorstand der SPD (Hrsg.),Bonn 1975.

Jahrbuch der SPD 1979/81, Vorstand der SPD (Hrsg.), Bonn 1981.

Jahrbuch der SPD 1982/83, Vorstand der SPD (Hrsg.), Bonn 1984.

Jaide,Walter,1965, Die jungen Staatsbürger, München.

Janssen-Jurreit,Marielouise,1976, Sexismus. Über die Abtreibung der Frauenfrage, München/Wien.

Jaros,Dean,1973, Socialization to Politics, New York.

Jennings,M.Kent/Farah,Barbara C.,1981, Social Roles and Political Resources. Over Time Study of Men and Women in Party Elites, in: American Journal of Political Science, Vol.25, No.3.,(August 1981), S.462-482.

Johnson,Marilyn/Carroll,Susan, 1978, Profile of Women Holding Office, II,(New Brunswick, N.J.:Center for the American Woman and Politics, Eagleton Institute of Politics, Rutgers-The State University)

Kaack,Heino,1971, Geschichte und Struktur des deutschen Parteiensystems, Opladen.
Kaack,Heino,1981, Die personelle Struktur des 9.Deutschen Bundestages - ein Beitrag zur Abgeordnetensoziologie, in: Zeitschrift für Parlamentsfragen, H.2,(1981), S.185-203.
Kaack,Heino/Roth,Reinhold (Hrsg.),1979, Parteienjahrbuch 1976,Meisenheim am Glan.
Kaase,Max,1976, Bedingungen unkonventionellen politischen Verhaltens in der Bundesrepublik Deutschland, in: Peter Graf Kielmansegg (Hrsg.), Legitimationsprobleme politischer Systeme, 7.Sonderheft der PVS, Opladen (1976), S.179-216.
Kaase,Max,1982, Partizipatorische Revolution - Ende der Parteien? in: Joachim Raschke (Hrsg.), Bürger und Parteien, Bonn (1982), S.173-189.
Kaase,Max,1983, Artikel: Politische Beteiligung, konventionelle und unkonventionelle, in: Manfred G. Schmidt (Hrsg.), Westliche Industriegesellschaften. Wirtschaft-Gesellschaft-Politik, München/ Zürich (1983), Bd.2, S.321-326.
Kaltefleiter,Werner,1974, Eine "gespaltene" Generation? Die politischen Orientierungen Jugendlicher, in: Die politische Meinung, 19 (1974), S.156.
Kaufmann,Karlheinz/Kohl,H./Molt,P.,1961, Die Auswahl der Bundestagskandidaten 1957 in zwei Bundesländern, Köln.
Kincaid,Diana,1978, "Over His Dead Body: A Positive Perspective on Widows in the U.S. Congress", in: The Western Political Quarterly, 31, (March 1978), S.96-104.
Kirkpatrick,Jeane J.,1974, Political Woman, New York.
Kleiman,Carol,1980, Women's Networks, New York.
Konieczka,Vera,1983, Jusos und Frauenarbeit, in: Sozialistische Tribüne, 3/4 (1983), hrsg. vom Bundesvorstand der Jungsozialisten, S.167-173.
Küchler,Manfred,1979, Multivariate Analyseverfahren, Stuttgart.
Kürschners Volkshandbuch Deutscher Bundestag, 8.Wahlperiode, Rheinbreitbach 1977.
Kürschners Volkshandbuch Deutscher Bundestag, 9.Wahlperiode, Rheinbreitbach 1980.
Kürschners Volkshandbuch Deutscher Bundestag, 10.Wahlperiode, Rheinbreitbach 1983.

Langkau-Herrmann,Monika u.a.,1983,Frauen im öffentlichen Dienst,Bonn.
Lasswell,Harold D.,1960, Psychopathology and Politics (Neuauflage), New York.
Laurien,Hanna-Renate,1976, Die Union und die Frauen, in: Gerhard Mayer-Vorfelder/Hubertus Zuber (Hrsg.), Union alternativ,Stuttgart (1976), S.440-453.
Lederer,Katrin/Knöpfel,Peter,1982, Menschliche Bedürfnisse und Parteienpolitik, in: Joachim Raschke (Hrsg.), Bürger und Parteien, Bonn (1982), S.69-86.
Lee,Marcia M.,1977, Towards understanding why few women hold public

office. Factors affecting the participation of women, in: Marianne Githens/Jewell Prestage (eds.), A portrait of marginality - The political behavior of the american woman, New York (1977),S.118-138.

Liepelt,Klaus/Riemenschnitter,Hella,1973, Wider die These vom besonderen Wahlverhalten der Frau, in: Politische Vierteljahresschrift, 14/1973, S.567-605.

Linke,Werner,1977, Wählerverhalten nach Geschlecht und Alter bei der Bundestagswahl 1976, in: Wirtschaft und Statistik,1/1977,S.14-19.

Linnhoff,Ursula,1974, Die neue Frauenbewegung. USA - Europa seit 1968, Köln.

Luhmann,Niklas,1972, Funktionen und Folgen formaler Organisationen, Berlin.

Mabry,Hannelore,1971, Unkraut ins Parlament? München.

Main,Eleanor/Schapiro,Beth,1979, The recruitment of state legislators: A comparison of male and female life experiences, Gatlingburg.

Mandel,Ruth,1981, In the Running: The New Women Candidate, New Haven CT/New York.

Martiny,Anke,1986, Wer nicht kämpft, hat schon verloren. Frauen und der Mut zur Macht, Reinbek.

Matthews,Donald R.,1954, The Social Background of Political Decisions-Makers, Garden City.

Mayer,Kurt,1972, Einführung in die Bevölkerungswissenschaft,Stuttgart.

Mayntz,Renate,1974, Soziologie der Organisation, Reinbek.

Meifort,Barbara,1979, Ausbildungsplätze nach Geschlecht. Über Diskriminierung von Mädchen in der Berufsausbildung, in: Marielouise Janssen-Jurreit (Hrsg.), Frauenprogramm gegen Diskriminierung, Reinbek (1979), S.56-68.

Menschik,Jutta,1971, Gleichberechtigung oder Emanzipation? Die Frau im Erwerbsleben der Bundesrepublik, Frankfurt a.M.

Meulenbelt,Anja,1982, Feminismus. Aufsätze zur Frauenbefreiung, München.

Mezey,Susan Gluck, 1978, Does Sex make a difference? A case study of women in politics, in: The Western Political Quarterly,31, (1978), S.492-501.

Michels,Robert,1957, Zur Soziologie des Parteiwesens in der modernen Demokratie, Stuttgart (Leipzig 1925).

Miller,Susanne,1978, Frauenfrage und Sexismus in der deutschen Sozialdemokratie, in: H.Horn/A.Schwan/T.Weingartner (Hrsg.), Sozialismus in Theorie und Praxis, Festschrift für Richard Löwenthal zum 70.Geburtstag, Berlin (1978), S.542-571.

Model,Otto/Creifelds,Carl, 1969, Staatsbürgerhandbuch, München.

Mosca,Gaetano, 1950, Die herrschende Klasse, München (1.Auflage 1895).

Müller,P.H., 1975, Lexikon der Stochastik, 2.Auflage, Darmstadt.

Müller-Rommel,Ferdinand, 1982, Innerparteiliche Gruppierungen in der SPD. Eine empirische Studie über informell-organisierte Gruppierungen von 1969-1980, Opladen.

Mundzeck,Heide, 1976, Die "gleichen" Chancen in Bildung und Ausbildung, in: Carola Stern (Hrsg.), Was haben die Parteien für die Frauen getan? Reinbek (1976), S.57-77.

Myrdal,Alva/Klein,Viola, 1971, Die Doppelrolle der Frau in Familie und Beruf, Köln/Berlin.

Neumann,Erich/Noelle,Elisabeth (Hrsg.),1974, Jahrbuch der öffentlichen Meinung 1968-1973, Allensbach.

Niedermayer,Oskar/Schmitt,Hermann, 1983, Sozialstruktur, Partizipation und politischer Status in Parteiorganisationen, in: Politische Vierteljahresschrift, 24.Jg.,(1983), S.293-310.

Nödinger,Ingeborg/Steinber,Alma,1983, Leugnet der Marxismus die Frauenfrage? Eine Antwort an Frigga Haug, in: Marxistische Studien, Jahrbuch des IMSF (1983), Frankfurt a.M.,S.385-392.

Noelle-Neumann,Elisabeth (Hrsg.),1976, Allensbacher Jahrbuch der Demoskopie, Wien/München/Zürich.

Noelle-Neumann,Elisabeth/Piel,Edgar (Hrsg.),1983, Eine Generation später. BRD 1953-1979, Institut für Demoskopie Allensbach,München.

Noetzel,Dieter,1983, Bestimmungsgründe des Wahlverhaltens von Frauen bei der Bundestagswahl 1983, in: Die Frau in unserer Zeit, hrsg. von der Konrad-Adenauer-Stiftung, H.2,S.34-40.

Ökonomisch-politischer Orientierungsrahmen 1975-1985, abgedruckt in: Peter von Oertzen/Horst Ehmke/Herbert Ehrenberg (Hrsg.), Orientierungsrahmen '85, Text und Diskussion, Bonn/Bad-Godesberg, 1976, S.1-46.

Offe,Claus,1972, Demokratische Legitimation der Planung, in: ders., Strukturprobleme des kapitalistischen Staates. Aufsätze zur Politischen Soziologie, Frankfurt a.M.,S.123-151.

Offe,Claus,1972a, Politische Herrschaft und Klassenstrukturen. Zur Analyse spätkapitalistischer Gesellschaftssysteme, in: Gisela Kress/Dieter Senghaas (Hrsg.), Politikwissenschaft.Eine Einführung in ihre Probleme, Frankfurt a.M. (1972), S.135-164.

Offe,Claus,1983, Perspektiven auf die Zukunft des Arbeitsmarktes. „Orthodoxie",„Realismus" und „dritte Wege", in: Merkur,27.Jg.,5/1983,S.489-504.

Okin,Susan Moller,1979, Women in Western Political Thought, Princeton, New Jersey.

Organisationsstatut der SPD in der Fassung vom 7.12.1979, abgedruckt in: Heino Kaack/Reinhold Roth (Hrsg.), Handbuch des deutschen Parteiensystems, Bd.1, Opladen (1980), S.57-68.

Orum,Anthony M. u.a.,1977, Sex, Socialization and Politics, in: Marianne Githens/Jewell Prestage (eds.), A portrait of marginality -The political behavior of the american woman, New York (1977),S. 17-37.

Parteistatut der CDU, in der Fassung vom 25.3.1979, abgedruckt in: Heino Kaack/Reinhold Roth (Hrsg.),Handbuch des deutschen Parteiensystems, Bd.1, Opladen (1980), S.23-35.

Pausch,Wolfgang,1985,Die Entwicklung der Sozialdemokratischen Frauenorganisationen.Anspruch und Wirklichkeit innerparteilicher Gleichberechtigungsstrategien in der Sozialdemokratischen Partei Deutschland,aufgezeigt am Beispiel der Arbeitsgemeinschaft sozialdemokratischer Frauen,Universität Frankfurt.

Pausch-Gruber,Ursula,1978,Es mangelt an Solidarität.Entwicklung und Ziele der AsF, in:Willy Brandt (Hrsg.), Frauen heute,Frankfurt a.M.(1978),S.73-87.

Pinl,Claudia,1977, Das Arbeitnehmerpatriarchat. Die Frauenpolitik der Gewerkschaften, Köln.

Powell,Lyndia Watts/Brown,Clifford W./Hedges,Roman B.,1981, Male and Female Differences in Elite Political Participation: An Examination of The Effects of Sociooeconomic And Familial Variables, in: The Western Political Quarterly,Vol.34,No.1,(March 1981),S.31-45.

Preikert,Ingrid,1977, Frauenarbeit-Proletarisierung auf Widerruf? in: Projektgruppe Arbeitsmarktpolitik/Claus Offe (Hrsg.), Opfer des Arbeitsmarktes.Zur Theorie der strukturellen Arbeitslosigkeit, Neuwied/Darmstadt (1977),S.63-92.

Programm der CDU für die Frau in Familie und Gesellschaft,1975,abgedruckt in: Die Frau in der offenen Gesellschaft, 1/1976,S.27.

Programm der DKP von 1978.

Programm zur Gleichberechtigung in einer liberalen Gesellschaft,1974, hrsg. vom Bundesvorstand der FDP, Bonn.

Pross,Helge,1966,Zur Stabilität demokratischer Institutionen in der Bundesrepublik.Nachrichten der Gießener Hochschulgesellschaft, Gießen.

Pross,Helge,1976,Über die Bildungschancen von Mädchen in der Bundesrepublik, Frankfurt a.M.

Pross,Helge,1981,Von der Rechtsgleichheit zur Gleichberechtigung,in: Aus Politik und Zeitgeschichte.Beilage zur Wochenzeitschrift "Das Parlament",B 45 (1981),S.14-25.

Protokoll des 33.Bundesparteitag der CDU,1985,hrsg. von der Bundesgeschäftsstelle der CDU,Bonn.

Putnam,Robert,1976, The Comparative Study of Political Elites,Englewood Cliffs.

Randall,Vicky,1982, Women and Politics, London/Basingstoke.

Randzio-Plath,Christa,1980,Laßt uns endlich mitregieren. Wege von Frauen in die Politik, Freiburg im Breisgau.

Rath,Eva,1982, Küche und Parlament.Ein leidenschaftliches Manifest für die Frauenpartei, Kronshagen.

Riedel-Martiny,Anke,1975, Genosse Hinderlich und die Frauen. Die Situation weiblicher Mitglieder in der SPD, in: Die Neue Gesellschaft (1975),S.731-734.

Riedel-Martiny,Anke,1976, Die Partnerin ohne Konturen.Das Frauenbild der CDU/CSU, in: Die Neue Gesellschaft,23.Jg. (1976),S.295-299.

Ries-Augustin,Ulrike,1983, Es begann illegal... Über die Entstehung der Bundesfrauenkonferenz der Jungsozialisten, in: Sozialistische Tribüne, 3/4 1983, hrsg. vom Bundesvorstand der Jungsozialisten, S.155-160.

Röhrich,Wilfried (Hrsg.),1975, Wege der Forschung. "Demokratische" Elitenherrschaft, Darmstadt.
Rummel,Alois,1975, Vorwort in: Renate Hellwig, Frauen verändern die Politik, Stuttgart (1975), S.7-12.

Sachverständigenanhörung am 21./22.Januar 1982 in Bonn zum Thema: "Kann die Situation der Frauen durch ein Antidiskriminierungsgesetz verbessert werden?" hrsg. vom Bundesminister für Jugend,Familie und Gesundheit/Bundesminister des Inneren, Bonn.
Sanzone,Donna,1981,Women in Politics: A Study of Political Leadership in the United Kingdom,France and the Federal Republic of Germany, in: Cynthia Fuchs Epstein/Rose Laub Coser (eds.), Access to Power: Cross-National Studies of Women and Elites, London (1981), S.37-51.
Sapiro,Virginia,1983, The Political Integration of Women, Urbana.
Sapiro,Virginia/Farah,Barbara C.,1983, New pride as old prejudice: Political ambition and role orientation among female partisan elites. Women and Politics (1),S.13-35.
Satzung der Frauenvereinigung der CDU, abgedruckt in:CDU/CSU (Hrsg.), Jahrbuch der CDU/CSU 1974/75, S.443-446.
Schenk,Herrad,1981, Die feministische Herausforderung. 150 Jahre Frauenbewegung in Deutschland, München.
Schild-Kreuziger,Kornelia,1980,Die Organisierbarkeit der Frauen,Bonn.
Schindler,Peter,1983, Datenhandbuch zur Geschichte des Deutschen Bundestages 1949-1983, Bonn.
Schlei,Marie,1982, "Männer ertragen es nicht, die zweite Geige zu spielen", Interview mit Marie Schlei in: Brigitte 18/1982.
Schlesinger,Joseph A.,1965, Political Party Organization, in: March, James G.(ed.), Handbook of Organizations, Chicago (1965),S.764-801.
Schmalz-Jacobsen,Cornelia,1981, Klimawechsel. Bericht aus dem politischen Parterre, Reinbek.
Schmidt-Urban,Karin,1981, Beteiligung und Führung in lokalen Parteieinheiten, Frankfurt a.M.
Schmitz,Mathias,1975, Parteien als Partizipationssysteme, in: Studien zur Kommunalpolitik.Strukturprobleme des lokalen Parteiensystems, hrsg. von der Konrad-Adenauer-Stiftung (1975),S.161-234.
Schöll-Schwinghammer,Ilona/Lappe,Lothar,1978, Arbeitsbedingungen und Arbeitsbewußtsein erwerbstätiger Frauen, RKW-Studie, Frankf.a.M.
Schönbohm,Wulf,1985, Die CDU wird moderne Volkspartei, Stuttgart.
Schröder,Hannelore,1983, Feministische Gesellschaftstheorie, in:Luise Pusch (Hrsg.), Feminismus. Inspektion der Herrenkultur, Frankfurt a.M., (1983), S.446-476.
Schuchard-Ficher,Christiane u.a.,1982, Multivariate Analysemethoden. Eine anwendungsorientierte Einführung, 2.verb.Auflage, Berlin/ Heidelberg/New York.
Schuchardt,Helga/Rüger,Carola,1976, Die Minderheitenregierung Mann, in: Lieselotte Berger/Lenelotte von Bothmer/Helga Schuchardt,Von den Schwierigkeiten, gleichberechtigt zu sein, Reinbek (1976),S. 30-54.

Schwartzenberg,R.G.,1980, Politik als Showgeschäft.Moderne Strategien im Kampf um die Macht, Düsseldorf/Wien.

See,Hans,1972, Volkspartei im Klassenstaat oder das Dilemma innerparteilicher Demokratie, Reinbek.

Sehringer,Roswitha,1977, Formen der politischen und sozialen Partizipation, in: Wolfgang Zapf (Hrsg.),Lebensbedingungen in der Bundesrepublik, Frankfurt a.M.(1977), S.844-932.

Seligman,Lester G./Kim,C./Smith,R.,1974, Patterns of Recruitment: A State chooses its Lawmakers, Chicago.

Simon,Klaus,1978, Zur Theorie politischen Verhaltens, in: Oscar W. Gabriel (Hrsg.), Grundkurs politische Theorie, Köln/Wien (1978) S.63-107.

Sonntag,Cornelie,1981, Vom Feuillton zur Politik, in: Inge Stolten (Hrsg.), Der Hunger nach Erfahrung. Frauen nach '45, Berlin/Bonn (1981), S.137-160.

Stammer,Otto,1951, Das Elitenproblem in der Demokratie, in:Schmollers Jahrbuch,71.

Stammer,Otto,1969, Artikel: Elite und Elitenbildung,in:Wilhelm Bernsdorf (Hrsg.), Wörterbuch der Soziologie, 2.Auflage, Stuttgart, S.180-182.

Statistischer Bericht der zentralen Mitgliederkartei der CDU, 1980, 1981,1982, hrsg. von der Bundesgeschäftsstelle der CDU, Bonn.

Statistisches Bundesamt (Hrsg.),1976, Die Wahlbewerber für die Wahl zum 8. Deutschen Bundestag, Wiesbaden.

Statistisches Bundesamt (Hrsg.),1982,Die Wahl zum 9.Deutschen Bundestag am 5.Oktober 1980, H.9, Wiesbaden.

Statistisches Landesamt Bremen (Hrsg.),1983 (August), Bevölkerung und Erwerbstätige im Lande Bremen, Bremen.

Statistisches Landesamt Bremen (Hrsg.),1974 (Juni), Statistische Mitteilungen, Freie Hansestadt Bremen, Volkszählung am 27.5.1970, Teil 1, Gemeinde- und Ortsteilergebnisse, H.31.

Statistisches Landesamt Bremen (Hrsg.),1983 (Dezember), Die Bevölkerung nach Altersjahren, Altersgruppen und Geschlecht 1982.

Stellungnahme der CDU-Frauenvereinigung zum Antidiskriminierungsgesetz, in: Sachverständigenanhörung am 21./22.Januar in Bonn,hrsg. vom Bundesminister für Jugend,Familie und Gesundheit/Bundesminister des Inneren, Bonn 1982, S.134.

Stödter,Helga,1986, Warum die Wirtschaft Frauen in Führungspositionen braucht, in: Heiner Geißler (Hrsg.),Abschied von der Männergesellschaft,Frankfurt/Berlin (1986),S.111-124.

Strecker,Gabriele,1975, Der Weg der Frau in die Politik, Bonn.

Sullerot,Evelyne,1979, Die Rolle der Frauen in Europa und am Ende der 70er Jahre, in: dies.(Hrsg.),Die Wirklichkeit der Frau,München S.594-630.

Süssmuth,Rita,1983, Frauen in Führungspositionen - Maßnahmen zur Verbesserung der Zugangschancen, in: Claudia Bernadoni/Vera Werner (Hrsg.), Der vergeudete Reichtum.Über die Partizipation von Frauen im öffentlichen Leben,Deutsche UNESCO-Kommission,Bonn (1983),S.135 -148.

The Western Political Quarterly,1981 (March), Special Issue on Women in Politics.

Thönnessen,Werner,1969, Frauenemanzipation in Politik und Literatur der deutschen Sozialdemokratie (1863-1933), Gelnhausen.

Trömel-Plötz,Senta,1982, Frauensprache: Sprache der Veränderung, Frankf.a.M.

Troitzsch,Klaus G.,1980, Mitgliederstrukturen der Bundestagsparteien, in: Heino Kaack/Reinhold Roth (Hrsg.),Handbuch des deutschen Parteiensystems,Bd.1, Opladen (1980), S.81-100.

Twellmann,Margrit,1972, Die deutsche Frauenbewegung. Ihre Anfänge und erste Entwicklung 1843-1889, Meisenheim am Glan.

Vallance,Elizabeth,1979, Women in the House. A Study of Women Members of Parliament, London.

Verba,Sidney/Nie,Norman H.,1972, Participation in America. Political Democracy and Social Equality, New York.

Vorholz,Angelika,1982, Sozialdemokratie und Frauen,1908-1914 in Düsseldorf, Reinbek.

Vorstand der SPD (Hrsg.),1967, "Mitglieder werben - aber wie?",Bonn.

Wagner,Angelika,1973, Vorurteile gegenüber Frauen als Beispiele für eine nicht bewußte Ideologie, in: H.D.Schmidt u.a.,Frauenfeindlichkeit - sozialpsychologische Aspekte der Misogynie,München (1973), S.123-142.

Welch,Susan,1977, Women as Political Animals? A Test of Some Explanations for Male-Female Political Participation Differences, in: American Journal of Political Science,21,(Aug.1977),S.711-728.

Welch,Susan/Secret,Philip,1981, Sex,Race and Political Participation, in: The Western Political Quarterly. Special Issue on Women in Politics,(March 1981), S.5-16.

Werner,Vera/Bernadoni,Claudia,1985, Die Bedeutung des beruflichen Aufstiegs von Frauen für den gesellschaftlichen Wandel am Ende des 20.Jahrhunderts, hrsg.vom Fachbereich Status der Frau der Deutschen UNESCO-Kommission, Bonn.

Wessels,Bettina,1982, Politikzugänge bei Frauen und Probleme der Verhinderung von Arbeitnehmerbewegung und Frauenbewegung.Tagungsbericht, in: Marxistische Studien, Jahrbuch des IMSF (5/1982), Frankf.a.M.,S.189-191.

Wettig-Danielmeier,Inge,1983, Frauen im Kampf um ihre Gleichberechtigung. Ein Nachwort, in: Christel Wickert,Zwischen Familie und Parlament. Sozialdemokratische Frauenarbeit in Südniedersachsen 1919-1950, Kassel (1983), S.135-140.

Wettig-Danielmeier,Inge,1984, 10 Jahre Arbeitsgemeinschaft sozialdemokratischer Frauen- Kontinuität sozialistischer Frauenarbeit, in: Die Neue Gesellschaft (2/1984), S.168-174.

Wettig-Danielmeier,Inge,1984a, Bericht der Arbeitsgruppe Gleichstellung der Frauen in der Partei, in:Frau und Gesellschaft,Dokumente Nr.22, (Mai 1984),hrsg. von der AsF,Bonn, S.10-14.

Wettig-Danielmeier,Inge,1984b, Wären wir mehr, so wären wir stärker! Über den Einfluß von Frauen in der SPD,in:Antje Huber (Hrsg.), Frauen in der Politik. Die Sozialdemokratinnen. Verdient die Nachtigall Lob, wenn sie singt? Stuttgart/Herford (1984),S.25-37.

Wex,Helga,1983, Rechenschaftsbericht,in:CDU-Frauenvereinigung (Hrsg.) Die Welt von morgen braucht uns heute, 13.Bundesdelegiertentag am 10./11.Sept.1983, Bonn, S.3-15.

Wex,Helga,1983a, Frauenpolitik der CDU,in:Frau & Politik,1/1983,S.3.

Wex,Helga,1986, Frauen:Die Mehrheit als politische Minderheit, in: Heiner Geißler (Hrsg.),Abschied von der Männergesellschaft,Frankf. Berlin (1986), S.134-145.

Wickert,Christel,1983, Zwischen Familie und Parlament. Sozialdemokratische Frauenarbeit in Südniedersachsen 1919-1950, Kassel.

Wiesendahl,Elmar,1980, Parteien und Demokratie. Eine soziologische Analyse paradigmatischer Ansätze in der Parteienforschung,Opladen.

Wirth,Louis,1974, Urbanität als Lebensform, in:Ulfert Herlyn (Hrsg.), Stadt- und Sozialstruktur, München (1974), S.42-61.

Witting,Gabriele,1969, Rolle und Einfluß der Frauen in der Politik der Bundesrepublik, hrsg. von der Gewerkschaft Öffentliche Dienste, Transport und Verkehr, Stuttgart.

Zapf,Wolfgang (Hrsg.),1964, Beiträge zur Analyse der deutschen Oberschicht, Tübingen.

Zapf,Wolfgang,1965, Wandlungen der deutschen Elite, München.

Zeuner,Bodo,1970, Kandidatenaufstellung zur Bundestagswahl 1965, Den Haag.

Zimpel,Gisela,1970, Der beschäftigte Mensch.Beiträge zur sozialen und politischen Partizipation. Politisches Verhalten,Bd.1,hrsg.von Thomas Ellwein und Ralf Zoll, München.

Zipfel,Gaby,1979, Akademiker zweiter Klasse. Frauen an den Hochschulen, in: Marielouise Janssen-Jurreit (Hrsg.), Frauenprogramm gegen Diskriminierung, Reinbek (1979),S.96-100.

Zwischenbericht der Enquete-Kommission "Frau und Gesellschaft",1972, Bonn.